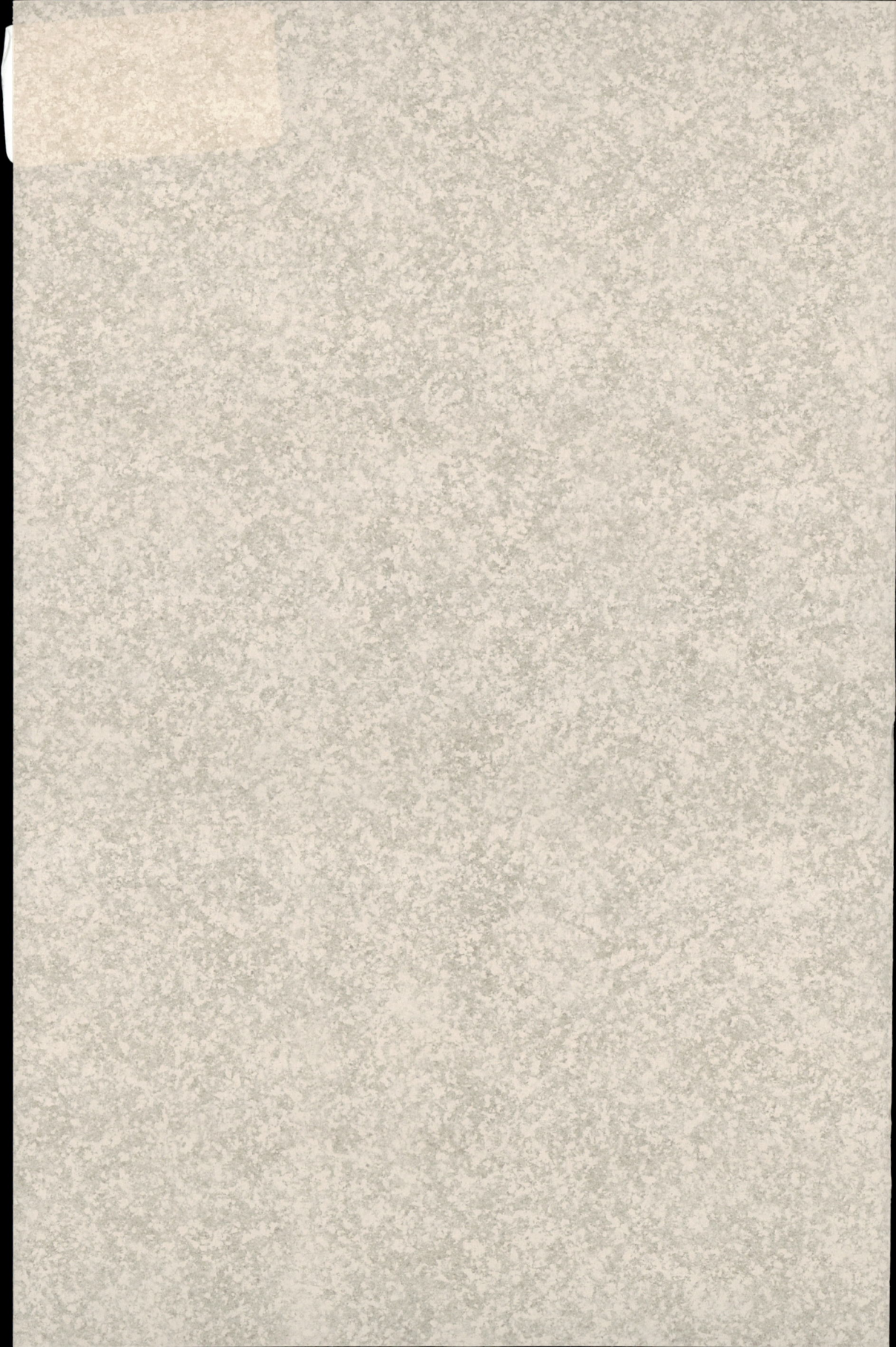

犀照·意解心开

案頭書
DESK BOOK

$E=MC^2$

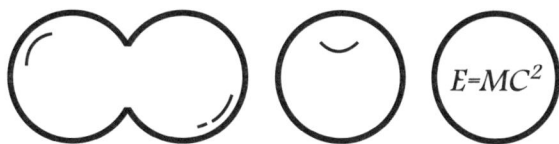

GALILEO GALILEI
ISAAC NEWTON
ALBERT EINSTEIN

燃烧自己　把光明献给人类

松鹰 著

经　典　物　理

三巨匠

科学普及出版社

·北　京·

序

　　仰望物理学的星空，群星璀璨，光彩夺目。其中最亮的明星有三颗：他们就是伽利略、牛顿、爱因斯坦。

　　这是举世公认的三位科学巨人，他们的伟大发现和杰出贡献，标志着物理学发展的重要里程碑，也是人类科学史上的三座巍峨高峰。

　　伽利略是近代科学之父，被公认为实验自然科学的创始人。伽利略是第一个用望远镜观测天体的人，为人类揭开了宇宙的神秘面纱。他证明和宣传哥白尼的日心说，从根本上动摇了教会维护的托勒密体系，导致了天文学的革命。人们称他为"天空的哥伦布"。伽利略还开辟了经典力学和实验物理学的先河，他颠覆了物理学上统治数百年的亚里士多德的偏见，确立了自由落体定律，发现了物体的惯性定律、合力定律、抛物运动等规律。所有这些，对后来牛顿力学的建立，起到了重要的奠基作用。伽利略因此被誉为"近代物理学之父"。

　　伽利略的科研成果为后世科学许多分支的发展奠定了基础。一位法国科学家曾说："在科学领域里我们都是伽利略的学生。"

　　牛顿是经典物理学的缔造者，他的辉煌巨著《自然哲学的数学原理》从天上行星运行，到地上的潮汐涨落，宇宙万物，无所不包。牛顿的伟大贡献，在于把地上的运动规律和天体的运动规律纳入一个完美的统一理论中，完成了人类知识的第一次大综合。牛顿为后世留下的科学遗产，是不可估量的。他所创立的牛顿经典力学体系影响世界达 300 多年，至今仍在造福人类。自然的规律和人类的大部分生产活动，都受牛顿三大定律的支配。它对近代文明的进步起了不可估量的作用。

大数学家拉普拉斯盛赞道："《自然哲学的数学原理》将成为一座永垂不朽的深邃智慧的纪念碑，它向我们揭示了最伟大的宇宙定律，这部著作是高于人类一切其他思想产物之上的杰作，这个简单而普遍的定律的发现，因为它囊括对象之巨大和多样性，给予人类智慧以光荣。"

爱因斯坦是 20 世纪最伟大的物理学家，举世闻名的科学泰斗。他 1905 年创立的"狭义相对论"，首次提出了时间、空间与物质三者之间的崭新观念，牛顿引力理论成了爱因斯坦相对论在低速时的一个特例。1915 年，爱因斯坦在"广义相对论"中，又用"弯曲空间"代替了牛顿的"重力"，让宇宙的真面目显露出来。相对论开创了物理学的新纪元，改变了整个人类对宇宙的认识。科学史家称他"将牛顿物理学整个翻了过来"。

诺贝尔物理学奖获得者、著名华人科学家杨振宁在谈到爱因斯坦的影响时，曾高度评价说："在 20 世纪初，发生了三次概念上的革命，它们深刻地改变了人们对物理世界的了解，这就是：狭义相对论（1905 年）、广义相对论（1915 年）和量子力学（1925 年）。前两次革命是爱因斯坦本人发起的，他并且影响和帮助了第三次革命的形成。"

这三位巨人的伟大发现和杰出贡献，深刻地改变了人类对宇宙的认识，也改变了世界文明史的面貌和进程，代表了人类智力的最高成就。读一读他们富有传奇色彩的生平故事，会发现这三位巨人的科学探索是一脉相承的。他们的事业前赴后继，一浪推着一浪，一浪高过一浪，奏响了整个物理学发展的主旋律。

三位巨人成功的道路各不相同，但他们身上有许多共同点。

伽利略从小活泼好动，是个淘气包，还特别喜欢和人辩论。爱因斯坦儿时却是一只典型的"笨鸟"，三岁才学会说话。但他们有一个共同的地方，就是有强烈的求知欲，勤学好问。这引导他们走上了探索科学奥秘之路。再有，不墨守成规，也是一个重要的因素。像少年牛顿那样在大风暴中跳来跳去测量风速的故事，可以让人产生许多联想。除此之外，他们还有一个共同点，就是尊重前人的成果，但又从不迷信权威。牛顿有句名言："如果说我比笛卡尔看得远一点，那是因为我站在巨人的肩上。"这是对前辈的继承，也是超越。爱因斯坦也有句名言："牛顿啊，请原谅我！"那是一个青年后生敢于向权威挑战的豪言壮语。

青少年朋友从本书中，不仅能够分享三位巨人科学发现的喜悦，还能从他们奋斗的成功里得到有益的启迪。

伽利略为了追求科学理想，违背父亲的意志，毅然从医科跳槽到数学系。牛顿为了到剑桥大学求学，宁愿做一名"减费生"，给贵族学生或教师当仆人。爱因斯坦也是这样，他研究相对论的岁月不是在大学，也不是在研究所，而是在伯尔尼的专利局里当小职员。用他的话说，就是只要有自由的科研时间，自己宁愿做一个"鞋匠"。

这三位大师人格的魅力，也可敬可亲，令人难以忘怀。伽利略不畏罗马教廷的迫害坚持哥白尼学说的可贵精神，牛顿一生为寻求永恒真理的执着，爱因斯坦的大智若愚（盛名不在牛顿之下，却显得很超脱），等等，为后世留下许多佳话。他们对大自然的热爱，对探索科学真理的孜孜不倦，还有那种为公众服务身体力行的高尚行为，也让人感佩。

法拉第在为少年儿童举办的科普讲座《蜡烛的故事》中，曾说："希望你们年轻的一代，也能像蜡烛为人照明那样，有一分热，发一分光，忠实而踏实地为人类伟大的事业贡献自己的力量。"

燃烧自己，把光明献给人类——这种蜡烛精神正是三位巨人一生的写照。风烛残年的伽利略，在孤独的幽禁生活中潜心整理自己毕生的实验科学研究，完成了一生最重要的著作《关于两门新科学的对话》。牛顿一生探索真理，为人类留下 200 多万字手稿的科学遗产。爱因斯坦把献身科学、为人类造福看作一个科学家的良心和职责。当获知希特勒正在研制原子弹的危险信号时，他毅然签署了给美国总统罗斯福的信，建议抢在德国之前采取应对措施。正是这封信促使罗斯福下决心研制原子弹，这就是著名的"曼哈顿计划"。但后来，当爱因斯坦听到美国在广岛投下的原子弹夺走了 20 万无辜居民性命时，不禁从肺腑深处发出痛苦和绝望的呼叫："唉，咳！"

法国著名作家罗曼·罗兰写过一部《巨人三传》，讴歌的是三位艺术俊杰：贝多芬、米开朗琪罗、托尔斯泰。

罗曼·罗兰把这三位伟大的天才称作"英雄"。

伽利略、牛顿、爱因斯坦这三位科学泰斗，称他们为全人类的英雄，也是当之无愧的。三位巨人追求真理的苦恋历程，他们身上焕发出来的光彩，以及他们对世界文明产生的巨大影响，丝毫也不比罗曼·罗兰笔下的贝多芬们逊色！

松鹰

2007 年 3 月 21 日于成都兀岭书房

CONTENTS **目 录**

牛顿

○

爱因斯坦

$E=MC^2$

伽利略
GALILEO GALILEI

月球看上去真是美妙绝伦

让人赏心悦目……它当然没有一个平整光滑的表面，而是毛糙、不平

并且像地球一样

到处是庞大的隆起物、深深的裂痕，弯弯曲曲

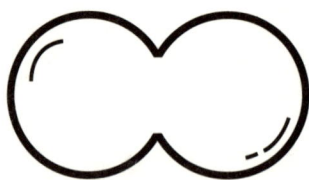

广袤的星空原来这么奇妙啊!

400 年前的一个秋日的夜晚，一个意大利人用自制的望远镜瞄准了天空。他惊奇地看见了一个从来没有人见过的景象，深邃的天幕上群星闪烁，就像上帝遗失在天幕上的一大把钻石。他数了数，猎户星座旁不知名的小星星竟有 80 多颗！

广袤的星空原来这么奇妙啊！

一连数日，他每天夜晚都用望远镜仔细观察天象。秋夜的星空格外的神秘浩瀚。他的惊人发现一个接着一个……

这个被后世誉为"天空的哥伦布"的人，就是意大利伟大的科学家、近代科学之父伽利略。他是人类史上第一个用望远镜观测星空的人，他的发现打开了一个新世界的大门。

伽利略 1564 年出生在意大利比萨一个没落的贵族之家，父亲是一个富有才华、思想开放的绅士。伽利略从小勤学好动，有强烈的求知欲。17 岁进入比萨大学，先是遵从父命学医，后改学数学和物理。

伽利略从青年时代就表现出反叛精神，对事物有自己的独立见解，不盲目迷信权威。他 19 岁时发现摆的定律，崭露头角。22 岁写了《小天平》一书，被人称为"当代的阿基米德"。

伽利略 25 岁时被聘为比萨大学数学教授。相传 1590 年，他在比萨斜塔上进行了著名的落体实验，成为科学史上的一段佳话。28 岁时伽利略被帕多瓦大学聘为数学教授。他在帕多瓦工作了 18 年，这是他一生的黄金时代。他的许多重大科学成就，都是在帕多瓦完成的。

1609 年伽利略利用改进的望远镜，开始了对天体的观测。

他发现了月亮表面有凸凹不平的山脉，木星有 4 颗卫星，银河是由无数星星组成的星系，太阳有黑子，金星有盈亏现象等，为人类揭开了宇宙的神秘面纱。1610
年，伽利略移居佛罗伦萨。他在《星际使者》一书中公布了这前所未有的发现，
引起世界轰动。5年之后，即我国明朝万历四十三年，这本书的信息就经由传教士
传到北京。伽利略根据天文观测的结果，确信哥白尼的"日心说"是正确的，他积
极宣传哥白尼的学说。1615年他受到教会的警告：必须放弃哥白尼的学说，无论
演说或是写书，都不准说哥白尼学说是真理。

但是伽利略并没有放弃捍卫真理的信念。1632年，他的新书《关于托勒密和哥
白尼两大世界体系的对话》出版，像野火一样传播开来，引起教会的莫大恐慌。
教皇盛怒之下，下令把他押解到罗马受审。69岁的伽利略受尽折磨，被迫在忏悔
书上签字。最后宗教法庭判决他终身监禁。伽利略从地上站起来时，嘴里仍喃喃
地说："可是，地球仍然在转动呀！"

伽利略毕生为宣传哥白尼的学说奋斗，屡遭罗马教廷的残酷迫害。但他追求
真理，始终不渝，堪称一位伟大的科学斗士。在孤独的幽禁中，风烛残年的伽利
略潜心整理自己毕生的实验研究，完成了他一生中最重要的另一部著作《关于两
门新科学的对话》。

伽利略留给后世的科学遗产是不可估量的。

他被公认为实验自然科学的创始人、近代科学之父。他的贡献为后世科学许
多分支的发展奠定了基础。一位法国科学家曾说："在科学领域里我们都是伽利略
的学生。"

父与子

在美丽的地中海里，有一个长靴形的半岛。

这里海风宜人，气候温暖，常年沐浴着金黄柔和阳光的土地，盛产着红葡萄酒和玫瑰花。还有浪漫的传说，迷人的风情——这就是意大利。

这个神奇的国度，在文艺复兴时代曾经产生过许多巨人，如同银河中璀璨的群星，闪烁着不灭的光辉。诸如创作了不朽《神曲》的但丁，世界名著《十日谈》的作者薄伽丘，美术大师米开朗琪罗，拉斐尔、提香，还有那位既是大画家又是工程师、发明家的科学艺术全才达·芬奇，都是意大利的儿子。

比他们稍晚些时候，在这个半岛上诞生了一位伟大的科学巨匠，他就是本书的主人公利列奥·伽利略。

伽利略的出生地

在意大利西部海滨的比萨城里，靠近菲奥伦蒂纳门，有一座古色古香的两层小楼。小楼的拱形门外有堵矮墙，墙上绿荫掩映。1564年2月15日，伽利略就诞生在这幢小楼里。

伽利略的父亲万齐奥·伽利略是位很有才华的绅士，他精通数学，爱好音乐，不但琴奏得很好，还能自己作曲。在音乐理论方面万齐奥有许多建树。据说他是第一个把数学运用于音乐研究上，在意大利颇有名望。

而且万齐奥还以思想活跃开放著称。他崇尚真理，从来不迷信权威，对那些保守僵化的学究派人物更是不屑一顾。这位音乐家还反对盲目接受前人的知识遗产，他曾无情地嘲笑说："据我看，那些验证任何事情只是依赖学说权威的影响，而举不出任何证据的人，是非常愚蠢可笑的。"

父亲的才华和反叛精神，对少年伽利略产生了相当的影响。伽利略小时候就学会了弹琴，还经常练习创作歌曲，长大成人后具备的向陈腐的传统观念挑战的精神，都明显印有父亲思想影响的痕迹。

伽利略的祖上曾经是贵族，到了父亲这一辈家道中落。尽管万齐奥是一位有名的音乐家，可是音乐并不能当饭吃。他精通的数学，在那时也只算是雕虫小技，一般大学当时连数学教授的席位都没有。伽利略是家里的长子，下面还有两个弟弟、四个妹妹。万齐奥的才气养活不了一大家子人，于是只能放下绅士风度，搞些小生意谋生。他曾经开过经营羊毛的店铺。不过他一生都没有放弃对音乐的追求。

伽利略诞生的年代，正值文艺复兴的鼎盛时期。这时文艺复兴的两大浪潮人文主义、宗教改革已席卷欧洲，第三大浪潮实验科学刚刚在兴起之初。这是人类艺术和科学重新觉醒的年代。新思想的狂飙摧枯拉朽，势不可挡。而中世纪神学的桎梏却还没有被彻底摧毁。一方面人们渴望着新的知识、信息，渴望艺术的复苏和科学的新发现；另一方面反动的宗教势力仍然非常强大和黑暗。只不过，人们对中世纪的思想和权威，再也不是如从前那样轻信盲从了。

伽利略从小活泼好动，有强烈的求知欲。多才多艺的父亲充当了他童年的启蒙老师。小伽利略对周围的事物总爱提一个"为什么"，而且还特别喜欢和人辩论。这种善辩也许是他的天性，贯穿了伽利略的一生。它给伽利略带来了战斗的激情和喜悦，也给他招来许多麻烦。

父亲对大多数学校都抱着不信任的态度，于是他亲自给自己的长子讲课。伽利略的天赋很高，对知识的领会力强，而且喜欢动手制作灵巧的玩具。在课余时，小伽利略常常跑到比萨城里去玩耍。他独自在比萨斜塔下徜徉，或是爬进某个荒废的坑道去探险一番。有时他和邻家孩子结伴到郊外远足。托斯卡拉区绿色的田野，静谧的大自然，常常令伽利略流连忘返。

在比萨他度过了快乐的童年。

伽利略11岁时，全家迁到佛罗伦萨城。

佛罗伦萨在比萨东部不到100千米，是托斯卡拉省的首府。被诩为"中世纪最后一位诗人和新时代最初一位诗人"的但丁，就诞生在这座意大利名城。可以说，佛罗伦萨这个名字同文艺复兴，同不朽的名著《神曲》是紧紧联系在一起的。伽利略一家搬迁到这里时，佛罗伦萨已经成为欧洲的文化中心。在意大利的所有城市中，佛罗伦萨的学术空气是比较自由的。

为了节省学费，父亲把伽利略送进瓦隆布罗萨一所教会学校学习。少年伽利略翱翔在哲学和神学的天空里，感到莫大的乐趣。渐渐地，他对神学产生了浓厚的兴趣。伽利略的态度颇为虔诚，他的心底回荡着一种深沉的宗教情绪。这是一个十分奇特的矛盾。即使是伽利略日后在科学上有了重大发现时，他对神学仍然是恭敬的。只不过他顽强地主张神学只管信仰，不能干涉科学。

比萨斜塔

3年过后，伽利略有一天告诉老爸，他想自愿当一名见习修道士。忽然发觉儿子迷上了神学，父亲大吃一惊。伽利略是他寄予了厚望的长子，也是全家的希望。怎么能让他去当僧侣呢？

听到儿子的话，万齐奥当机立断，让伽利略离开瓦隆布罗萨教会学校，回到佛罗伦萨另外接受教育。于是伽利略第一所学校没有读完，就"拜拜"了。在佛罗伦萨伽利略续读的是什么学校，没有留下记录，不过肯定不会是教会学堂了。

到 17 岁时，伽利略面临着考大学。这是人生的一个重要关口。按伽利略自己的意愿，他想报考人文科学。因为他既能绘画，又擅长写作，还弹得一手好琴。可是父亲却坚持要他学医。这是父子俩的意愿发生的第一次分歧。

应该说万齐奥的考虑是现实的。生活无情。父亲受够了"有才无贝（钱）"的窘困，期望伽利略选择一条能够致富的职业。在他看来，医生显然是最佳的选择。无论是平民百姓还是达官贵族都可能生病，医生永远会受到重视。这个行业不仅受人尊敬，而且职业稳定，报酬丰厚。

伽利略虽然对医生行当毫无兴趣，但是他是长子，不得不考虑家里的意见。经过几天的沉思冥想，他做出了子从父命的选择，最后考入了比萨大学医科专业。

父亲和全家皆大欢喜。伽利略却不知道自己将来能否成为一个赚钱的医生。他怀着几分兴奋几分彷徨的心情，走进了比萨大学的圆拱形校门。

反叛的大学生

回到童年度过的地方，又能常见到绿茵地上的比萨斜塔，伽利略感到格外亲切。不过，经过几个星期新奇的大学生活后，伽利略很快发现自己不是一块学医科的料。

伽利略不喜欢上解剖课。一想到那些挂在壁上的人体挂图，他就觉得扫兴。他不明白，为什么老师不让学生接触实际，而是一味地照本宣科，按图索骥。还有医学老师的讲授方法，也是墨守成规，乏味得很。

在课堂上，伽利略经常会提一些让老师为难的问题。比如"我们天天在教室里坐而论道，又不接触病人，甚至连尸体解剖都不让参加，怎么能学会治病呢？"

这话在当时听起来确实有点胆大妄为，至少不受欢迎。

"这有什么奇怪的！"教授不悦地答道："几百年来都是这样教的，连国王的御医都是这样教出来的。"

对医学经典的论述，伽利略也提出尖刻的质疑。

"亚里士多德说，'精子对月经起作用，如同种子对土地起作用'。请问老师，精子对月经起什么作用呢？"

"伽利略同学，亚里士多德的话是不容怀疑的。"教授一阵尴尬，厉声喝道，"这个作用明显得很，就是播种。"

教室里一阵喧动。同学们都捂着嘴窃笑。

伽利略很纳闷，月经怎么会怀孕呢？他仍然一本正经，打破砂锅地问："那么，生男生女究竟取决于什么呢？"

"子宫左边怀的胎儿生男的，子宫右边怀的胎儿生女的。"教授翻着讲义答道。

"那怀在子宫中间的胎儿呢？"伽利略问。

"不是生男就是生女。"

教授的回答很高明。伽利略却仍然一脸茫然。

总而言之，伽利略发现自己同医学实在是无缘。内在的原因，恐怕还有对父亲意愿的一种逆反。他曾经对同学说："我实在无法忍受做违背自己本意的事，就是谎称自己对医学颇感兴趣。"

于是，他的座位常常是空的。每当上医学课，他就溜进图书馆，找他自己有兴趣的书读。上哲学课时伽利略却从不缺课。16世纪的欧洲大学，所有专业的学生都必须学哲学课。伽利略喜欢在哲学的蓝天上漫游。古希腊先哲们的智慧和玄机，引起了这个大一学生的莫大兴趣。

真有意思，米利都的泰勒斯说"水是万物之源"。

毕达哥拉斯却讲，世界的本质是抽象的"数"。

赫拉克利特说得更妙："太阳每天都是新的"！

还有雄辩滔滔的苏格拉底，理想主义的柏拉图，都是哲学史上的大师级人物；而柏拉图的弟子亚里士多德，这位古希腊文化的集大成者，他的百科全书式的著述更是博大精深。

这些大哲学家都使伽利略感到景仰。

他尤其对亚里士多德的哲学和自然观饶有兴趣，对其包罗万象的著作进行了深入系统的研读。

世人公认亚里士多德是古希腊哲学家中最博学的人，他的著作涉及哲学、美学、逻辑学、心理学、物理学、生物学、数学、历史、政治学、伦理学等各个领域，几乎无所不包。由于亚里士多德通常在散步时

亚里士多德

和弟子们讨论问题，所以亚里士多德学派被称为"逍遥学派"。这表明亚里士多德的学风是比较自由的。但在他去世之后，他的学说被人们奉为经典。尤其是在中世纪，亚里士多德的"第一推动者"等观点被教会利用来维护"神创天地"的教义，以至他的著作独步1700多年，成为不容置疑的绝对权威。

伽利略读了亚里士多德的书，发觉这位大师提出的原理许多都是未经证明的。他抬起头来思索：为什么一个科学假设或推论，未经事实验证，就可以下结论说是真理呢？世上有绝对的真理吗？为什么亚里士多德的每一句话都被奉为金科玉律呢？

在课余时间，伽利略还常去听数学讲座。讲课的老师是奥斯蒂洛·利奇教授。利奇教授是杜斯干大公爵的宫廷数学家，当时正随大公爵从佛罗伦萨来比萨的行宫，经常给随行人员和学生讲课。

这是伽利略第一次系统地学习数学，这门科学的严谨和完美令他惊叹不已。尤其是欧几里得几何学，使他感到耳目一新。几何学起源于古代劳动人民丈量土地等生产实践。中国古代也有著名的"勾股定理"。欧几里得几何学是公元前三世纪古希腊数学家欧几里得，在总结前人成果的基础上创立的。他著的十三卷《几何原本》，犹如一座恢宏的数学殿堂。这本书几乎包括了现在中学生学的几何的全部内容。

伽利略这个医科学生旁听数学入了迷。他几乎是每讲必到，而且认真地记笔记。利奇教授渐渐注意到课堂后排这个肤色黝黑的旁听生，很赏识他的好学精神。每次课后，伽利略常常向利奇教授请教不懂的问题。教授发觉伽利略不仅勤学好问，而且对数学的悟性很高。只要稍加点拨，他即可融会贯通。

"你怎么会选择学医呢？"一次利奇教授问伽利略。

"我父亲的意愿。"伽利略无奈地说。

"你自己的兴趣呢？"

"我喜欢数理科学。"伽利略毫不犹豫地说。

"本人非常欢迎你成为我的正式学生。"教授微笑道。

伽利略听见这话，感觉到两眼一亮。这正是他所等待的一刻。

于是，伽利略产生了跳槽的打算。父亲自然不赞成，再三向儿子动之以情，晓之以理，说明学医的种种好处。可是伽利略已经不再是小孩，这一次他不再照父亲的意愿做了。到比萨大学第一学期结束之前，伽利略已经成为一名数学本科生了。

这是他人生的一次转折。

伽利略第一个反叛的是自己父亲的意志，第二个反叛的就是亚里士多德的绝对权威。不同的是，父亲最后原谅了他，亚里士多德的信徒们却总跟给他过不去。

由于伽利略善于思考，有独立见解，而且敢想敢说，敢于亮出自己不同的观点，他在班上树敌不少。伽利略认为，亚里士多德的整个哲学体系是环环相扣的，一个原理引出另一个原理，一个观点支撑着另一个观点。如果其中有一个部分有错，整个体系都将存在问题。他的这个大胆看法几乎没有一个人敢苟同。

伽利略身上似乎藏着一种斗士的天性。为了捍卫自己的见解，他经常和同学们辩论，有时争得面红耳赤，难解难分。争辩的焦点，是如何评价古希腊先哲的遗产和权威。

伽利略认为，亚里士多德毋庸置疑是一个伟大的天才，但是他的一生都没有做过一次实验。因此他的理论是建立在简单的逻辑推理上面的。也就是说，亚里士多德的结论并没有经过实践的验证。

"亚里士多德是前无古人后无来者的伟人，他的原理1000多年来从没有人怀疑过，我们凭什么狂妄地去指责先哲？"

卫道的同学这样批判伽利略。

"我承认亚里士多德是天才，但是他的理论缺乏证据。"伽利略辩解道。看得出这和他父亲的观点有渊源。

"嘿嘿，天才是不需要证明的！"另一位讥笑他。

"先生们，科学必须建立在实验的基础上，光靠冥思苦想是发现不了真理的！"伽利略大声反驳道。激动的时候，他会昂起脖子，抬高嗓门，大声喊叫。这时候的他活像一只好斗的锦毛小公鸡。

但是大多数同学不赞同伽利略的反叛观点。他们讥笑他头脑发热，不知天高地厚，竟胆敢怀疑神圣的亚里士多德。连个别老师也认为他是个狂妄自大的家伙。

不过伽利略机智的辩才和蔑视权威的勇气，也使不少同学刮目相看。大约还因为他辩论得太多了，大家送了一个"辩论家"的雅号给他。没想到，这个雅号的幽灵竟然伴随了伽利略一生。

后来利奇教授回到佛罗伦萨去了，仍和伽利略保持着联系。

吊灯的启示

在比萨大学读书期间，伽利略做出了他的第一个重要的科学发现。富有讽刺意味的是，这个发现是他在教堂里得到的灵感。

尽管伽利略后来遭到教会无情的迫害，但他一生都是一个虔诚的天主教徒，每个礼拜他都要到比萨大教堂参加弥撒。他把自己的信仰交给了天主，而把思想奉献给科学。最后的结局却是天主把他打入了地狱，科学使他得到永生。

1583 年的一个星期日，19 岁的伽利略穿戴整齐，越过大卵石铺成的广场，随着做礼拜的人群走进比萨大教堂正面的大铜门。

比萨大教堂建于 11 ~ 12 世纪，是整个大教堂建筑群的主建筑。比萨斜塔是这座建筑群的钟楼，离大教堂只有 50 米远。大教堂从空中俯视呈拉丁十字，造型厚重巍峨，颇为壮观。

也许是命运的安排，这个礼拜天主持是做弥撒的，是一位来访的神父。他站在神坛上，枯燥地念叨着神的教义。没有多久，伽利略就听得乏味了。周围的信徒发觉，这个长袜绑腿，身披漂亮外套的年轻人似乎有些心不在焉。只见他仰起头，两眼朝半圆形的殿堂四周转悠着。微弱的光线透过雕成小圆圈的门窗洞，教堂内高大的空间笼罩着一种庄严神秘的感觉。

伽利略打量着金碧辉煌的祭坛，古色古香的木雕，以及那些出自名家之手的壁画。这时，他的目光停在穹顶中央的一只吊灯上。这是一只精致的大吊灯，在橄榄状的穹顶上轻轻地摆动着。灯坠划出一道漂亮的弧线。

伽利略被吊灯摆动的节奏吸引住了。忽然，他的脑海里闪过一个念头。以前他曾经见过许多摆动的物体，但都没有注意到这个惊人的事实。

灯摆的启示

伽利略发现，大吊灯随着风吹而摆动，摆动的弧线时长时短，但不管摆幅是多长，吊灯往返的时间好像是一样的。

当时还没有精确的计时手段，伽利略想起上医学课时学的方法，于是用自己的脉搏来测量时间。他把右手指按在左手腕上，两眼盯着吊灯，心中默默数着："1、2、3……"。这是一幅很动人的场面。耳畔涌动着教徒们喃喃的祈祷声，众人都虔诚地埋着头，只有年轻的伽利略扬着脑袋，目不转睛地瞅着吊灯出神。

他反复地测了好多次，在布道结束之前，伽利略的结论已经得出来了：不管吊灯摆动的距离是长是短，它往返所需的时间总是一样的！

即便是吊灯摇摆得很缓慢，它在短弧线上来回一次，仍然需要那样长的时间。

这个发现使伽利略很惊奇。因为按照习惯思维，摆幅短所需时间也应该短。伽利略不禁陷入了沉思：吊灯往返的时间怎么会与摆幅无关哦？那究竟是什么因素决定摆动时间嗯——是摆的重量，体积，还是吊绳的长度呢？

从大教堂出来，伽利略兴奋不已。他怀着跃跃欲试的心情赶回大学宿舍，找来绳子、挂钩，以及一些重量不同的物体，立即进行实验。他觉得感觉是不可靠的，只有通过实验才能找到真理。伽利略当时并没有意识到，他的这个研究方法竟开了近代实验科学研究的先河。

伽利略用不同重量的物体做摆锤，然后通过改变绳子的长度，改变摆锤的体积大小，制作了很多种"钟摆"。他反复测定这些"钟摆"摆动的时间。而自己的脉搏就是他的表。他还找来鹅管笔和纸张，仔细地记下实验的结果。然后从这些记录中寻找规律。

渐渐地，摆的运动规律清晰地显现出来。

首先，伽利略发现摆的周期——即往返一次的时间，与摆锤的重量无关。如果绳子的长度一样，只是改变摆锤的重量，摆的周期不变。实验还表明了，摆的周期与摆锤的体积、形状也没有关系。

然后，伽利略使用相同的摆锤，但依次改变绳子的长度，进行实验。结果他发现，绳子的长度是个关键因素。摆锤的绳子越长，摆的周期也越长；相反，摆锤的绳子越短，摆的周期也越短。归根结底，摆动一次所需的时间，仅仅取决于摆绳的长度！

这就是著名的摆的周期定律。

伽利略并不满足这一重大结果，他继续寻找定量上的依据。这比定性的分析难度更大，要求更高，因为当时没有精确的钟表测量时间。伽利略只能用自己的脉搏来计时，同时增加实验的次数，以便排除实验的偶然误差。实验进行当中，伽利略还得尽力保持心态平静，因为一激动心跳会加快，就会影响测试的准确度。

就这样，年轻的伽利略以一颗平常心发现了最激动人心的结果。他从实验记录中终于找到了规律：摆锤摆动一次所需的时间，与摆绳长度的平方根成正比。

当时伽利略年仅 19 岁。这是他人生之旅的第一次辉煌。

发现摆的等时性定律，是伽利略对人类文明的一大贡献。在伽利略的时代，人类还未掌握精确计时的方法。当时沿用古代的沙漏计时。这是用两个陶制或玻璃制空心球做的装置，两个空心球的中央有个小孔相通。细沙从一个球缓缓漏到另一个球里，根据漏沙的量就可以计算时间。这个办法相当原始，只能粗略计算时间。有一种小沙漏，罐里的沙漏完约需要三分钟时间，据说煮鸡蛋计时很适用。

后来有人制造了机械钟，但由于缺乏定时的核心部件，走时很不准。一天之内误差个把小时，也是家常便饭。最早的钟没有钟面，只能靠敲打机械报时。英语的钟这个词（ clock ）是从法语的钟（ cloche ）演变来的，cloche 的原意就是"敲打的钟"。在伽利略那个时候，机械钟通常只有一根指针，钟面只刻小时刻度，就像现代最时髦的装饰表一样。

伽利略发现摆的等时性后，立即意识到它具有极有价值的实用性。他曾想到利用摆锤来制造一台精确的时钟。不过由于条件的限制，他本人没有实现这一设想。不过他利用摆的原理，发明了一个简便的"脉搏计"。这个仪器的主要部分是个小小的摆。用它可以方便地测出病人每分钟脉搏跳动的次数，很受医生们的欢迎。没料到跳了槽的医科学生，对医学还做了点小小的贡献。

直到晚年，伽利略还念念不忘带摆的时钟。他和儿子维森齐奥一道研究了设计方案，并画出了带钟摆的原始设计图。虽然伽利略最终没有实现这个方案，但世人公认，正是伽利略发现的摆的等时性原理，揭开了人类时间测量史的新纪元。

1656 年，荷兰科学家惠更斯根据这一思路，成功制造摆钟。这是世界上第一台精确的时钟。这时伽利略已去世 14 年。

惠更斯发明的摆钟

阿基米德的故事

1585 年，21 岁的伽利略没有取得学位就离开了学校。

4 年的大学生涯，他为什么没有拿到文凭？这似乎有点奇怪。传记家的说法也不尽相同。据说在 16 世纪，这种情况比较普遍。那时的意大利，盖着官印的学位证书，不及本人的学术名气或是显要人物的一纸推荐更有作用。

也有人猜测，伽利略的休学，主要是因为家里经济困难，父亲无力也不愿继续花钱让长子去学那些"无用的"知识。

或许这两种原因都有。不管是自愿也好，被迫也好，反正伽利略这个倔拗的叛逆儿、善战的辩论者、崭露头角的青年发明家，第二次向学校说了"拜拜"。读者一定还记得，伽利略第一次"拜拜"的，是那所差点让他当僧侣的瓦隆布罗萨教会学堂。

回到佛罗伦萨，伽利略面临着生计和选择职业。家里当时的情况正处在困难中。父亲的商店很不景气，一家八口需要他养活，可以想见压力够大的了。本来他希望伽利略学成回来当个报酬丰厚的医生，既体面又能改变家境。可儿子偏偏跳槽去学数学，这多少令他感到失望。万齐奥恨透了数学这"一文不值的玩意儿"，难免在言辞间流露出来。伽利略听后，只能默然。

他是家里的长子，别无选择。为了替家里分担困难，他做了父亲店里的伙计。这是伽利略人生旅途上的一个低谷。

不过伽利略并不气馁，他在店里干得很卖力。有机会时，他还抽空给人当家庭教师，挣些钱补贴家用。邀请他教课的有钱人，有的是给小孩子辅导，有的是自己想增长一些知识。当时文艺复兴正处于鼎盛时期，不少贵族和商人对自然科学产生了兴趣。伽利略小有名气，因此找他家教的有钱人不少。伽利略常常要走很远的路，到郊外的富人别墅里去给他们上课。

在这段艰难的岁月里，利奇教授给了伽利略很大的鼓励。

"小伙子，要记住逆境是最好的大学。"他对伽利略说："一旦你选定了自己人生的目标，就要坚定不移地走下去。"

利奇教授还给万齐奥做工作，让他理解儿子的意愿。

"总有一天你会发觉，伽利略的聪明才智会大放异彩，他会给我们佛罗伦萨带来骄傲。"

这位伯乐的话，渐渐改变了万齐奥对儿子的态度。

伽利略探求科学的雄心从没有熄灭过。在业余时间里，他继续进行自己在数学、物理学方面的研究。在当私人教师这段时间，伽利略写了一本很有特色的物理教科书，书名为《小天平》。这是伽利略的第一本著作，书中除了详细地叙述了他做的一些实验外，还特别讲了阿基米德的故事。

阿基米德是古希腊学者中最伟大的一位科学家，公元前3世纪生于地中海西西里岛的叙拉古城，擅长物理学和数学。伽利略很敬佩阿基米德的学识和为人。他觉得阿基米德和古希腊那些智者最大的不同是，阿基米德不是高谈阔论的哲学家，而是一个脚踏实地的科学家。阿基米德一生中有许多贡献，除了著名的浮力定律，他还发现过杠杆定律，即物体的重量之比与力臂成反比。据说他当时在给叙拉古国王的信中，兴奋地写下一句豪言壮语："只要给我一个支点，我就能把地球撬动！"在数学上阿基米德也有很多发现，尤其在立体几何上建树颇多。相传在叙拉古城被攻破时，他在临死前，还恳求罗马士兵让他把一道几何题定理证明完。

伽利略早年曾读过阿基米德的著作《浮力论》。阿基米德最有名的发现，就是浮力定律：物体在液体中所受到的浮力，等于物体排开液体的重量。

关于这个定律的发现过程，流传着一个有趣的故事。

叙拉古的国王亥厄洛叫金匠用纯金制作一顶王冠，王冠做好后，国王怀疑金匠在王冠里掺了白银。但金匠信誓旦旦地说自己没有掺假。王公大臣们也拿不出证据来。于是国王请阿基米德进行验证，并叮嘱他不能因此损坏了王冠。

阿基米德接受这个难题后，苦苦思索也未想出解决的办法。

一天他去澡堂洗澡，浴盆里的水很满，阿基米德的身体刚进浴盆，水就溢了出来。他并且感觉到了身体受到一种浮力。阿基米德似有所悟，他在浴盆里上下沉浮，发觉身体排出的水越多，所受到的浮力就越大。阿基米德茅塞顿开，他激动地从浴盆里跳出来，光着身子一边往外跑，一边大叫道："我找到了！找到了！"

原来他受浮力的启发，终于找到了解开了王冠之谜的办法。

阿基米德把王冠浸在水里，测出被王冠排出的水量；然后他把一块同样重的纯金也放在水里，再测出被金块排出的水量。假如两次排出的水量是一

阿基米德的故事

样的，就能证明王冠是纯金的。如果两次排出的水量不一样，那王冠肯定就掺了假。因为白银的密度比黄金小，同样重量的白银体积比黄金大。掺了白银的王冠，排出的水量自然要多一些。

测量的结果，两次排出的水量不一样。阿基米德由此断定，亥厄洛国王被金匠欺骗了！贪财的金匠最后被治了罪。阿基米德的睿智一直被人们传为佳话。

伽利略重新做了阿基米德的实验，证明这个原理的正确。在自己的《小天平》一书中，伽利略生动地叙述了阿基米德破解王冠之谜的故事，并且对阿基米德的

论点做了精辟的发挥。

伽利略还利用同一个原理，制作了一种测定金属比重的仪器，他把它命名为"浮力天平"。这个精巧的发明引起了许多人的兴趣，参观者络绎不绝。可惜这个仪器的详细资料没能保留下来。

《小天平》虽然是一本小册子，但在当时发行颇广，给年轻的伽利略带来不小的名声。有意思的是，这本书伽利略是采用故事体写的。他后来的一些震撼世界的皇皇巨著，也是采用的这种文体。可以说《小天平》是他悲壮的人生喜剧中的一幕小小的序曲。一些新的见解，在书中常以人物对话的形式表达出来。而且伽利略喜欢在对话中带点黑色幽默，他惯常使用喜剧的风格，尽情地嘲笑那些流行的错误观点。

伽利略的家庭教师生涯持续了一两年，他的成人学生在佛罗伦萨有不少。他们对年轻的私人教师口碑都很好。因为伽利略学识深厚，有独立见解，讲授又通俗生动，所以很受他们欢迎。有的甚至和伽利略成了朋友。

伽利略渴望施展自己的才能，他最大的希望是能走上讲台，给更多的学生讲授自然的奥秘和自己的研究心得。但是他没有大学文凭，怎么可能登上大学的讲台呢？

利奇教授告诉伽利略，他可以向有名望的显贵人物和学者写信，介绍自己的情况，必要时还需要亲自去登门拜访。如果能得到他们的真诚帮助，就有可能实现自己的愿望。

伽利略遵照利奇教授的指点，怀着一腔热望，开始了寻师访友的马拉松行动。

重返比萨

　　首先，伽利略寄出了好几封措辞虔诚的信。

　　接下来就是默默的期待。大多数的信都如同断线风筝一样，寄出去后就杳无音讯。偶尔有一封回函，也是含糊其辞的"有机会一定乐于相助"，没有实质性的内容。正当伽利略失望之际，意外地收到一封热情洋溢的复信。复信人德蒙特侯爵是佩萨罗的一位慷慨富有的贵族，热衷于自然科学，他对伽利略的《小天平》一书印象不错，在信中表示愿意竭力推荐伽利略。

　　伽利略不禁喜出望外。侯爵答应为他在帕多瓦大学争取一个职位。帕多瓦是意大利东北部的一座城市，距威尼斯港很近，那里的学术空气很浓。不久后，德蒙特侯爵即托朋友帮忙，同帕多瓦大学方面联系。但由于帕多瓦大学教席没有空缺，事情没有成功。

　　侯爵将情况告诉了伽利略，他嘱小伙子不要灰心，表示可以再试试比萨大学。不过这需要等待相当长的时间。对德蒙特的一番情意，伽利略感动了好一阵子。同德蒙特侯爵的结识，对他后来的成功产生了重要影响。

　　比萨当时属于佛罗伦萨管辖。杜斯干大公爵是比萨大学的赞助人，比萨大学的教授职位都由他出面聘请。因此侯爵写了一封推荐信，让伽利略首先去拜见这位佛罗伦萨的最高统治者。伽利略耐心地等候了一段时间，经过利奇教授的引荐，终于得到杜斯干大公爵的接见。年轻的伽利略向公爵大人呈上自己的著作和他的浮力天平。公爵从利奇教授那里听到过伽利略的名字，对他还算客气。这位大人耐着性子听完了伽利略的一番陈述，没有明确表态，只说了句可以考虑他的请求。

　　伽利略回到家中，等了很久也不见结果。他忍不住去找利奇教授打听。教授笑着安慰他说："好事多磨嘛。"并建议伽利略不妨到意大利各地走走，去拜访一些名人显达，增长见识，广交朋友。

伽利略征得父亲的同意，挎着背囊踏上了千里之旅。几个月里，他的足迹遍布了帕多瓦、威尼斯、博洛尼亚、罗马等城市。他带着利奇教授的介绍信，结识了不少有学问的科学家。和他们交流，伽利略发现了一个崭新的天地，眼界大开。有的人知道他的名字，说起摆的等时定律，都翘大拇指。还有的学者邀请他到家中作客，彻夜长谈，大有相见恨晚之感。

回到佛罗伦萨后，伽利略又等了将近两年，大学聘书的事仍然没有着落。在这段时间里，伽利略的恩师利奇教授不幸去世。对落魄的伽利略来说，这更是雪上加霜。

正当伽利略山穷水尽之时，另一位尊贵的朋友德蒙特侯爵伸出了援手。在这位贵人相助下，伽利略的命运出现转机。

这一次是侯爵亲自出马，向杜斯干大公爵鼎力推荐伽利略。公爵记起了上次见过的青年科学家，答应帮忙。正好比萨大学这时有一个数学教授的空缺，薪金不高。校方同意了伽利略作为这个职位的人选。伽利略的耐心终于得到了回报。1589年夏天，他得到盼望已久的聘书，重返比萨大学出任数学教授。

这是颇有点戏剧性的事。一个当初没有毕业就离校的学生，相隔4年，竟凯旋回来做了教授。除了因为贵人相助外，这与伽利略本人的才华和努力也是分不开的。一个庸才或者嬉皮士，是不会有人鼎力举荐的。

虽然数学教授在比萨大学的教授职位中是最不重要的，伽利略却非常满足。他登上大学讲台的梦想成真，这是他最高兴的事。

万齐奥见不安分的儿子当了教授，也露出了难得的笑颜。不过他觉得唯一遗憾的是，儿子当的不是医学教授。听说比萨大学里的医学教授，薪水比伽利略当的数学教授几乎要高出30倍。

报酬虽然不高，但比当私人家庭教师要强多了。25 岁的伽利略怀着跃跃欲试和今非昔比的心情，跨进了母校的圆拱形校门。

"哦，母校，我终于回来了！"他心中感慨道。

比萨大学以含蓄的微笑欢迎游子的归来。

伽利略不久就发现，这微笑的背后似乎藏着火药的烟雾。与其说比萨大学是一所学子的乐园，不如说它更像一座旧传统的顽固堡垒、一个尘埃飞扬的斗牛场。在这里，亚里士多德仍然是至高无上的偶像。谁也不准说半个不字。伽利略的天性中有种强烈的反叛精神，他不迷信权威，不崇拜偶像，也绝不人云亦云。

回到比萨大学后，伽利略在讲台上照样经常提出对亚里士多德观点的怀疑。他的语言俏皮犀利，常常一针见血。

可是伽利略没有想到如今他的身份不同了。一个爱唱反调的学生是容易被人谅解的，最多算是调皮捣蛋而已；一个离经叛道的教授就非同小可了，那等于是在向传统挑战。学校是不会青睐这样的老师的。这一回伽利略陷入了麻烦中。

他的过激言论遭到了许多教师的反对。

"这分明是在哗众取宠嘛！"

"他当学生时就是个狂妄自大的家伙！"有人在背后散布说。

伽利略也不示弱，和他们展开了针锋相对的辩论。他的直言不讳和"锋利的舌头"得罪了不少人。从当时的情况看，伽利略是年少气盛，不够老辣。用今天的话讲，这叫做不善于处理人际关系。如果他在表明自己的见解时，能够谦虚大度些，也许不会树那么多的敌。

伽利略好像并没有意识到这点。回到比萨大学的第二年，他又出版了一本小册子，对学校僵化的规章制度提出尖锐批评。这位新来的数学教授还站出来，公开指责一项港口疏浚计划会让承包商大发横财。后来才知道，这个承包商是比萨大学校长的朋友。这件事搞得校长很难堪。

伽利略重返比萨大学

　　因为伽利略是杜斯干大公爵介绍来的。碍着这位赞助人的面子，校方暂时容忍了伽利略。

　　不过，同比萨大学保守势力的对抗，激励了伽利略投入一些物理方面最重要的研究。伽利略确信，对顽固派的最好的反击，是从他们奉为圣明的亚里士多德理论中寻找突破口。他决心用实验来证明这帮家伙抱残守缺的错误，给他们来个迎头痛击。

　　这就引出了后来成为科学史上一个大事件的落体实验。

著名的落体实验

伽利略传奇的一生给后世留下了许多佳话，其中流传最广的，就是相传他于 1590 年在比萨斜塔顶上做了有名的落体实验。

亚里士多德曾经说过，不同重量的物体下落的速度不同，物体越重，下落的速度越快。也即"物重先落地"。

亚里士多德这个观点，是从他的哲学体系衍生出来的。这位先哲认为地球上的万物由土、水、气、火四种元素组成。土在最底层，土的上面是水，水的上面是气，而火在最上层。亚里士多德断定，地球上的物体都有一种回归静止位置的自然趋势。因此以土、水为主要成分的物体会下落。越重的物体含土越多，所以下落越快。而以气、火为主要成分的物体，则会上升。

表面看起来，亚里士多德的说法很有道理。石头由土组成，所以往下落；火焰包含着气和火，所以袅袅上升。这一切似乎天衣无缝。而且按照常识，重的东西好像是应该先落地。

所以 1000 多年来，人们对亚里士多德的说法都没有怀疑过。比萨大学里的那些同事，对此也确信不疑。伽利略却认为这个观点是错误的。伽利略在做摆的实验时，曾发现摆上系着的石块不论轻重，它们从最高点下落到最低点，所需的时间是相同的。因此他断言，不同重量的物体从同一高度同时下落，将会同时落地。

关于自由落体的问题，究竟谁是谁非？伽利略同亚里士多德的卫道士们进行了激烈地争论。他巧妙地运用反证法证明"亚里士多德错了"。

伽利略提问说，按照亚里士多德的说法，重的物体比轻的物体下落速度快，那么，如果把一重一轻的两个物体捆在一起下落，结果会怎样呢？下落慢的轻物体会拖住下落快的重物体，这样它们下落的速度势必会减慢。然而这两个捆在一起的物体，总的重量超过了原来那个重的物体，下落的速度应该更快才对。

这岂不是自相矛盾吗！

那些同事们被伽利略问得哑口无言。但是他们仍然坚持说，亚里士多德的观点不会有错，错的是伽利略的异想天开。

于是，伽利略决定用确凿的事实证明给这些同事们看。伽利略的学生维维安尼在他写的《伽利略传》里，讲述了这件事。这就是科学史上非常有名的比萨斜塔落体实验。

亚里士多德雕塑

比萨斜塔位于教堂广场的一侧，塔高 56.7 米，塔身全部用大理石砌成，连同塔顶一共八层。从第二层起，每层有 36 根大理石柱回廊，造型非常别致。塔内有楼梯 300 阶，顶层为钟楼。整座塔重量有 14000 多吨。

这座塔始建于 1174 年，由于设计师的失误，塔刚建到第三层时，突然发生塔基倾斜，只得被迫停工。94 年后又继续修建，据说前后换了 3 个设计师，虽然随时都在调整重心，但塔身的倾斜已不可避免。整座塔建成时，塔顶中心点向南偏离垂直中心线已达 2.1 米。倾斜的角度以后逐年积累，大约每年增加 1 毫米。至今斜而不倒，巍巍然耸立在绿茵上。这独异的造型和风彩，更使比萨斜塔的名声远播，构成了世界的一大奇观。16 世纪时，比萨斜塔已成为意大利著名的观光胜地。

伽利略选择在比萨斜塔顶上做实验，更使它的名气大增。

据说在实验的前一天，伽利略在校园里贴出一张布告。上面写道："明日午时，本人将在比萨斜塔证明自由落体定律。凡愿观看者一律欢迎。"

第二天正午，果然有不少人云集在比萨斜塔下面。其中有教师，也有学生。还有一些好奇的游客，也驻足观看。

伽利略带着助手和两个重量不同的铅球，从塔内往上攀登。他们沿着盘旋的楼梯拾级而上，楼梯陡峭而狭窄。登上塔顶钟楼时，已是一身的微汗。但伽利略的胸中却充满着斗志，他明白，自己将用铁的事实一举击碎亚里士多德不可动摇的神话。

伽利略是第一次爬上这么高的建筑。站在塔顶上，塔身倾斜的角度更加明显。伽利略小心地走到塔顶边缘，扶着栏杆，比萨全城尽收眼底。他俯视下面，看见了他的同事和学生们。天空晴朗，一丝风也没有。这是实验的最佳时刻。伽利略吩咐两位助手在塔顶边缘站定，把手伸出栏杆。每人手里拿着一只铅球，一个大些，一个小些。围在塔底四周的观众，一起把视线投向两只铅球。

伽利略凝神屏气了片刻，然后向助手发出口令。两个助手同时放开手中的铅球，只见两个铅球在地心引力的作用下，向草地上落下来。

果然，每一个人都清楚地看见了两个铅球几乎同时落在地上。亚里士多德的神话破产了。

伽利略的脸上掠过胜利的笑容。他原以为下面会爆发一阵欢呼声，令他意外的是，塔下是一片死一般的寂静。人们都惊呆了。这是怎么回事啊？亚里士多德竟然真的错了！

终于，有几个学生鼓起掌来。那些道貌岸然的教师，则不以为然地转身走了。

比萨斜塔因伽利略而名声远播

他们是一群骄傲的鸵鸟，仍然不承认是亚里士多德错了。

"谁能担保伽利略没有搞鬼哟？"一个同事煞有介事地说。

"魔术！纯粹是魔术……"另一位老夫子频频摇着脑袋。

虽然没有喝彩，也没有颂歌，但是伽利略的心中却洋溢着胜利的喜悦。一个28岁的青年学者，推翻了统治人们思想一千多年的权威理论。亚里士多德并不是全知全能的神啊！

伽利略的自由落体实验，使比萨斜塔成了近代实验科学的象征，一座伟大的科学纪念碑！

尽管科学史学家对这个传说存在质疑，伽利略的名字已永远同这座奇妙的斜塔连在一起。只要提起比萨斜塔，人们自然就会想到意大利的骄傲——伽利略。

事实上根据可靠资料，在伽利略的同时代，确实有人做过类似的落体实验。在伽利略12岁时，意大利帕多瓦城有个名叫莫勒第的数学家，曾在一本小册子《大炮术》里，专门提到落体运动。

这位数学家在书中借一位王子的口，明确指出：如果从塔顶我们放下两个球，一个是重20磅的铅球，另一个是重1磅的铅球，它们将同时落地。

王子（显然是数学家的代言人）说："我不是只做过一次实验，而是许多次。还有和铅球体积大致相等的木球，从同一高度释放，也在同一时刻落到地面。"

比莫勒第晚些时候，荷兰的一位工程师西蒙·斯蒂文也进行过落体实验。他从楼上窗户一齐放开两个一大一小的铅球，也是同时着地的。不过因为下落距离较短，他的实验没有引起多大注意。这说明在文艺复兴时代，沉睡的科学已经觉醒。亚里士多德观点的错误已经显露出来。不止一个学者发现了他的漏洞。只不过没有人敢于像伽利略那样，公开站出来向这位"圣贤"挑战。

翘翘者易折

比萨斜塔实验的成功，并没有给伽利略带来奖赏。相反的，在这次辉煌之后他遇到了意外的挫折。

伽利略年纪尚轻，未免血气方刚。为了坚持自己的观点，他喜欢和人争论。他常把自己看成是英勇反对"旧科学"保皇派的"新科学"的倡导者。因此得罪了许多同行。他的弱点是不谙人情世故，又有点恃才傲物，直率得有点"锋芒毕露"。在别人的眼里，他是一个爱出风头而又难以对付的家伙。本来比萨斜塔实验后，那帮亚里士多德的信徒们，更把他看作眼中钉。用中国的一句古话说，就是"木秀于林，风必摧之。"

伽利略不久就发现，自己在大学里的处境不妙。同事们都投来冷漠的目光，还有人到处散布他的流言蜚语。

就在这时，另一个打击接踵而至。1591年冬季的时候，伽利略的父亲突然去世。伽利略接到这个噩耗，非常难过。伽利略是家里的长子，父亲的去世，使整个家庭的负担都落在他的身上了。几个弟弟年纪还小，一个妹妹正面临出嫁。父亲在世时，曾许诺要给女儿备一份厚重的嫁妆。男方这时坚持，没有嫁妆不举行婚礼。这一切，都需要伽利略承担。他的数学教授职位3年聘约，只剩不到1年。而学校里隐约有风声说，校方到时可能会另请高明。

如果伽利略适时地调整一下姿态，做点缓解矛盾的工作，也许能够得到学校当局的谅解，渡过难关。可是他偏偏在这时又得罪了一位权贵。

大公爵常邀请一些学者名流到比萨的行宫赴宴，以显示他对科学和艺术的重视。在一次宴会上，伽利略认识了一位贵族公子乔范尼。这位乔范尼是个绣花枕头，在情场和打猎场玩腻了后，常爱别出心裁地搞点什么创造设计，都是些花拳绣腿的玩意儿，好看而不中用。但是因为他是大公爵的私生子，客人们都会逢场作戏地恭维一番。乔范尼愈发地得意了。有一天，这个贵公子声称自己发明了一种挖泥船，拿着模型来征求伽利略的意见。他知道伽利略有点名气，很希望得到一番赞赏。

伽利略仔细地看过模型，问他："准备做什么用？"

"当然是用它来疏浚杜斯干的港口！"乔范尼说。

伽利略摇摇头，坦率地说："这只能当玩具，想疏浚港口肯定不行。"

听见这话，乔范尼很不高兴，悻悻地走了。

其实，如果伽利略世故一些，可以婉转地向他建议改进模型的办法，这样就不会伤这位大公爵儿子的面子了。可是憨厚的伽利略只会实话实说，而且话里又带讥讽之嫌。乔范尼碰了一鼻子灰，回去后大为光火。

事情并没有到此划句号。据说这位客串的发明家不理会伽利略的忠告，照样把他的"挖泥船"造了出来。结果这庞然大物刚一下水，就沉掉了。这件事成了当地的一个笑柄。

乔范尼老羞成怒，竟对伽利略记恨在心。他在宫廷内外散布了不少伽利略的坏话。比萨大学那帮亚里士多德的信徒们，更是落井下石，趁机攻击伽利略一贯狂妄自大，藐视权贵。

在随后的宫廷宴会上，伽利略的名字从贵宾名单上消失了。校方明白伽利略已经失宠。到他的教授聘期届满时，伽利略没有接到继续执教的聘书。

伽利略又一次离开了比萨大学。怀着和第一次同样失落的心情，他回到了佛罗伦萨。不过上一次还有父亲可依靠，这一次却是全家都得靠他了。

这时伽利略所面临的困境可以想见。家里一贫如洗。除了债务，父亲没有留下任何遗产。为了养家活口，伽利略必须尽快找到职业。经过多方打听，他获知帕多瓦大学正缺一个数学教授。但是他们愿不愿意聘请一个比萨大学辞退的青年教师呢？

伽利略怀着一线希望，给佩萨罗的德蒙特侯爵写了封信，说明自己的处境，请求他帮忙。很快他就得到德蒙特侯爵的回信。

侯爵在信中表示愿意全力帮助伽利略，并鼓励他说："帕多瓦大学以提倡思想自由而驰名，那里很适合你。我相信，像你这样年轻有创见的科学家，他们会欢迎的。从你的身上，我看到了意大利科学的未来！"

德蒙特侯爵运用自己的影响力，竭力向帕多瓦大学推荐伽利略是个人才。没有多久，就得到了校方明确的答复。

1592年春天，28岁的伽利略被帕多瓦大学聘为数学教授，聘期6年，报酬比他在比萨大学时多三倍。这样，伽利略不仅可以赡养全家，母亲也不用再为伽利略妹妹的嫁妆发愁了。

伽利略把家里安顿好后，立即到帕多瓦大学就职。他的事业从此迎来一个黄金时代。

帕多瓦大学

　　帕多瓦是一座美丽和谐的城市，距海边不到 40 千米，属于威尼斯管辖。16 世纪的意大利分成许多独立的小公国，每个小国家由世袭的家族统治。管辖威尼斯的大公，是一位开明的贤主。

　　威尼斯是一座著名的水城，整座城市建在亚得里亚海滨的 100 多座小岛上，全城由 400 余座风格各异的桥梁相连。市区内有 177 条河流纵横交错，开门见水，出门乘舟，形成了"河流就是街道"的一大奇景。由于威尼斯地处海港，商业繁荣，同世界各地交流广泛，这里的思想比较开放。

　　威尼斯古城已有 1000 多年的历史，在当时是意大利最强盛的"海上共和国"。它拥有数千艘商船组成的庞大舰队，纵横在地中海上。威尼斯的商人遍布世界各地。著名的探险家马可·波罗，就是威尼斯人。他于 13 世纪出使中国，曾在中国居住 20 多年。商贸和财富造就了大批新兴的资产阶级，他们在国家的政治生活中，有很大的发言权，形成了一种新生的力量。中世纪封建主的权利，在这里已是日薄西山。教会的势力在这个自由港也相对较弱，威尼斯人信奉"教皇是教会的领袖，不是国家的领袖"。科学技术受到社会重视，新的思想和观念容易被接受。

　　帕多瓦大学隶属于威尼斯城，由一个三人校董会管理，三位校董由威尼斯的议会选出。这种管理体制，保证了大学的自由风尚不受罗马教廷的干预。学校里组成了许多学术团体，团员们思想活跃，各种观点都可以自由讨论。帕多瓦大学这种自由的学术空气，非常适合伽利略。对伽利略这样思想激进的学者来说，帕多瓦大学无疑是一个避风港。

　　在伽利略到帕多瓦以前，他的学术成绩和反传统的名声这里已有所闻。因此当伽利略到来后，受到了当地知识界的破格欢迎。他在城里结识了许多新的朋友，有学者教授，也有热衷自然科学的显贵名流。其中有位学问渊博而又很富有的贵族皮内利，是德蒙特侯爵的老友，他很赏识伽利略的才华。几次接触，皮内利发现伽利略并不是个傲慢无礼的人，而是个很有头脑的青年学者，于是和伽利略成了忘年交。这种友谊，给初来乍到的伽利略很大的帮助。

皮内利是帕多瓦的一位颇有影响的实力人物，文艺复兴运动的积极参与者。他在城里拥有豪宅和一座藏书 8 万卷的图书馆，这座私人图书馆，在 16 世纪算得上是欧洲最大的图书馆。

伽利略时代的帕多瓦大学

伽利略初到帕多瓦时，暂住在皮内利的家里。这使他有机会在图书馆里博览群书，大饱眼福。后来伽利略搬到大学为他安排的住宅后，仍然是皮内利图书馆的常客。这使他有幸读到不少当时最新的学术著作。

皮内利家豪华的大客厅，实际上是帕多瓦的社交沙龙。社会上层人物、哲学家和大商贾们经常在这里聚会。有的人是为生意而来拜访皮内利，更多的是来作客聚会。他们一边豪饮美酒，一边纵谈时事经纬，并对许多科学和哲学问题展开热烈的辩论。年轻的伽利略也被邀请进入了这个社交圈，他成了皮内利沙龙里最年轻也是最活跃的一员。

还有不少欧洲其他国家的学者名流，也慕名前来参加帕多瓦的沙龙聚会。伽利略在这个圈子里，结识了不少上层人物的朋友，其中有的人后来成了他的保护人，有的朋友则成为罗马宗教裁判所的掌权者。

伽利略在比萨大学期间，无论是当学生或是做教师时，心境都不愉快。因为他与周围的人事常常处在对抗之中。但是到了帕多瓦大学，这里宽松的环境，使他好像完全变了一个人。

第一次上课，他就大受学生的欢迎。没有多久，伽利略成了帕多瓦大学受人尊敬的老师。听他讲课的他的学生越来越多，以至于教室都显得拥挤。

随着伽利略的声誉渐隆，许多年轻学子都以向他求教为荣，帕多瓦不少贵族子弟也慕名来拜他为师。伽利略索性找了一座宽敞的房子，请人料理膳食，办了所寄宿学校。他和寄宿的学生们同吃同住，利用工余讲授数学和天文学，热烈讨论各种问题。

课余的时候，伽利略还给城里驻军的机械师讲解军事工程课。内容涉及武器的火力、防御工事的稳固性等。

当时意大利的小国家多，每个城堡的防御安全很需要。从意大利各城邦前来学习的人不少。伽利略因此对弹道学做了专门研究，正确地解释了炮弹的飞行轨迹。

亚里士多德认为，炮弹是在两条直线上飞行，在目标上方垂直掉下来。所以在后来根据他的思想画的图画上，炮弹飞行的轨迹是斜着向上的直线，到顶端后再倒拐垂直落下来。这幅图现在看起来是很荒谬可笑的，但在伽利略以前，却是关于弹道轨迹的标准解释。伽利略推导出，炮弹的轨迹应该是一条抛物线。由于炮弹飞行中不仅受火药的推动力，也受地球的引力作用。因此它的飞行轨迹不可能是直线。伽利略讲授军事工程学的水平，在当时应是第一流的。

伽利略一向很重视具有实用价值的发明创造。把研究和实用紧密地结合起来，是他的一个重要主张。他常对学生说："仅仅了解道理是不够的，还必须将这些道理运用于解决实际问题。"

在佛罗伦萨的一个博物馆，现在还保留着伽利略当年的部分发明。其中一件类似温度计盘旋状的玻璃仪器，构思十分精巧。另有一件测定贵重金属密度的液体仪，制作很精细，就是他运用阿基米德原理发明的那种浮力秤。还有一样类似现代计算比例尺的仪器，可以将地图精确地放大和缩小，在军事上很适用。这个比例规是伽利略到帕多瓦后发明的，他把它称为"军用罗盘"。在当时很受欢迎，据说销路颇好。

黄金时代

在帕多瓦 10 多年，是伽利略一生的鼎盛时期。他在科学上的重大发现，大都是在帕多瓦完成的。

伽利略继自由落体实验之后，对斜面运动产生了兴趣。他做了很多实验，研究球体从斜面上滚下时的运动规律。比如，为什么斜面越陡，物体下落越快。实际上，斜面的角度为 90 度时，就变成自由落体了。因此可以说，自由落体是斜面运动的一个特例。研究斜面运动更方便，也更具有普遍性。因为球体沿着斜面往下滚动，可以大大减慢下落的速度，便于观测它的运动规律。

伽利略选了一块长约 5 米、宽约 20 厘米的木板做斜面，在木板的边缘刻上一条一指多宽的槽，然后让一个光滑滚圆的黄铜球沿着槽滚下，同时设法记录铜球滚下所需的时间。希望能找到铜球运动的规律。实验需要精确的计时手段，当时还没有解决。伽利略从沙漏得到启发，找来一个大水桶，桶底开了一个小洞。水从小洞慢慢流到下面的一个小木桶里。反复进行实验，根据小木桶里水量来计算相对时间。这个办法很奏效。

开始，伽利略将木板的一头抬高约一拳高，使木板略为倾斜。再让铜球沿着木槽滚下，并记下它滚到不同距离时所需的时间。随后他把木板的一头抬高到两拳高，用同样方法测出铜球下降的时间。伽利略发现，铜球滚到全程四分之一所需的时间，恰好是滚完全程所需时间的一半。这表明铜球在斜面上的滚动，是一种加速运动。球滚得越远，它的速度越大。

经过反复实验，伽利略进一步测出铜球滚下全程二分之一、三分之二、四分之三所需的时间。从这种时间和距离的微妙关系中，他终于发现了斜面运动的规律：铜球滚下的距离，与所用时间的平方成正比！也就是说，在时间相隔 1、2、3、4……个时间单位里，铜球滚落的距离分别为 1、4、9、16……个距离单位。伽利略在后来所著的《两门新科学》一书中，曾提到这种实验他反复做了整整一百次，改变斜面的斜度，所得到的结果完全一样。

伽利略因此成为第一个用数学关系描述落体运动的科学家，也是第一个提出加速度概念的人。

这个时候，爱情悄悄来到伽利略身旁。在一次旅途中，他邂逅了一名威尼斯女子玛丽娜·甘巴，两人一见钟情。玛丽娜·甘巴是个活泼开朗的小美人，皮肤黝黑，善解人意。伽利略和她很投缘。他觉得同玛丽娜在一起生活，一定会很愉快。但是伽利略却不能把玛丽娜娶回家里，因为他的住处里寄宿了很多学生，完全是所学堂。那是他和来自各地学子们聚会的场所，也是年轻人喧闹的天堂，他们整天谈论的都是数学物理一类东西，这种环境对玛丽娜显然不合适。

伽利略面临着感情和事业的矛盾：要么把寄宿生统统打发走，将佳人迎进家里来；要么忘掉玛丽娜，照样当他的光棍"寄宿学校校长"。正当伽利略两难之际，聪明的玛丽娜想出一个好办法。她提出可就近另找一处住房，供他们两人居住。她只愿尽心管理好家务，而不过问寄住宿舍的事。伽利略原先的工作秩序一点不受影响。伽利略很赞助成这个两全齐美的主意。他的经济状况这时已经很不错，于是很快在寄住宿舍附近，买下一栋小楼。他和玛丽娜搬进新屋，开始了美满和谐的同居生活。

伽利略一边进行教学活动，一边搞他的科学研究。大约在这个时候，他发明了空气温度计。

据说在伽利略之前，有个叫菲洛的拜占庭人，曾制造出一种"测温器"。不过这种仪器比较原始粗糙，测温也不准。伽利略利用空气受热膨胀的原理，造出了一种简单有效的测温器。这是一根一端开口，另一端有个小球的玻璃管。玻璃管中注满有颜色的水，开口朝下立在一个水罐里。这样，顶端的小玻璃球里就会出现一个有空气的空间。只要在小玻璃球上加温，里面的空气受热膨胀，就会把玻璃管里的水往下驱赶。伽利略在玻璃管的一侧刻上标尺，根据水柱高度的变化，就能测出温度的变化。伽利略把这个发明称作温度计。这大概是世界上第一个有刻度的空气温度计。不过这个温度计测量精度不算高，还有个明显的缺点，就是不能测量低温，因为低于零度水会结冰。另外，伽利略后来发现，在不同的天气里，温度计水柱高度的指示也有差异。

由于伽利略的兴趣不久转向天文学，他没有进一步研究改进他的空气温度计。直到伽利略去世后 1 年，他的学生托里拆利才根据他生前的指导，对温度计做了重大改进。托里拆用水银代替玻管里的水，发明了水银温度计，测量精度和范围都有显著提高。这已具备现代温度计的原型。

光阴荏苒，伽利略 6 年的聘约即将期满。帕多瓦大学董事会决定续聘他任教 6 年，并增加他的薪金。这表示校方愿意长期同伽利略合作。对帕多瓦大学的厚意伽利略自然感激，不过他忘不了佛罗伦萨的辉煌。伽利略心中有个梦，就是如果能得到宫廷的器重，就可能获得优越的条件，施展自己的科学抱负，并能有充裕的时间进行研究和写作。

恰好这时杜斯干大公要请个老师，在暑假里给 15 岁的科西莫王子教授数学。经朋友推荐，伽利略被大公召到夏宫。他给年轻的科西莫王子讲了 6 个星期的课。小王子谦虚好学，对伽利略很敬重。师生俩的这段缘分，使伽利略对佛罗伦萨的幻想更添了一层。

他总想着有朝一日，佛罗伦萨会向他敞开大门。这时伽利略和玛丽娜已经有了两个女儿，家庭生活其实很美满。大女儿名叫薇金丽娅，二女儿名叫莉维娅。两个千金活泼可爱，给伽利略带来许多乐趣。玛丽娜一心料理家务，对伽利略的工作从不过问。她只知道自己的丈夫是位受人尊敬的科学家。

伽利略教学之余，大部分时间都醉心于科学研究，家庭只是他工作累了小憩的地方。说实在的，伽利略不能算是一个称职的丈夫。他的全副身心都投到探索真理之中，家里的事往往顾不过来。

这时候，伽利略对天文学发生了兴趣，开始潜心研究哥白尼的天体运行论。他被这位波兰科学家大胆的学说深深地吸引住了。

哥白尼与布鲁诺

　　哥白尼 1473 年出生在波兰托伦城一个富商家庭，10 岁时父亲去世，后由舅父抚养成人。18 岁时哥白尼进入克拉科夫大学，在那里他阅读了大量天文学著作。古代毕达哥拉斯有关"太阳是宇宙中心"的猜想，引起了他的浓厚兴趣。

　　在古代天文学中，最权威的是亚里士多德的观点。这位先哲认为地球是宇宙的中心，是固定不动的，包括太阳在内的其他星球，全都围绕着地球转，这就是有名的"地心说"。不过亚里士多德的行星轨道是一系列的同心圆，这解释不了太阳、月亮同地球距离周期变化等事实。稍晚的托勒密，对亚里士多德体系做了修正，他把亚里士多德的同心圆变成偏心圆，弥补了亚里士多德体系的缺陷，后来获得了大多数天文学家的公认。到 13 世纪时，亚里士多德和托勒密的"地心说"，被教会利用来维护神权。他们由此提出"地球是宇宙的中心，教皇是地球的中心"的教义。直到哥白尼的时代，"地心说"一直在欧洲占着统治地位。

　　究竟是"地动"还是"天动"的问题，困惑过古代许多学者。托勒密用反证法论证说：如果地球是运动的，那地球上的东西就会掉下来，所以地球应该是静止的。从直观上看，也是太阳从东边升起，在西边落下，地球没有动。

　　23 岁时，哥白尼来到意大利求学，曾在伽利略现在执教的帕多瓦大学学习教会法、数学以及天文学，还在波伦亚大学学过医学。哥白尼在意大利留学了 10 年。他曾给当时著名的天文学家诺瓦拉做学生和助手，和诺瓦拉一起观测天象，讨论古老天文学的危机。他还拜访过文艺复兴巨匠达·芬奇。诺瓦拉对托勒密的宇宙观一直持保留态度，他认为托勒密的体系过于复杂。哥白尼在意大利这段时间里，渐渐形成了他的"日心说"思想。他针对托勒密的观点说："为什么不承认天空的自转

托勒密 　　　　　　　　　　　　　　　哥白尼

是假象，而地球的自转是真相呢？因为这里发生了诗人维吉尔说的情况：'我们从港湾驶出来，大地和村庄都在跑着离开我们'。"

　　哥白尼经过多年的观察和研究，终于建立了新的宇宙体系。他指出太阳是宇宙的中心，地球在自转，并且绕着太阳公转；月亮绕着地球转动；五大行星同地球一样绕着太阳公转。但鉴于教会的淫威，哥白尼不敢公开自己的新学说。直到他逝世前，才出版了自己的著作《天体运行论》。哥白尼的学说摧毁了中世纪的宇宙体系，从而动摇了中世纪教会的神权。罗马教皇惊慌地宣布哥白尼的学说是"违背圣经的异端邪说"，并将《天体运行论》列为禁书。

　　但是真理是扼杀不了的。在哥白尼去世后5年，一个叫布鲁诺的婴儿在意大利诞生。布鲁诺出生在一个贫穷的家庭，10岁时被送进修道院，15岁时成为多米尼克修道院的修士。但是布鲁诺对神学并无多大兴趣，经过刻苦自学，他成为一位博学家和勇敢的叛逆者。

布鲁诺非常佩服哥白尼大胆的学说，发表了许多文章，积极宣传哥白尼的宇宙观。他因此被指控为"异教徒"，被迫流亡国外。

但是布鲁诺没有动摇，他在法国、英国和德国到处传播哥白尼的学说，并且提出了宇宙的无限性和统一性，进一步发展了哥白尼的体系。他指出，太阳也不是宇宙的中心，而只是宇宙的一个单元；宇宙没有开始，也没有结束，它是一个统一的物质世界。宇宙是无限的、永恒的。他的观点在欧洲产生了巨大影响。布鲁诺的革命性观点，引起了罗马教会的极大恐惧和仇恨。他们以邀请讲学为名，骗布鲁诺回国。1592年5月布鲁诺回到意大利，立即被宗教裁判所逮捕入狱。

在长达8年的审判和折磨下，布鲁诺拒不"认罪"。

他以大无畏的精神宣告说："高加索的冰川，也不会冷却我心头的火焰，即使像塞尔维特那样被烧死，我也绝不反悔！"

1600年2月17日，52岁的布鲁诺被活活烧死在罗马的鲜花广场上。临刑时他高声喊道："你们向我宣布判决，比我听到判决时更为恐惧！"

布鲁诺的死讯传来，36岁的伽利略受到莫大的震动。他当时正对哥白尼的学说进行系统研究，并准备撰写赞成"地动说"的文章。他非常敬佩布鲁诺为真理献身的精神，但也为这一惨剧的发生而震惊。这一事件在伽利略心底投下的浓重阴影，影响了他的一生。伽利略慑于教会的淫威，暂时把写论文的打算搁下来。

在这之前不久，德国有个年轻的科学家开普勒，出版了一本名叫《神秘的宇宙》的书，公开支持哥白尼的宇宙学说。大约开普勒听到过伽利略的名声，他觉得这个意大利同行一定会加入反亚里士多德的行列，于是寄了一份手稿给伽利略。伽利略收到手稿后，曾回信赞扬开普勒的书是革命的著作。但是后来，当

布鲁诺雕像

托勒密以地球为中心的世界体系　　　　　　哥白尼以太阳为中心的世界体系

开普勒请他公开宣布自己的见解时，伽利略没有回信。这也许是伽利略的谨慎，也许是他对教会的迫害心有余悸。

不过，"野火烧不尽，春风吹又生。"

就在布鲁诺英勇就义后 4 年，天文学发生了一起罕见的事件。

1604 年 10 月，一颗超新星出现在黑夜的天幕上，除了月亮以外，它比任何一颗星星都亮！德国的天文学家梅尔和他的学生首先发现这颗超新星。

几天后，伽利略也看到了天空中突然出现的这个奇特的物体。他被这个异兆震撼了。全世界都看见了它。这实际是一颗爆炸的星球，它的出现，表明宇宙并不像亚里士多德说的那样万古不变。科学界引起了一场争论。统治了 1000 多年的古老的宇宙观，再次受到挑战。伽利略也不禁心旌摇曳，希望揭开这个秘密。潜伏在他心底深处的叛逆精神，这时又重新复活了。他因此卷入了天文学的漩涡，并导致他后半生命运的重大改变。

啊，望远镜！

1609 年，开普勒出版了《新天文学》。这位德国天文学家在书中提出，行星的运行轨道不是正圆，而是椭圆。这就是著名的开普勒第一定律。开普勒是根据他的老师、丹麦天文学家第谷留下的大量天文观测，并通过复杂的数学计算，得出这一结论的。开普勒在这本书中，还记述了自己研究哥白尼学说的历程和诸多体会。

伽利略读到《新天文学》，非常兴奋。虽然因为计算繁琐和叙述上的冗长，开普勒的这本书写得相当难懂。但是伽利略读完后，看出其中包含着的真理。他在回信中，称赞开普勒对哥白尼学说做出的贡献，并表示完全支持开普勒的观点。面对着这位德国同行的成功，伽利略也有点跃跃欲试了。

开普勒

就在这年的 2 月，佛罗伦萨的杜斯干大公去世了，他的儿子科西莫王子继承了爵位。伽利略心中又燃起回佛罗伦萨去做宫廷教授的希望。应该说伽利略的事业，在帕多瓦找到了最好的用武之地，但是他希望能有更多的时间从事研究和写作。在帕多瓦他是一个忙碌的教授，很难有自己支配的时间。

伽利略给佛罗伦萨的首相写了封信，表示了自己的期望。首相回信告诉他说，年轻的科西莫公爵继位不久，有许多要事需要处理，宫廷教授的事等适当的时候再说。伽利略只好耐心等候。自然当时伽利略做梦也没有想到，佛罗伦萨等待他的，其实并不是福星，而是祸水。这是后话了。

1609 年 6 月，伽利略听一个朋友说荷兰有个磨镜工匠珀希制造了一个"望远

最早的望远镜发明人珀希

镜"，能把远处塔顶上的风标看得很近。没有多久，伽利略收到一个学生从国外寄来的信，也提到这新奇的玩意儿。那位学生在信中说，曾亲眼看见望远镜的演示。它的结构其实很简单，只是一根两端安有镜片的管子。如果举起它对准远处的物体，再调整管子和眼睛之间的距离，透过两个镜片就可以看见一个放大的物像。

伽利略对这个信息非常感兴趣，决定自己制作一个望远镜。不过当时不可能找到资料，他就自己构思设计。

珀希发明的望远镜比较原始，视野也窄。此后不久，欧洲出现了一些仿制品。但大都比较粗劣，放大倍数不大，影像也模糊不清。绝大多数人都把望远镜当作一个奇巧的小玩具，当时谁也没想到把它作为科学仪器。

伽利略却敏感地意识到了望远镜的科学价值。但原始的望远镜不实用，必须制作出更精密的仪器才行。望远镜的基本原理，是通过凸透镜和凹透镜来聚集物像反射的光线。透镜的尺寸、曲率和光洁度是关键，望远镜管筒的长度和调节也很重要。伽利略反复设计图纸，计算曲率，并亲自磨制镜片。整整一个夏天，他都沉浸在研制新望远镜的狂热里。8月里，他终于制造出一种能放大9倍的望远镜。

伽利略的朋友们用望远镜观看远处，惊奇地发现房屋都移在了眼前，连教堂顶上的十字架都看得清清楚楚。众人大声称奇，赞不绝口。有人说这东西可以装在城墙上，用来观赏海上的游船。还有人建议伽利略，可把新发明送给威尼斯大公，争取这位威尼斯最高统治者对科研事业的支持。

凑巧的是，威尼斯大公这时正准备向一位外国设计师订购一架望远镜，对方的开价很高。大公爵征求顾问萨皮尔的意见，萨皮尔是伽利略的朋友，他发觉那老外的望远镜只能放大3倍，而且图像也不清楚，当即劝说大公爵取消了订货。萨皮尔告诉大公爵，不妨瞧瞧伽利略的望远镜，大公欣然同意了。威尼斯是个港湾小公国，海防十分重要。如果能有大倍率的望远镜，就能侦察到海上的敌舰。

伽利略向议员们展示他的望远镜

一个星期之后，伽利略应召带着望远镜来到威尼斯。大公爵亲切地接见了他。议长和议员们也都闻讯前来，想看个究竟。伽利略把望远镜架在威尼斯最高的钟楼上，镜管对着港口。大公爵和年迈的议员们登上钟楼，依次观看望远镜里的景象。他们看见远在港外的船只就像近在眼前一样，一个个都非常惊奇。这些船只用肉眼看就是两个钟头也看不见影子。大公爵对伽利略的这架新式望远镜，感到非常满意。而伽利略报的价钱，比外国设计师要的低很多。

于是威尼斯大公告诉伽利略，他决定买下这架望远镜。作为回报，将给予伽利略相当的报酬和礼遇。在萨皮尔的鼓励下，伽利略接受了大公的提议。

没有多久，帕多瓦大学校董会通知伽利略，决定聘请他为终身教授。在大学里这是很高的荣誉，伽利略的薪水也增加了一倍。这是望远镜给伽利略带来的第一个效益。朋友们都为他感到高兴，伽利略却处之泰然。

他研制新式望远镜的目的，自然不是为了"终身教授"的头衔。一个伟大的宏愿正在他心里悄悄升起，这就是把神奇的望远镜对准星空，窥测宇宙之秘。

奇妙的天穹

要看清遥远的星空，必须要放大倍率更高的望远镜。伽利略不满足已有的成绩，他潜心于研制改进望远镜，达到了废寝忘食的程度。他设计了一张张图纸，反复计算透镜的曲率，调整管径的粗细和长度。为了提高透镜的质量，他不惜高价购买最好的镜片材料，镜头也是亲自动手，精心地磨制。

由于工作忙碌的关系，伽利略很难得回寓所。他同玛丽娜和孩子们见面的时间越来越少。除了渐渐长高的两个女儿，玛丽娜不久前又给他生了个儿子。但是伽利略无暇照顾家里，有时候一连几个星期都不照面。玛丽娜开始抱怨他不尽做丈夫和父亲的责任。

但是伽利略依然故我，一门心思想着自己的研究课题。他是一位举世公认的大学者，但又实在是一个不称职的家长。玛丽娜在一再失望之后，终于选择了离异之路。他们一起生活了10多年，据说分手是平和的。伽利略把两个女儿送到自己母亲那里。小儿子暂时跟着玛丽娜，伽利略每月给一笔抚养费给她。在温馨的家庭和充满挑战的事业之间，伽利略最终选择了事业。

独身的伽利略，更加无牵无挂地投入研制工作。他制作的望远镜倍率越来越高，不久，终于制造出一架能放大30倍的望远镜。

伽利略在给亲友的信中，兴奋地写道："我不辞艰辛，不怕破费，终于成功地研制出了一种极好的仪器。用它观察物体，比肉眼看见的要大1000倍，距离要近30倍。"

每天晚上，伽利略把这架高倍望远镜瞄准天空，仔细观测星象。他看见了一个从来没有人见过的崭新的世界。这是天文学的一次伟大的革命。伽利略是人类史上第一个用望远镜观测星空的人，他惊奇地发现了一个新世界。

　　首先，他用望远镜在猎户星座附近，发现有许多从未有人知道的小星。伽利略兴奋极了，就像发现了上帝遗失在天幕上的一大把钻石，他数了数竟有80多颗！开普勒的恩师第谷曾连续20多年观测星空，也未发现这些小星，因为这位丹麦伟大的天文学家只能用肉眼观测。接着，伽利略又在七姊妹星的附近，发现了40多颗小星。他逐一记下这些星辰的位置。

　　广袤的星空原来这么奇妙啊！

　　伽利略每天夜晚都用望远镜仔细观察天象。秋夜的星空格外浩瀚美丽。他的发现一个接着一个。

　　以往人们一直以为月亮是一个通体发光亮如明镜的球体。亚里士多德就曾说过，月亮是一个完美无瑕的星球。在这位先圣看来，宇宙间什么都是完美的，永恒不变的。可是伽利略从望远镜里，第一次看见月亮的表面原来是凸凹不平的，就像地球上的起伏山峦一样，有环形山脉，还有裂纹。他推算出月亮上有的山峰高达6千米。伽利略还发现月亮上一大片阴影，他猜想那是月亮上的海。其实那是一片低凹的大平原，并不是海。

　　伽利略坚持每天观测天象，尤其是满月的时候，他仔细地观察月亮表面明暗斑纹的变化。他特别注意到，这些暗纹的位置和亮度随着月亮升高而变化。这表明是太阳的光投射到月球表面，月亮升高时，山脉的投影随之变化。再联想到月亮有亏有缺，这一定是太阳的光线被遮住了的缘故。

　　伽利略心里茅塞顿开，原来月球并不是一个发光体！月亮是在太阳的照射下发亮的，并且把太阳光反射给地球。伽利略是第一个发现月球真面目的人。他想写一本通俗的小册子，把自己的新发现告诉世人。

伽利略设计制作的望远镜
（现存佛罗伦萨博物馆）

为了有更多地发现，伽利略继续改进自己的望远镜。不久，他制造出了倍率更高的望远镜。伽利略用新望远镜对准夜空里的银河，他发现银河并不是一片透明的薄云，而是由无数亮度不同的星星组成的！因为它们离地球太远，所以看上去像一片飘渺的云雾。伽利略受到莫大的震撼。茫茫宇宙，藏着多少奥秘哟！

1609年的冬天在兴奋中过去了。对伽利略说来这是难忘的一年，他终于揭开了宇宙的神秘面纱。伽利略意识到这可能是他一生中最伟大的发现。

1610年元旦刚过，伽利略将他的望远镜对准木星的位置。木星是太阳系九大行星中除地球外最漂亮的一颗星，在夜空里熠熠发光，很引人注目。伽利略经过仔细观测，发现木星的周围有三颗小星，两颗在左边，一颗在右边，排在一条直线上。第二天夜晚，伽利略继续观察，他发现这三颗小星一齐出现在木星的右边。

这是怎么回事？伽利略很惊奇。因为按照木星的运动轨迹，它只能向右走，但现在却移到小星的左边去了。除非是那些小星"跑"到木星右边的。

又过了两天，伽利略发现木星的周围只剩下两颗小星，另一颗大约"躲"到木星的背后去了。这意味着这些小星可能并不是恒星，而是绕着木星转的卫星。如果是这样，这颗小星过两天会重新出现。

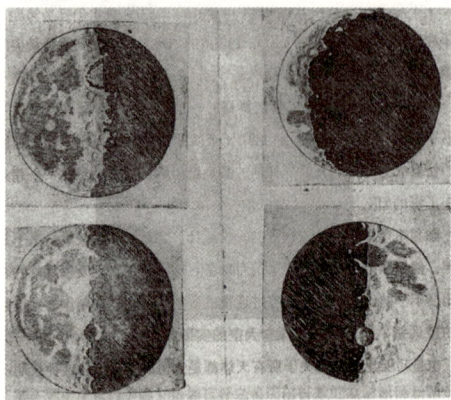

1609年伽利略观测绘制的月球表面图

伽利略等待着这一时刻。几天之后，那颗小星果然又重现星空。出乎伽利略意外的是，在它的旁边还添了个小兄弟。也就是说，这次在木星周围出现的小星，不是三颗，而是四颗！

伽利略继续观测，最后发现这四颗小星的位置有规律地变化着。原来它们是木星的四颗卫星！就像月球绕着地球一样，它们绕着木星旋转。伽利略为这一发现惊喜不已。为了表示对杜斯干大公科西莫的敬意，伽利略决定把新发现的四颗卫星命名为"梅迪西斯星"。梅迪西斯是杜斯干家族的姓氏，这表明伽利略仍然对佛罗伦萨宫廷的任命寄予着厚望。

1610年3月，伽利略在威尼斯出版了《星际使者》一书。在新书的扉页上，有这样一句题词："谨以本书献给杜斯干第四大公爵科西莫二世殿下"。

《星际使者》封面

伽利略还在下面还写道："人们常以塑造铜像或建造庙宇的形式，来纪念伟人，但是我愿以这四颗星的命名，来表示我对大公爵的敬意。铜像和庙宇将会为时间所毁坏，但这四颗星却永存天际。"

一个有趣的事实是，在伽利略逝世后，这四颗星最终被世界科学界命名为"伽利略星"。历史是最伟大的评判官。王公贵胄的威名终为时间所湮灭，只有真理才是不朽的！

伽利略在《星际使者》里激动地写道：

"我看见了我以前从没看见过的无数的星星，它们的数量是先前早已被人们认知的星星的10倍还多。但是最令人惊讶、特别令我吁请所有天文学家和哲学家注意的是，我发现了四颗卫星，在我之前没有一个天文学家知道和观察过。"

伽利略把新书和一架望远镜，托人送到佛罗伦萨宫廷，献给他从前的学生科西莫大公。年轻的大公爵收到这两件礼物，非常高兴。他微笑着对左右说："伽利略先生是我见过的最出色的科学家。"

改换门庭

《星际使者》是用拉丁文写的，出人意料的是书出版后十分畅销。伽利略在这本书中记叙了他半年多来的天文发现，凡是读到《星际使者》的读者，都从书中看到了一个崭新的世界。原来天上还有这么多不知道的星星！月亮并不是一个发光体啊！消息一传十，十传百，买书的人很踊跃。初版的几百本很快销售一空。外地还有人来函要求邮购的。伽利略吩咐威尼斯的印刷厂再加印1000本。

好书是没有国界的。德国的开普勒读到了《星际使者》，也特地来信称赞伽利略的成就。这位挚友还要求伽利略许可他在当地翻印这本书。伽利略回信表示，这再好不过了。

随着《星际使者》的畅销，伽利略的望远镜也成了抢手货。人们希望书中描绘的奇景，能从望远镜中眼见为实，一睹为快。所以前来订货的不少。这可忙坏了伽利略。书可以一次印个上千册，望远镜却只能一架一架地磨制。常常是一架望远镜的镜片刚装好，就被等货的客户拿走了。

5月，伽利略休假回佛罗伦萨去了一趟。他很久没有看望母亲了，两个女儿也常常挂念他。伽利略愧觉自己不是个孝子，也不是一个好父亲。他买了一大堆礼物带给家人，尽量让她们开心。大女儿薇金丽娅这时已经10岁，长得娴静斯文。二女儿莉维娅一脸雀斑，是个淘气丫头。母亲年纪大了，变得很爱唠叨。

两个女儿向父亲讲了许多佛罗伦萨的新鲜事，也谈起童稚的心愿。薇金丽娅告诉老爸，她愿意去修道院读书，那里幽雅纯净，又有很多修女做伴。莉维娅也表示要跟姐姐一道去。伽利略对修道院环境的印象并不坏，他少年时也曾经做过当修道士的梦，于是托妹妹找到一家合适的修道院学校。这所修道院的名字叫圣玛多，院长嬷嬷是个慈祥的老处女。

"小女就拜托给您了。"伽利略把两个千金交给了她。

"请先生放心。"院长嬷嬷客气地说:"将来长大后做不做修女,完全由她们自愿。"

"但愿她俩不会选择天主。"伽利略刮刮莉维娅的鼻子,笑道。

安顿好女儿后,伽利略就去拜会朋友。他此次来佛罗伦萨,还有个重要目的,就是希望落实杜斯干宫廷教授的任职事。

12年前伽利略曾给科西莫王子讲过课,小王子当年的聪颖好学,给他留下极好的印象。不过他们那次相处的时间只有6个星期,论名分算不上正式的师生。伽利略相信当今的科西莫殿下会善待自己,但求职一事不便贸然直接找大公爵。于是他听从几个老朋友的建议,决定先拜会大公爵的首相万塔,投石问路。万塔首相是杜斯干宫廷里颇有权势的人物,大公爵许多事都会征询他的意见。如果能够得到他的引荐,宫廷任职一事就有希望了。

但不巧的是这位首相大人很忙,伽利略约了几次都没有时间。伽利略的假期很快就到时间了。正当他感到踌躇时,首相托人带话来说,伽利略教授有什么事可以先写封信给他。

伽利略回到帕多瓦,给万塔首相写了一封长信。他在信中陈述了自己愿到佛罗伦萨宫廷任职的希望,言辞十分恳切。伽利略说,自己虽然在帕多瓦大学受到师生的尊敬,也有稳定的收入,但是教学和管理等事务占去了许多时间,不可能集中全部精力完成自己的研究课题。他渴望着能够从这些事务中摆脱出来。因此恳请科西莫殿下能允许他不再担任教学任务,以便有充裕的时间进行专业科研和写作。这是他多年的一个心愿。如果首相能促成此事,他将万分感谢。至于个人的薪俸,只要和在帕多瓦大学时一样就行了。

伽利略把信寄出后,接下来就是耐心的等候。这段时间他继续用望远镜进行天象观测。

1610年7月,伽利略终于盼来了一纸聘书。

从佛罗伦萨传来伽利略期待已久的佳音：科西莫殿下任命他为杜斯干宫廷的数学和哲学教授，并兼任比萨大学教授。后者实际是个荣誉职务，并不需要他去上课。他的薪水和在帕多瓦大学时一样。这就是说，在万塔首相的促成下，大公爵完全接受了伽利略的请求。伽利略的唯一任务是，将来为大公爵的小王子上数学和物理课。就像 15 年前他教科西莫王子一样。

　　此刻的伽利略，心中难免有点踌躇满志。尤其是获得比萨大学教授的名誉头衔，使他大有扬眉吐气之感。当年他就是从这座学府被排挤出来的，如今是荣归故地，衣锦还乡了。

　　伽利略向帕多瓦大学提出了辞呈，并陆续向朋友们道别。

　　校方对伽利略的辞职非常惋惜。伽利略在帕多瓦大学工作了 18 年，朋友们也都舍不得他走。个别校董甚至指责伽利略忘恩负义，"这山望着那山高"。当年伽利略落难时，是威尼斯共和国和帕多瓦大学为他提供了避风港。如今伽利略功成名就，拍拍屁股就走了。这似乎有些不近人情。伽利略只得向大家解释，去佛罗伦萨宫廷任职的原因是为了时间。

　　"时间？我们帕多瓦大学就没有吗？"有人不理解。

　　伽利略教了半辈子物理学，他却忽略了一点：人生的坐标有两个，除了时间，还有一个关键就是空间，也就是所处的地域。

　　威尼斯是个自由的学术花园，佛罗伦萨却是个教会的堡垒。伽利略一位最好的朋友萨格尔多清醒地看到了这点。前面等待伽利略的究竟是喜是忧，还有点难说。遗憾的是，伽利略离开帕多瓦大学时，萨格尔多不在威尼斯，他没有来得及劝阻伽利略三思而后行。

　　萨格尔多回来时，伽利略已经到佛罗伦萨上任去了。这位挚友听说后不禁跌脚而叹。他给伽利略写了一封信，忠告他说：

　　我认为你离开帕多瓦绝不是明智之举。虽然科西莫大公爵是一个明君，但是

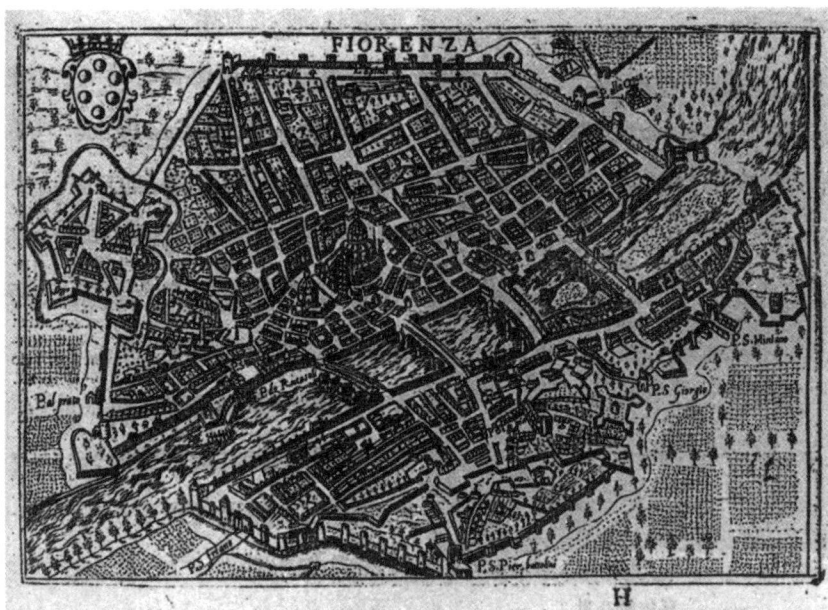

教会的堡垒佛罗伦萨

他的周围可能有妒忌你的小人进谗言，让你随时失宠……而且通常大公爵都是短寿的，他去世后难保继位者会赏识你。更何况杜斯干不像威尼斯，它是一个教会控制下的公国。至高无上的是教皇，而不是国王。一旦教皇发怒，连大公爵也保护不了你。你为什么不仔细想想，就做出这个愚蠢的决定呢？

这位朋友的话，后来不幸全部言中。这正应了中国老子的一句格言："祸兮福所倚，福兮祸所伏"。

1610年9月，伽利略移居到佛罗伦萨，就任杜斯干宫廷教授。这一年他46岁。伽利略的人生从此开始伴随着惊涛骇浪。

土星与金星

在帕多瓦的最后一段日子里，伽利略把观测的目标集中在土星上。土星是一颗漂亮的带淡淡彩色的星，在太阳系九大行星中排行第六。伽利略在观测中发现，土星的形状有点奇特。从望远镜里看上去，它像是由三个星重叠而成。伽利略把它称作"三重星"。他把观测到的土星形状画成图，有点像现在科幻中的飞碟。

伽利略猜测，那两边突出的球体是土星的卫星。这实际是一种误会。土星到地球的距离比木星远一倍，要用当时的望远镜看清楚很难。几年后，其他天文学家发现，土星的那两个小"球体"位置移动了，形状也不一样了。但仍然不知道怎么解释这个现象。

直到46年之后，荷兰天文学家惠更斯才弄清楚了，这是因为土星周围有光环！环的形状随着土星绕太阳运行而变化。用倍数极高的天文望远镜观看土星，可看见那光环非常壮观。

1977年，从地球上发射的两个"旅行者号"航天探测器，才探明了土星系的全部真面目。土星的星环由无数冰冻岩石构成，大的如卵石，小的似尘埃，所以能够透过光环看见星体。而且"旅行者号"还发现了，土星至少有18颗卫星，其卫星数量之多居于九大行星之冠。难怪伽利略当初会误把光环当作卫星。

到了佛罗伦萨，伽利略暂时住在一个朋友家里。现在他的时间很充裕。安顿下来后，他立即着手进行自己的天象观测。

伽利略把望远镜架在平台上，瞄准夜空。这一次的目标是距太阳很近的金星。距太阳的距离最近的行星是水星，但因为太阳光太强的缘故，通常很难看见。金星是太阳系九大行星中的老二，位于太阳和地球之间，是夜空里最亮的一颗星，又名启明星。

按照想象，金星应该是一个明亮的圆轮。但是伽利略在望远镜中看见的金星，竟是一道弯弯的蛾眉，就像一弯新月。伽利略连续观察了好些天，发现金星的形状在发生变化。开始是弯弯的蛾眉，随着明亮部分增加，金星的蛾眉渐渐变宽、变短，也就是说看上去金星变小了。伽利略连续观测了几个月，确认当金星变成满圆时，直径变得最短，只有大约蛾眉时的八分之一。接着，满圆的金星出现亏缺，直径又渐渐变大，短眉变得越细越长。

这就是金星的位相现象。这一发现使伽利略非常振奋。月亮也有位相现象，但不同的是，月亮在盈亏缺圆变化时，直径始终是一样的。而金星盈亏时，直径却随之而变。此外，月亮的盈亏周期只有一个月，而金星的盈亏周期要长得多。这些是什么缘故呢？

原因很显然：月亮是绕着地球作近似圆周运转的，它与地球之间的距离基本上没有变化，所以从地球上看去，它的大小也不变。如果金星真像托勒密"地心说"说的，是围绕着地球转的，那么金星的位相也应该和月亮一样，不会出现直径的变化。但事实却相反。

所以这只有一个解释：金星不是绕着地球转的，它在因为太阳光投射角度关系出现盈亏的同时，在渐渐远离地球而去，又渐渐接近地球而来。当金星离地球很近时，只能看见它呈现出弯弯的蛾眉状；当它被太阳全部照亮时，离地球距离最远，所以看上去最小。金星的盈亏周期比月亮长得多，正好意味着它的运行轨道，比月亮绕地球的轨道大得多。一句话，金星是绕着太阳在转的！

哥白尼在《天体运行论》中曾预言过：如果我们的眼睛能看得更远更清楚，就可以看见金星象月亮一样出现盈亏现象。

伽利略用他的望远镜，为哥白尼的学说找到了最有力的证据。哥白尼 60 年前的预言终于得到了证实：太阳系的中心不是地球，而是太阳！地球和其他行星都

伽利略将望远镜交给缪斯女神

绕着太阳运行。

伽利略的名声不胫而走，许多欧洲小公国的贵族邀请他去讲学。1611年3月，伽利略应邀访问了罗马。他下榻在梅迪奇别墅里，感觉很惬意。这幢别墅是佛罗伦萨驻罗马的大使馆，建筑宏伟，装修豪华。

伽利略的到来在罗马引起不大不小的轰动。学术界的头面人物和他亲切会见，许多高级神职人员也纷纷向他致意。

在罗马大学，伽利略展示了他的望远镜，并就他新近的发现做了精彩的讲演。当学生们从望远镜里看到月球果然是坑洼不平时，都非常激动和兴奋。第二天，伽利略和望远镜就成为罗马街头的话题。这次罗马之行，是伽利略人生最得意的时刻，连教皇保罗五世也接见了他。罗马林赛科学院院长塞西侯爵，也特地为伽利略举行了盛大的欢迎会，有拉丁语朗诵，还有节目表演助兴。这位年轻的侯爷对科学研究兴趣颇浓，他在1603年18岁时就发起成立了世界上第一个科学社团——林赛科学院。这个社团的会标是一只猞狸，也就是山猫，取其目光锐利之意。学会的宗旨是推崇科学与文学的结合："希望热心于追求真正的知识并致力于研究自然尤其是数学之哲学家成为其成员；同时本学会也不忘优雅的文学与语言学之装点作用，因此类科学犹如优美之服装，亦可使科学自身增辉生色也。"

一个礼拜之后，在塞西侯爵的盛邀之下，伽利略正式当选为林赛科学院成员。这使他获得一种特权，可以在本人的任何作品或是私人信函的签名之后，加上"林赛科学院成员"的头衔。除了这个荣誉，更难得的是，塞西侯爵还向他承诺伽利略著作可以由林赛科学院来出版。

所有这一切，让伽利略兴奋不已。46 岁的伽利略走到了一生的巅峰，他没有料到再向前走一步，厄运就降临了。

实际上危险和阴谋已经悄悄地向他逼近。罗马的鲜花和微笑实际是一个假象。一个巨大的黑影正笼罩在伽利略的头顶上。因为伽利略用事实证明了是太阳居在中心，地球围绕着太阳转。这从根本上动摇了人们信仰的宗教教义，教会是不会善罢甘休的。圈内的人都意识到了这一点，只不过伽利略本人不知道。他还陶醉在事业成功的喜悦中，并且奢望通过这次罗马之行说服教会接受他的证据，改变对哥白尼学说的封杀。

罗马天主教学院的白拉敏院长请伽利略去作客，宾主间讨论了很久关于科学和宗教的问题。这位红衣主教提醒伽利略说："最好把哥白尼的学说视为未经证明的假说，而不能宣布它是真理。"

伽利略经过慎重考虑，接受了主教的忠告。他明白教会里有维护他的朋友，也有随时会陷害他的敌人。

6月，伽利略回到佛罗伦萨。他发觉许多人突然改变了脸色，有的冷冷地背过脸去，有的露出暧昧的微笑。他在罗马的言行和受到的隆重礼遇，不仅引起了教会的警惕，也引起了同行们的妒忌。有人在背后散布他的发现是假的，还有人攻击他哗众取宠。

CASSANDRA HATTON
RARE BOOKS

林赛科学院徽记

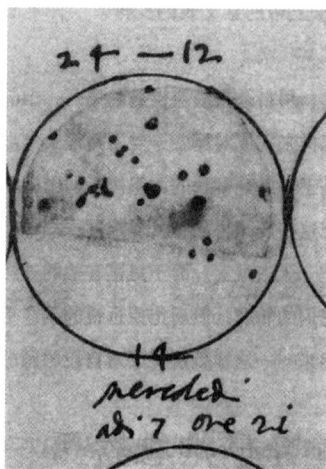

伽利略所绘太阳黑子图

伽利略隐隐地预感到，山雨欲来风满楼。但他没有停步踟蹰。佛罗伦萨大诗人但丁的一句诗在他耳畔回荡着："走自己的路，让人去说吧！"

回到佛罗伦萨后，伽利略继续进行他的天象观测。他从望远镜里看见太阳表面上有暗黑的斑点，这就是著名的太阳黑子。他继续观测下去，发现这些黑子的位置在变化。伽利略记下它们的形状，并在草图上标出黑斑的位置。他判断这些黑子位移，可能是因为太阳自身在转的缘故。伽利略不是第一个发现太阳黑子的人。比伽利略早1600多年前，中国的《汉书·五行志》里就有太阳黑子的记录。不过伽利略是最早解释太阳黑子的科学家。太阳黑子其实是太阳表面温度较低的旋涡，因此看上去较暗。它的位置随着太阳的自转而移动。小的黑子直径有1000千米，大的黑子大到数万千米。黑子中央存在强大的磁场。

几乎和伽利略同一时间，德国的耶稣会教士萨依纳也从望远镜中发现了太阳黑子。萨依纳的望远镜是用重金从欧洲购买的，比伽利略的望远镜稍逊一筹。他用望远镜观测天象将近一年时间。

但是这位教士是个铁杆亚里士多德派，他坚信太阳绝不会有污点。

1612年，萨依纳出版了一本书。这位卫道士在书里宣称，他看见的那些黑点，是一些绕着太阳表面运行的很小的行星。

伽利略看见这本书，立即写文章反对萨依纳的观点。一场不可避免的论战终于爆发了。

论 战

　　伽利略的文章名叫《关于太阳黑子的信札》，发表在林赛科学院的学报上，塞西院长很支持他的见解。

　　在这篇通讯中，伽利略报告了自己关于太阳黑子的观测记录，用事实批驳了萨依纳的观点。很显然，如果这些小黑点是绕着太阳表面运行的"小行星"，它们就不可能以奇怪的轨迹位移。伽利略在信中一针见血地指出，萨依纳是由于信仰的偏见，才采取不承认主义的。

　　伽利略写道："一切都不是静止的，地球绕着太阳在旋转，太阳也围绕着自身的轴线在自转。"

　　这一认识比哥白尼更进了一步。因为在哥白尼的宇宙体系里，太阳是不动的。萨依纳读到伽利略的文章，毫不妥协，立即撰文反驳。这位德国教士宣称自己是一个学者，从不撒谎。他坚信自己对太阳黑子的判断是正确的，并且搬出了祖师爷亚里士多德和宗教教义替自己辩解。他列举了种种"理由"，坚持说从望远镜中看到的移动黑点，只可能是"小行星"，而绝不是太阳在自转。

　　伽利略继续发表文章，明确表示反对萨依纳的观点。双方的论战逐步升级，愈演愈烈。由于萨依纳打着亚里士多德和教会的正统旗号，伽利略处在不利的位置上。

　　佛罗伦萨一些反对伽利略的人，也趁机起哄，攻击伽利略抄袭了萨依纳的发现。理由是萨依纳的书出版在前，伽利略的文章发表在后。而且是萨依纳最先把那些黑点称作"太阳黑子"的。

　　伽利略勃然大怒，他的斗士天性又复活了。他一直记着白拉敏主教的忠告，避免公开宣传哥白尼学说是真理。但这一次，他是忍无可忍了。伽利略针对那些卫道小人的鼓噪，写了一本小册子，声称自己坚信哥白尼的预言是对的：地球并不是静止不动的，它只是一颗绕着太阳运行的行星。

这下伽利略可是捅了马蜂窝，反对他的人更有把柄了。

伽利略头顶上的乌云越集越密，并可听到远处的阵阵雷声。

1614 年冬天，闪电终于来临。一位新来的神父，在教堂的圣坛上正式向伽利略宣战。这位神父在布道时，竭力鼓吹反科学的论调。他公开点出伽利略的名字，把伽利略称作宗教最危险的敌人，并指责伽利略的科学活动是对宗教精神的背叛。由于这些话是在庄严的圣坛上讲的，而且出自一个神父之口，几乎近于教会的宣判。

恶言传到伽利略耳里，令他到非常震惊和痛苦。伽利略从来没有否认过自己是一个虔诚的天主教徒。他一生笃信上帝。宗教是他的信仰，科学是他的追求。如今有人公开对他的信仰提出怀疑，这对伽利略无疑是个沉重打击。

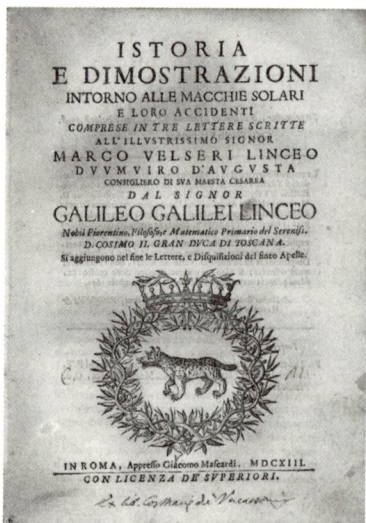

《关于太阳黑子的信札》封面

这个时候，从罗马甚至传出谣言，说伽利略是个有意反对亚里士多德和教会的异教徒。"异教徒"在当时是个可怕的罪名。凡是要把一个人打翻在地，并踏上一只脚，最有效的办法就是宣布他是"异教徒"。

伽利略感觉到，背后似乎有张黑网在慢慢地张开。

第二年春天，伽利略专程赶到罗马，向教会当局做澄清。当时他正患着严重的关节炎，也不顾天寒地冻，路途跋涉。有人说他这次到罗马，是罗马教廷传唤他去的，也有人说这是他本人的决定。不管属于那种情况，这次罗马之行表明伽利略正面临着危险，必须为自己辩解。罗马教廷当时的势力，遍及整个意大利。罗马鲜花广场的石柱上，随时可以烧死第二个布鲁诺。

所幸的是，科西莫大公爵很同情伽利略的处境，在王权的范围内，给了他尽可能的关照和保护。伽利略到罗马后，仍然住在杜斯干大使馆梅迪奇别墅里。大使馆尽力为伽利略提供一切方便。大公爵还致函罗马的一些权力人物，为伽利略开脱。

罗马城的建筑依旧，但面孔却完全变了，变得冷漠无情。和4年前的情景相比，伽利略有种"此一时，彼一时"的感觉。许多当时争着同他握手的教会人士，现在都装着不认识他，有的还投来充满敌意的目光。那些邀请他赴宴的达官贵人们，仿佛一夜之间都消失了。谁愿意和一个上了教会黑名单的人套近乎呢。世态的炎凉，人心的险恶，令伽利略黯然叹息。

只有林赛科学院的塞西侯爵，仍然和上次一样热情地款待他。塞西院长告诉伽利略，他听到风声，由于伽利略的主张犯了违反《圣经》的大忌，教会可能下令逮捕他。

"你要小心行事，避免授人以柄。"侯爵告诫他说。

佛罗伦萨驻罗马的大使也提醒伽利略说，对那些亚里士多德的信徒们，一定要提防。他们正在到处收集伽利略的黑材料。伽利略预感到周围危机四伏。罗马就像一个巨大的陷阱，自己每迈一步都可能掉下去，遭到灭顶之灾。

伽利略在罗马羁留了两个月，如履薄冰。他一个个拜会教会的权势人物，向他们申明自己是一个虔诚的天主教徒，永远是教会的儿子。

塞西侯爵

伽利略还替自己的信仰辩白。他举例说，让两个女儿做修女的事实，就是自己宗教感情的最好证明。伽利略说的宗教感情的确是真话。不过这无济于事。朋友们告诉他，要想化险为夷，只有暂时回避哥白尼的争论。伽利略也明白，这是所有麻烦和危险的根源。

3月15日，教皇的代理人召见了伽利略。伽利略受到严厉的警告：他必须放弃哥白尼的学说，无论演说或是写书，都不准把哥白尼的"日心说"说成是真理。

在教会的高压之下，伽利略只得表示屈服，宣布撤回他的支持哥白尼的观点。但是他的敌人们并不善罢甘休，到处散布伽利略在罗马被投入了宗教裁判所的监牢，并受到严刑拷打。伽利略悲愤交集，找到他的朋友白拉敏主教求助。这位曾经忠告过伽利略的红衣主教，给他开了一份证书。证书上写明，伽利略教授没有犯罪，也没有被用刑。

伽利略回到佛罗伦萨，身心交瘁，仿佛一下子老了10岁。但他胸中依然回荡着一股悠悠正气。只要他坚信地球是在转动的，他的灵魂就永不会安宁。

而红衣主教给他的一纸证书，也并不是护身符。

山雨欲来

　　伽利略回到佛罗伦萨后，一直保持着沉默。他谢绝了所有的社交活动，在郊外的锡尼别墅里过着隐居的生活。伽利略年轻时患过关节炎，经过这次折腾腿疾更加重了，经常为病痛所扰，严重时需要卧床静养。

　　一个病弱的老者，嘴又被封住，对教会已不会构成危险。罗马方面暂时放松了对伽利略的监督。

　　伽利略过着几乎是与世隔绝的生活。锡尼别墅的住宅很宽大，环境清静，四周花木葱绿。别墅的平台上有一台望远镜，伽利略可以继续进行他的天象观测。不过他每晚只能默默地注视着星空，纵使有什么新的发现，也不能发表任何支持哥白尼学说的东西。

　　无聊的时候，伽利略就到花圃里转一转。他喜欢侍弄花果，清除杂草，似乎准备在修剪花木中消磨余生。

　　伽利略唯一的慰藉，就是每个礼拜天上圣玛多修道院，去看望两个女儿。两姊妹这时都成了修女。姐姐薇金丽娅温柔体贴，善解人意，给伽利略许多安慰。妹妹莉维娅也很乖觉，每当伽利略来修道院时，她都会兴高采烈地给他讲修道院的小故事。伽利略的儿子万桑佐寄住在姑妈家里，有时去陪陪老爸。不过万桑佐是个贪玩的孩子，对读书没有多少兴趣。

　　伽利略虽然过着平静的隐居生活，但他仍然念念不忘哥白尼学说。1618 年，沉寂一时的天文学又激起轩然大波。这一年天空中出现了三颗彗星，星尾的轨迹清晰可见。这异乎寻常的天象引起了一场大争论。

　　彗星俗称扫帚星，它的突然出现在古代常被看成是不祥之兆。其实彗星是一个肮脏的大雪球，当它划过太阳边缘时，表面的雪层化成气体，形成一个巨大的头和尾巴。几千年前就有关于彗星的记载了，但是人们对它一直怀着神秘感和恐惧心。三颗彗星出现的异兆，使许多人大感不解。一位名叫格拉西的耶稣会教士声称，他能证明这些彗星的轨道是直线，并出示了若干图表为证。格拉西教士由此得出结论：这些彗星是绕着地球转的，这说明亚里士多德关于地球是宇宙中心的观点是正确的。

伽利略不顾教廷的禁令，以学生吉杜西的名义出版了一本小册子，反驳格拉西教士的谬论。书中记录了用望远镜观测的结果，彗星轨迹并不是格拉西所说的直线，实际上是弧线。伽利略并通过数学形式，论证了这个轨道正好符合哥白尼的"日心说"观点。这一回又是亚里士多德错了！

树欲静而风不止。这场彗星之辩，把伽利略又一次推到风口浪尖上。小册子出版后几个星期，格拉西教士在罗马出版了一本小书，攻击伽利略。这本书的名字又长又拗口，叫作《萨尔西称量伽利略以吉杜西名义新近发表的理论的天文和哲学的天平》。萨尔西是格拉西教士杜撰的一个名字，并无其人。教士借萨尔西之口，诬蔑伽利略不学无术，是个欺世盗名的骗子，说他的科学发现都是抄袭别人的。这已经不是学术之争，而演变成恶劣的人身攻击了。

伽利略当时正卧病在床，得知这一消息非常气愤。他忍无可忍，决定对来自罗马的诽谤给予公开答复。

就在这个时候，一直庇护他的科西莫大公爵去世了。伽利略失去了保护人，只得暂

伽利略大女儿薇金丽娅

时停止公开论战的打算。新大公爵是科西莫的儿子菲德兰王子，年仅 10 岁，实际上摄政的是菲德兰的母亲。这位国母与教会的关系很密切，对自然科学的兴趣不大。除了张罗亡夫的丧事，处理国政，她还得应酬许多教廷的朋友，对伽利略自然冷落了许多。在这位新掌权者看来，让一个被教皇警告的人保留宫廷教授职位，已经算是格外开恩了。

伽利略这时才深深感到，萨格尔多当年的忠告是多么明智啊！

伽利略等待机会，谨慎地准备着申辩反驳的材料。

1623 年 10 月，伽利略一本新书《分析者》终于在罗马出版。书是由兰塞科学院出版的，这一次塞西院长又帮了他的忙。有意思的是，《分析者》一书有个副标题，与格拉西发难那本书针锋相对，长度也不相上下：《一架公正而精确的天平，称量了萨尔西天文和哲学天平上所称量的东西》。

《分析者》是伽利略沉默了 8 年之后的公开言论，也是在 5 年之后对恶教士格拉西的回击。这本书问世后，许多人争着购买。人们想知道这位"重出江湖"的大师说了些什么。

这时，有消息传来罗马教皇驾崩了，由巴贝里尼主教继位为新教皇乌尔班八世。巴贝里尼是一位以保护科学和艺术出名的主教。在伽利略眼前展现出一线光明。因为巴比尼里主教是伽利略的老朋友，以前是个数学家，在青年时代同伽利略就有交情。塞西院长写信告诉伽利略，这是个好机会，最好能来罗马见见新教皇，争取能取消不准宣传哥白尼学说的禁令。

乌尔班八世

伽利略接受了这位挚友的建议。不过由于天气寒冷，他的关节炎又犯了，罗马之行一直推迟到翌年4月。乌尔班八世在梵蒂冈里接见了伽利略，表示欢迎老朋友再次造访罗马。新教皇很赏识伽利略的才华，他和伽利略谈笑风生，追忆往事，数学、诗歌无所不谈。可是一旦话题涉及哥白尼学说，教皇就顾左右而言他了。伽利略隐隐察觉到，眼前的教皇乌尔班八世，已不是昔日的数学家巴贝里尼。朋友是有界限的。作为教会的最高统治者，教皇必然把宗教信仰放在第一位，而把科学放在第二位。

伽利略把自己的感觉告诉了塞西院长。院长分析说，乌尔班八世刚登基，希望自己有个开明的形象，既然这次对伽利略来访也很礼遇，不妨趁热打铁请求教皇解除禁令。

伽利略求见了教皇六次，最后教皇总算答应他可以写一本书。但有一个条件，就是在书中只能以讨论的方式谈哥白尼学说，赞成与反对两种观点必须一起摆出来；而且，最后不能得出"地球绕着太阳转"的结论。

伽利略接受了这个条件。回到佛罗伦萨后，他开始酝酿一部大部头的著作，这就是后来轰动一时的《关于托勒密和哥白尼两大世界体系的对话》。

"地球仍然在转动！"

伽利略这次罗马之行，还有一个小插曲。他在一位朋友家里，看到一个新奇的小仪器。这也是由一片凹镜和一片凸镜做成的。不过和望远镜不同的是，它的功能不是将远处的物体拉近，而是把细小的东西放大很多倍。比如一根细头发丝，在镜头里看就像一根绳子般粗。这就是一位荷兰眼镜工匠发明的显微镜。

伽利略带了一台显微镜回佛罗伦萨，反复拆卸研究，进行改进，将显微镜的放大倍数提高了很多。据说伽利略用显微镜观察过昆虫的复眼，还做了记录。不过伽利略没有继续深入研究下去。后来有个名叫列文虎克的荷兰人，用改进的高倍显微镜发现了细菌，导致了人类另一桩伟大的发现。

伽利略的主要精力用在构思新书上，经过 5 年时间的酝酿，他终于在 1630 年完成了书稿。书名最初拟为《关于潮汐的对话》，后来改为《关于托勒密和哥白尼两大世界体系的对话》（以下简称《对话》）。

《对话》是科学史上一部非常独特和辉煌的巨著。它是一部严肃的科学专论，讨论的是当时最敏感和尖端的问题：托勒密和哥白尼两大世界体系；它同时又是一部通俗生动的科普著作，伽利略一反当时用拉丁文写科学著作的惯例，而采用了大众易懂的意大利语。在形式上选择对话的方式，既能避免作者的观点直露，又引人入胜。正因为《对话》通俗易懂，它就更具有巨大的宣传效果和震撼力。不难想见，伽利略这样做的目的，就是希望通过它广泛地宣传哥白尼学说。

在《对话》一书中，伽利略让三个人物登场谈话。一位是伽利略的朋友叫萨维阿提，是哥白尼学说的代言人；另一位叫辛普里奇，相传为六世纪时亚里士多德著作的注释者，是托勒密宇宙观的卫护者；第三者叫萨格尔多，是伽利略在威

《对话》的封面

尼斯的朋友，以公证人面貌出现。

书中的对话共分为四天进行。两种观点的代言人唇枪舌剑，都想得到第三者的支持。第一天，谈话的锋芒直指亚里士多德。萨维阿提引证太阳黑子、月球上的山脉等望远镜观察到的新发现，反驳了"天是不变的，永恒的"这一守旧的天文观点。第二天，讨论地球的自转，以及运动的惯性定律、相对性原理，批驳了地球不动的谬论。第三天，内容涉及地球的周年运动、它的公转，以大量观察材料为依据，指出托勒密宇宙体系漏洞百出的错误。第四天，谈论潮汐现象，反证了如果地球是绝对不动的，那如何解释大海这种周期性的涨落运动？

《对话》书稿完成后，伽利略设法请林赛科学院出版。当时出书必须经过教会的审查，否则任何印刷厂都不敢承印。在塞西院长的帮助下，书稿在罗马获得出版的"准印证书"。这本书居然在教会的眼皮下获得通过，确实有点不可思议，多半是那位主审官打了盹。

就在这本书即将付印时，塞西院长不幸因染上瘟疫，突然死亡。年仅45岁。伽利略痛失知己，非常难过。书的印刷也因此搁浅。那个可怕的瘟疫叫作"黑死病"，死者浑身发黑，实际上这是鼠疫。当时整个欧洲都蔓延着这种病，人们不知道发病原因和防治办法，只能听天由命。伽利略只得把手稿带回佛罗伦萨，等待瘟疫过去后再说。

一年过去了。

1631 年 11 月，伽利略迁到佛罗伦萨南郊蕉耶里别墅居住。伽利略这时已经
67 岁高龄，身体越来越差。这幢别墅位于阿塞特里村的一座小山上，离女儿所在
的修道院很近。他每次去看女儿时比以前方便多了。别墅的附近有一片葡萄园。
伽利略在这里度过了一生中的最后一段岁月。

1632 年 2 月，《关于托勒密和哥白尼两大世界体系的对话》终于在佛罗伦萨
付梓。这部皇皇巨著一出版，即受到读者热烈的欢迎。贺信和订单像雪片一样从
欧洲各地飞来，书像野火一般畅销开来。萨维阿提、辛普里奇和萨格尔多这三个
人物，几乎成了家喻户晓的名字。

8 月，突然从罗马传来禁令：必须停止《对话》的发行。

原来教会的人士读了这本书，大为震惊。伽利略在书中虽然遵照乌尔班八世
的指示，两种不同观点都摆了出来。但明眼人一看便知，伽利略肯定的是哥白尼
学说。在《对话》中，亚里士多德的信徒辛普里奇是个最笨的角色，在辩论中常
常理屈词穷，语无伦次；而主张哥白尼学说的萨维阿提却理直气壮，充满着机智。
凡是不抱成见的读者，看了书都会得出"地球绕着太阳运转"的结论。加上这本
书是通俗的意大利语写的，文风又生动活泼，它的流传就更容易也更广泛。欧洲
大陆很快就卷起一股哥白尼的旋风。

罗马教廷如临大敌。乌尔班八世也愤怒了。教皇认为伽利略违反了 1616 年罗
马教廷的警告，也没有遵守当初同意他写书的条件。

1632 年 10 月，最后的风暴终于到来。罗马宗教法庭发来传票，要伽利略到
罗马接受审判。年近七旬的伽利略接到噩讯，当即昏了过去。他本来有病的身体
受此打击，变得更加虚弱。

菲德兰大公爵请来几名御医给伽利略治疗，御医们共同签署了一份诊断书，
证明伽利略病情严重，不能长途跋涉。大公爵派使者带上这份证书急奔罗马，请
求教廷延期审讯。亏得这位贵人的保护，伽利略获准暂时在原地养病。

但是躲得过初一，躲不过十五。1633 年 2 月，年迈多病的伽利略终于被押解到罗马。教廷露出了杀气。69 岁的伽利略披着苍苍白发站在被告席上。但是他仍然坚持自己的观点，拒不承认有罪。教会的人主张动用酷刑，逼伽利略就范。幸而在罗马有许多朋友私下为他求情，加上菲德兰大公爵派人斡旋，伽利略才避免了布鲁诺的悲惨下场。但是从 2 月到 6 月，教廷连续不断地提审伽利略。审判的内容主要是确认伽利略是否违反了 1616 年罗马宗教法庭的禁令。教皇甚至下令对伽利略采取"车轮式"审讯法，四小时换一次法官，不准他睡觉。伽利略被折磨得精疲力竭，奄奄一息。

1633 年伽利略受审
伽利略站在左上角的被审席上，而并非视线中心的戴帽黑衣人

6 月 22 日，伽利略被押上宗教法庭，接受审判。这位风烛残年的老人被迫跪下，在忏悔书上签字。他当着主教团面前承认："我从此不再以任何方式，去支持、维护或宣传地动的邪说……"

但是当他站起来时，嘴里喃喃地自言自语道：

"可是，地球仍然在转动呀！"

一位哲学家说，说这话的不是伽利略，而是全世界。布鲁诺是英雄，伽利略也是英雄。

被囚的巨匠

法庭宣判伽利略终生为"宗教裁判所的罪人"。起初他被关在罗马附近的西耶纳，大约有半年时间。后来因为伽利略病情加重，才于 12 月被允许回到佛罗伦萨。他仍然是教会的囚犯，被禁闭在蕉耶里别墅自己的家中，不准随便同人接触，也不准外出。

在伽利略被押解到罗马审讯时，家里的图书几乎全被抄走。站在空荡荡的房间里，伽利略想到一生的奋斗和荣辱，触景生情，不禁百感交集。如果他当初不离开帕多瓦大学，也许不会落得这个结局，只有威尼斯共和国有力量与教会抗衡。不过伽利略并不后悔。路是他自己选的，追求真理必然会付出代价的。

春蚕到死丝方尽，蜡炬成灰泪始干。伽利略想，自己还能做些什么呢？天文学成了他永远的禁区，不可能再越雷池一步。他想利用最后的日子，整理自己过去的物理实验，给后世留下一点有益的东西。待身体稍微好些的时候，伽利略开始坐下来准备材料，整理过去的手稿。

1634 年的春天格外的寒冷。一天伽利略接到圣玛多修道院通知，他的大女儿薇金丽娅得了急病。伽利略赶到修道院时，薇金丽娅已经气如游丝。在伽利略受审的几个月时间里，薇金丽娅为老父的安危担惊受怕，四处奔走求救，最后终于病倒不治。薇金丽娅不仅是个体贴的女儿，也是伽利略无所不谈的朋友，死时还不到 34 岁。她的去世对伽利略是个莫大的打击。教会剥夺了他的自由，上天又夺走他的爱女！

伽利略在孤独中默默地承受着命运的捉弄。在他最痛苦的时候，获悉了一个喜讯：被罗马教廷宣布为禁书的《关于托勒密和哥白尼两大世界体系的对话》，已经被人译成拉丁文在斯特拉斯堡出版。不久后，又有英译本面世。真理的声音是封杀不住的。

伽利略老人的精神备受鼓舞，身体状况也好起来。在身受囚禁的日子里，他用了三年时间整理自己一生的力学实验，最后写成一本《关于两门新科学的对话》。这是他写的最后一本书，被认为是伽利略最伟大的一部著作。所谓"两门新科学"指的是力学和运动学。这本书采用的也是对话体，第一部《对话》里的三个人物萨维阿提、辛普里奇和萨格尔多，仍是书里的主角。书的风格生动活泼，通俗易懂。

《关于两门新科学的对话》的上半部分，主要讨论物体的运动规律，内容包括：任何物体在没有外力的作用下，都将保持匀速直线运动；自由落体运动不是匀速运动，而是匀加速运动；在真空中，不同重量的物体下落的加速度相同，下落的距离与所经过的时间成正比。伽利略在书中对大量的实验记录进行了分析，包括

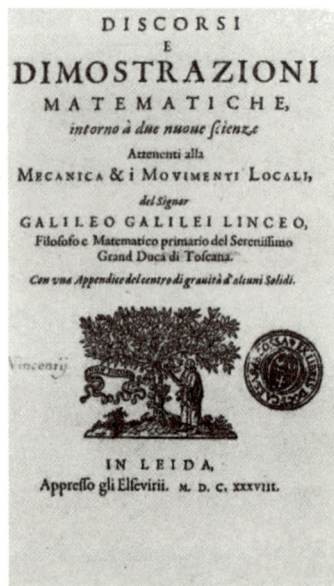

《关于两门新科学的对话》封面

著名的斜面实验、自由落体实验等，并归纳成几条相应的定律。这实际是伽利略对自己多年实验研究的一个总结，是他一生心血的凝聚。伽利略的这些成就，推翻了亚里士多德传统的运动观，成为后来牛顿总结的运动三大定律的基本思想，奠定了近代物理学的基础。

《关于两门新科学的对话》的后半部分，涉及不同物体材料的特性，包括材料的弹性、变形和热传导等，属于动力学、材料力学、弹道学等若干领域，也是以前的科学家没有探讨过的新颖课题。直到三百多年后的今天，《关于两门新科学的对话》一书仍然是物理专业的经典参考书，深受学生们的喜爱。如果把伽利

略的两部《对话》做个比较，可以打个有趣的比喻：第一部《对话》是劈向封建教会的一把利剑；第二部《对话》则是一把为后世造福的耕犁。可以毫不夸张地说，物理学就是由这第二部《对话》揭开序幕的。

《关于两门新科学的对话》于 1636 年完稿。按当时伽利略的处境，这本书不可能在意大利出版。于是伽利略将手稿交给一个朋友，秘密带到荷兰。那里远离罗马天主教会的势力，伽利略的书可以躲过教廷的审查。

1637 年，73 岁的伽利略视力严重消退。他发觉自己的眼睛看不清楚东西，请来医生治疗，诊断结果一只眼已经失明，另一只眼视力也很微弱。按今天的医学看，伽利略患的可能是白内障，用手术可以摘除，但在当时无法治疗。

1638 年，《关于两门新科学的对话》在荷兰莱顿出版。当新书送到伽利略手中时，这位巨匠已经看不见了。老人摩挲着书的封面，不禁流下热泪。

最后的日子

伽利略已经是一个失明的老人。风烛残年。

罗马教廷仍然没有放松对伽利略的监视。可见他们对真理的恐惧。在伽利略病重时，才允许外人探望他。伽利略从前的一个学生维维安尼，这时来到他的身边，给伽利略当助手。这位年轻人帮助伽利略整理资料，做些记录，给伽利略带来不少安慰和愉快。

经过惊涛骇浪之后，老人的心态已归于平淡和宁静。他回眸自己一生走过的路，没有什么遗憾。《关于两门新科学的对话》的完成和出版，了却了他最大的心愿。这是伽利略留给后世的无价之宝。维维安尼很喜欢聆听伽利略讲解新科学，这后生感到一个新的物理世界展现在面前。

1641 年 10 月，伽利略另外一个学生也来到阿塞特里乡间，在伽利略身边工作，这就是青年物理学家托里拆利。他和伽利略在一起只有几个月时间，得到许多宝贵的启迪，终生受益匪浅。他根据伽利略的建议，对空气温度计做了改进，后来发明了一直沿用至今的水银温度计。伽利略去世后，菲德兰大公爵聘请托里拆利继任宫廷教授一职，表示对伽利略的敬重。后来托里拆利在大气压强、数学曲线研究等方面颇有成就。

师生三人在一起的日子，是伽利略晚年最温暖的一段时光。他们谈话的内容总离不开科学问题。伽利略什么也看不见，他以前凭借望远镜发现的奇妙的宇宙、星空，如今变成一团漆黑。他常常静坐在椅子上，脸朝着天空的方向出神。宇宙万物和大自然的声音，仿佛在他心底回荡。虽然处在一个黑暗的王国里，老人的思路依然十分活跃。

伽利略的身体状况越来越差。晚秋的时候，他不慎染上了寒热病，卧床不起。死神的脚步已经悄悄逼近。1642 年 1 月 8 日，在一个寒冷的冬夜里，伽利略溘然去世。终年 77 岁。

恰好在伽利略逝世这一年的圣诞节，牛顿在英国诞生。伽利略未竟的事业，后来由牛顿继承和发扬光大了。牛顿的伟大贡献几乎完全建立在伽利略工作的基础上。牛顿有句名言："如果说我比笛卡尔看得远一点，那是因为我站在巨人的肩上"。他所说的巨人，指的其实就是伽利略。

1638 年诗人弥尔顿拜访囚中的伽利略

伽利略留给后世的科学遗产是不可估量的。他被公认为实验自然科学的创始人。他的成果为后世科学许多分支的发展奠定了基础。一位科学史家说得好："伽利略也许比任何一个人对现代科学的诞生做出的贡献都大。"

真理是时间的孩子

伽利略蒙受的沉冤，是人类文明史中的一桩奇案。

颇有意味的是，三百多年过去了，教皇仍在，地球也照样在转动，而时代的脚步却迈进了现代。现在连小学生都知道，地球是绕着太阳转的。这应了德国戏剧家布莱希特说过的一句话："真理是时间的孩子，不是权威的孩子。"

1979 年 11 月 10 日，罗马教皇约翰·保罗二世在梵蒂冈举行的世界主教会议上，提出重新审理"伽利略案件"。这位教皇宣告，伽利略当年因天文观点受到教廷审判而受到磨难是不公正的。为此，由不同宗教信仰的著名科学家组成了一个审查委员会，负责重新审理这一冤案。委员会的主席由意大利核物理研究院院长吉基齐担任，六名委员全部是诺贝尔奖金的获得者。荣幸的是，其中有两名是著名华裔科学家杨振宁和丁肇中。

事实上，现代科学的进步早已宣判了宗教神学的破产。

1983 年是伽利略遭受罗马教廷残酷审讯 350 周年纪念，意大利和欧洲各国以各种方式纪念这位文艺复兴时代的巨匠。这一年夏天，一位中国《光明日报》驻罗马的记者穆方顺专程到佛罗伦萨，寻访了伽利略晚年的故居——蕉耶里别墅。别墅坐落在一座小山上，临街的墙壁上镶着伽利略的大理石头像，老人披发长髯，神态安详。头像下用拉丁文刻着："在你看到的这座简朴的房子里，1631 年 11 月至 1642 年 1 月 8 日，曾居住过最卓越的太空观测家、自然科学的挽救者和奠基人——神圣的伽利略。他在这里遭受到虚伪的哲学家们的迫害。他在这里逝世……"

正如这位中国记者在《访问记》中说的："历史一再证明，真理必然战胜强权，科学终将代替愚昧。当年残酷迫害伽利略的那群罗马教廷的乌合之众，早已灰飞烟灭，为人类所不齿，而伽利略和他所创造的业绩却永放光辉。"

1989 年，美国发射了一颗飞向木星的空间探测器，这颗探测器被命名为"伽利略"号。伽利略是探索木星的先行者，这个命名是为了纪念他。经过六年漫长的太空飞行，"伽利略"号于 1995 年 12 月成功进入围绕木星的轨道。意味深长的是，在"伽利略"号飞往木星的途中，1992 年罗马教廷公开宣布了给伽利略"平反"，承认三百年前给伽利略定罪并把他终身监禁是一个错误，伽利略没有错。

历史毕竟是公正的。罗马教廷最终不得不给这桩三百多年前的冤案平反。伽利略的名字永远活在人们心中。

牛 顿
ISAAC NEWTON

我不过像一个在海边玩耍的孩子

不时为捡到一块比较光滑的石子或美丽的贝壳而欣喜

而真理的大海在我面前

一点也没有被发现

伍尔斯索普庄园的小苹果

1642 年 1 月 8 日，在一个寒冷的冬夜里，一颗耀眼的科学巨星陨落了，他就是意大利伟大的科学家伽利略。

　　这位披发长髯、双目失明的老人，为了捍卫科学真理，一生受尽磨难，终于在佛罗伦萨郊外的乡村别墅溘然去世，终年 77 岁。

　　就在伽利略逝世这一年的圣诞节，上帝把牛顿送到了人间。

　　那是早晨时刻，在一片圣诞的狂欢声里，英格兰林肯郡的一个小村庄里，降生了一个名叫伊萨克·牛顿的男孩。

　　伽利略未竟的事业，后来竟由这个牛顿继承和发扬光大了。

　　一位英国大诗人写道：

　　　　大自然和它的规律

　　　　隐藏在黑夜里；

　　　　上帝说：让牛顿降生吧！

　　　　于是一切都在光明之中。

　　牛顿不愧是伟大的天才。

　　他 22 岁建立二项式定理，23 岁创立微积分，24 岁发现太阳的光谱，25 岁发现万有引力定理……牛顿的科学巨著《自然哲学的数学原理》，系统地总结了三大基本运动定律和万有引力定律，把地上的运动规律和天体的运动规律纳入一个统一的理论中，从而完成了人类知识的第一次大综合，创立了影响世界达300多年的牛顿经典力学体系。自然的规律和人类的大部分生产活动，都受牛顿三大定律的支配。它对近代文明的进步起了不可估量的作用。

牛顿有句名言："如果说我比笛卡尔看得远一点，那是因为我站在巨人的肩上。"他所说的巨人，包括哥白尼、开普勒，还有伟大的伽利略！

牛顿为什么能够站在这些巨人肩上？

牛顿是怎样从一个村童成长为大科学家的？

他最后又是如何登上科学高峰的呢？

这是一个带有传奇色彩而又耐人寻味的故事……

遗腹子

在英格兰东部濒临北海的林肯郡，有一个不起眼的小镇格兰瑟姆。离这个镇 8 英里远，有一个名叫伍尔斯索普的庄园。1642 年 12 月 25 日，圣诞节的早晨，牛顿就诞生在这里。

牛顿家的房子，是一座石头砌成的普通的三层楼房。这楼房的造型很简单，朴实无华，甚至显得有点拙笨。在宽大的斜屋顶两端，竖立着两节条形烟囱。这种典型样式的房子，在英格兰的乡间随处可见。主楼的旁边有两间小屋。楼前绿树环绕，一块不大的牧场延伸到远处。牛顿就出生在这座房子的二楼上。

据说牛顿生下来时，只有三磅重，瘦小得可以装进一夸脱的罐子里。他是一个早产儿，还没有足月就出生了。

接生的老太婆摇着头，担心地嘟哝了一句："这可怜的小不点儿，能不能养活哟！"

牛顿的母亲躺在床上，苍白的脸上露出怜爱和忧虑。

小东西急不可待地来到人间，可仍然没有见到父亲一面。

牛顿的父亲名叫伊萨克·牛顿，是一个富裕的农场主，不幸在三个月前因疾病去世了。享年只有 36 岁。所以小牛顿是一个遗腹子。这注定了他整个童年都陷于缺乏父爱的感情困惑中。

牛顿本是个很平常的姓氏。在英文中，"牛顿"含有"新镇"的意思。这表明牛顿的祖先和拓荒者及移民背景有关。牛顿的祖父没有留下更多的记载，据说他是一个不大的农庄主。牛顿的祖先是苏格兰人。在中世纪后期，英国的农业人口增长很快，大量移民向英格兰中部地区迁移。牛顿的祖先也是这个时期，从北边的苏格兰南迁到英格兰东部林肯郡的。到牛顿的祖父辈上，在伍尔斯索普庄园所在的科尔斯特沃思村定居下来。这些新移民大多以务农为生，几代都是农民。他们脸朝黄土背朝天，基本上没有受过教育。

牛顿的父亲也没有文化。据说他连自己的名字都不会写，但很勤劳而且会经营，凭着自己的努力，把牛顿祖父留下不大的产业扩大了好些倍。

牛顿的诞生地

父母结婚时已是中年。牛顿的母亲叫汉娜，娘家姓阿斯库，也不是显赫的家族。但是幸运的是牛顿有个很有见识的舅舅，他是汉娜的大哥，名叫威廉·阿斯库，是剑桥大学三一学院的毕业生。

为了纪念早逝的丈夫，汉娜给儿子取了个和他一样的名字：伊萨克·牛顿。当然，她无论如何也没有想到，这个名字将来竟会家喻户晓，名垂千古。

牛顿生下来时这么瘦弱，都以为养不活。没想到他后来竟活到 85 岁高龄！去世时英国举国致哀，教堂里举行了盛大的葬礼，大街上送葬的队伍人山人海。当时正在英国访问的法国哲学家伏尔泰曾目睹这一盛况，感叹道："他像一个国王那样被安葬了，一个为其臣民做过大好事的国王。"

伍尔斯索普乡村环境宁静，风景秀丽。林肯郡土地辽阔，一马平川。但在牛顿出生时，英国正处在一个政治动乱的年代。当时英格兰的政局动荡，国家处在乱世之中。1629 年，查理一世国王解散了国会。而牛顿家族是保王党的支持者。常常发现出于危险境地。新贵族独立派首领克伦威尔后来横扫英格兰的"铁军"，就是在林肯郡这块沃土上组建的。

达·芬奇自画像

牛顿出生的那年，英国爆发了内战。这场战争持续了七年，直到克伦威尔率领的"铁军"战胜了保王党的军队。1649年1月30日，查理一世被推上断头台，克伦威尔宣布成立共和国。这位铁腕人物代表新兴资产阶级，昂首阔步地登上了历史舞台。但4年之后，克伦威尔解散了议会，实行军事独裁统治。这一年牛顿11岁。

在牛顿的一生中，英国一直处在政治分裂状态。社会动荡不安。复辟与革命像走马灯一样变幻不定。牛顿在这样的背景里能够成为一个时代的科学巨匠，一个原因是避开了当时的政治漩涡，另一个原因是他顺应了大时代的科学潮流。

牛顿诞生的年代，恰逢文艺复兴成功之后的大背景。

文艺复兴突破了中世纪宗教的桎梏，使自然科学获得了新生。社会对科学和技术日渐重视和推崇。这是一个新旧交替、人才辈出的时代。中世纪的思想禁锢和经院哲学教条，受到新观念、新科学的猛烈冲击。一批科学巨人勇于创新，驰骋纵横，在近代科学思想史上写下了光辉的篇章。

15～16世纪，意大利出了一位杰出的科学艺术巨匠达·芬奇。他除了传世的名画《最后的晚餐》《蒙娜丽莎》外，还在诸多科学问题上卓有建树。达·芬奇通过观察天体，在笔记里偷偷记下："太阳是不动的。"他对"地心说"提出了怀疑。

16世纪后半叶，波兰人哥白尼大胆地提出"日心说"，否定了中世纪的宇宙体系，从而动摇了中世纪教会的神权。罗马教皇惊慌地宣布哥白尼的学说是"违背圣经的异端邪说"，并将他的《天体运行论》列为禁书。

接着，英国自然哲学家培根提出了"知识就是力量"。

德国的开普勒总结了丹麦天文学家第谷的大量观测资料，发现了行星运行三大定律。

意大利的伽利略发现了惯性定律和自由落体定律，并且提出了力和加速度等物理学的基本概念。

但是这些科学上的发现和物理学的概念和定律，还是相互孤立、独自成章的。时代呼唤着一个能够集大成的巨人，提出一个世界的完整体系来。

于是上帝说："让牛顿诞生吧！"

孤独的童年

牛顿3岁时，家里发生了一件不幸的事。这就是母亲汉娜改嫁。这件事在他心里投下的阴影影响了牛顿的一生。

汉娜是一个勤快、能干的女人，但是命不好。她33岁和伊萨克·牛顿结婚，婚后半年成了寡妇。带着瘦弱的婴儿勉强度日，孤儿寡母让人同情。好心的邻居把她介绍给北维萨姆村的一个老单身汉。这人是个富有的牧师，名叫巴纳巴斯·史密斯，在当地教区任教长。

"要是能娶到汉娜那样能干的女人，是你的福气哟！"邻居鼓动牧师说。

63岁的史密斯牧师寂寞了大半生，很想找个年轻女人做伴，听见这话，被说动了，专程到伍尔斯索普庄园来提亲。

63岁虽然老了点，但汉娜被牧师的诚意感动，答应嫁给他。

但是这个未来的老丈夫有个条件：小牛顿不能和他们在一起生活。汉娜也勉强答应了。

结婚仪式之后，汉娜搬进新丈夫的家里。由于史密斯牧师的坚持，汉娜不能带着孩子上门，唯一的办法只有把牛顿留在娘家。汉娜对此很为难，但又无可奈何。

离开伍尔斯索普那天，汉娜含着泪把小牛顿交给了年迈的母亲。

望着瘦弱的牛顿挥着胳膊又哭又闹的模样，汉娜心里感到几分不安和内疚。

"这孩子怪可怜的！"她说。

"亲爱的，不用担心，我可以送块地给他，足够这小东西糊口的了！"牧师大度地说。

于是，幼小的牛顿成了这门婚事的牺牲品，他被"遗弃"在伍尔斯索普村里，由外祖母抚养。婆孙俩过着寂寞单调的日子。

关于牛顿的外祖母，没有留下详细的资料。牛顿后来也很少提起她。据说牛顿与这个庇护他的老人相处得不是很好，多半是因为小牛顿的孤僻和倔强所致。

由于母亲改嫁，牛顿幼小的心灵受到很大的创伤。

尽管史密斯先生后来真的送了一块地给小牛顿，作为补偿。而且据说这块地挺大的，使小牛顿的基本生活有了保障。但3岁的牛顿并不懂这番好意，长大后也并不领情。他对继父一直怀着终生之恨。

在牛顿的心目中，正是这个老牧师夺走了自己唯一的母爱。而且继父将他拒之门外的态度，在牛顿幼小心灵的深处，种下了一种永世难忘的受歧视的屈辱感。

他因此很痛恨继父，也怨母亲扔下自己不管。

据说少年牛顿曾多次扬言要放火烧死他们。可见母亲再嫁对牛顿心灵上的创伤之深。这种痛苦的烙印影响了牛顿的一生。牛顿青少年时期的忧郁性格和敏感易怒的情绪都与此不无关系。甚至在牛顿晚年的时候，他还对朋友说起，他常常在梦中梦见自己亲手杀死那个老家伙，把母亲从"魔鬼"手中救出来。

牛顿自幼既没有得到过父爱，又失去了母爱，从未体验过家的温馨和人间的温暖。他的性格变得腼腆内向。平日沉默寡言，喜欢独处。加上牛顿个头瘦小，身体孱弱，十足一个"丑小鸭"的模样。

牛顿童年的内心世界是孤独的。他像一株没人理睬的小草，自生自长；又像一只被弃在荒野的狗崽，孤苦伶仃，没有伙伴。

母亲和牧师丈夫接连生了三个小孩，一男两女。他们是牛顿的同母异父弟妹，虽然生父比伊萨克·牛顿有教养，日后却没有一个有出息的。

牛顿6岁时开始读小学。学校在外祖母家附近的斯托克村，是一座简陋的乡村小学，全校只有一间教室。牛顿在这里接受了最初的启蒙教育，学会了识字和简单的算术。但他不合群，也不怎么用功，学习成绩平平。丝毫看不出这小顽童将来会成大器。

总之，儿时的牛顿并未露出什么天才的迹象。在邻里们的眼里，这是一个孤僻古怪的孩子；在外祖母和小舅舅看来，小家伙则是个不爱用功的精灵鬼。有时牛顿也帮外祖母家干点轻微的农活，多半是拾麦穗、捉蚱蜢一类好玩的事。

但有一点与众不同的，就是小牛顿特别喜欢动手做东西。这和伽利略少年时代的情况很相似。也许这正是他日后能成为科学巨匠的一个条件。

牛顿读小学时，经常躲在外祖母家的后屋里，整天用锯子、钉锤摆弄一些小玩意儿。他独自一人制作模型、风筝、日晷等，特别对小器械很入迷。

牛顿有一双天赐的巧手，他制造的模型非常精致，在村里的孩子中颇有点小名气。传说他有次做了一架风筝，上面挂着小灯笼，晚上把风筝放上天时，村里的人都以为是彗星横空，吓了一跳。因为天空出现彗星，在当时是很不吉利的事。第二天，村子里对这件"怪事"还议论纷纷。

在牛顿的小制作中，有的已经带有小发明的色彩。例如他小学时制作的"水钟"，就很有意思。牛顿用一个胖滚滚的木桶做容器，在桶底钻了一个小孔，在桶壁上刻着一些刻度。然后他在木桶里盛满水，水面上摆了一个浮标。木桶里的水透过小孔一滴一滴地漏进下面的容器。随着时间的推移，桶里的水逐渐减少，水面上的浮标慢慢下移，在桶壁的刻度上指示出时间来。这个原理有点像古代计时的水漏，只不过牛顿的"水钟"更朴拙、更好玩些。

牛顿是一个喜欢动脑筋的孩子，除了用木桶做"水钟"，他还热衷于制作"太阳钟"，其实就是日晷。这是一种利用太阳

日晷

影子测定时间的器具，结构虽然不复杂，但却很有意思。他在一个圆盘的边缘等分地刻上刻度，圆盘中央立一根细棍。根据细棍投下影子的方位，就能反映出太阳在天空中的高度和位置，从而指示出时间来。

日晷的原理其实很简单，就是根据太阳的影子来判断时间。公元前两千多年，埃及人就知道利用日影来测量时间。他们在地上垂直竖立一根标杆，根据太阳投影的长短来指示时间。据说巍峨的金字塔就是一座巨大的日晷标杆。后来人们制造出更复杂的日晷，指示时间也更精确。到了文艺复兴时代，日晷的设计更增添了艺术风采，造型精美，价钱也不菲。

相比而言，牛顿的日晷应是最廉价的。

不过一个十岁的孩儿童，能够从日影移动的现象受到启发，想到测量时间，这是十分难能可贵的。牛顿制作这种"太阳钟"入了迷，他的卧室里摆满了各式各样的盘子，有的摆在墙角，有的放在窗台上。

上面刻满了槽，盘的中央立着指针。

据说他后来还做了一个特大号的家伙，放在村子中央，给大家指示时间。这个钟一直使用到牛顿逝世之后几年。村民们亲昵地把它称作"牛顿钟"。

风车之战

牛顿 12 岁时，被送到格兰瑟姆镇读公立中学，寄宿在一位名叫克拉克的药剂师家里。他把"牛顿钟"的风采也带到这里来了。

牛顿住的地方在药剂师家的小阁楼上。他很快发现这里是个自由自在的小天地，而且采光很好。正好可以一展他的"日晷"技巧。

于是牛顿把小阁楼的窗框当作指针，房间的墙壁就成了天然的表盘。他经常观察日出日落的规律，在不同的时刻，把太阳投射到墙上的窗影位置上划上记号。有时是每隔一个小时划一下，有时只隔一刻钟。几个月下来，房东家的墙上画满了刻度。这些粗细

12 岁时的牛顿

线条实际上记录了太阳的运行轨迹。而且不同的季节，太阳的轨迹有细微的变化，这对于锻炼牛顿的观察和思维能力很有帮助。到后来，牛顿只要瞄一眼他的"表盘"，就能准确地报出时间来。克拉克先生是个和善的人，对于牛顿在小阁楼墙壁上的大作，采取了宽容的态度。于是，这个小阁楼最终成了小伙子的"花花世界"。不仅满壁刻的是刻度，还画满各式各样的图画。虫鸟鱼兽，日月星辰，无所不有。牛顿画画儿的天才，在这个小空间里也得到充分的宣泄。大约因为他太寂寞的缘故，所以喜欢独自到图画的天空遨游。他在墙上画了帆船、海鸥，记录着遥远的航海梦；还有圆和三角形，大约牛顿面壁思考过几何题目。墙壁上还有校长斯托克斯的大

头肖像，这位长着威严浓眉的斯托克斯先生，对牛顿的期望颇高。于是牛顿每天早晨起床之后，都要向他举手表示一下致敬。

克拉克先生曾对人说："牛顿这小家伙，把他住的阁楼当成美术馆啦，墙上到处画得一塌糊涂！"

因为画得太乱，据说到后来牛顿搬走后，药剂师家这间小阁楼很长时间都租不出去。

牛顿除了有绘画的天赋，还喜欢雕刻，不过没有留下什么值得称道的作品。唯一留下纪念的，是他顺手在格兰瑟姆学校教室的窗台上，歪歪斜斜地刻下自己的大名："Newton"。这多半是他的即兴而为，也许透露了少年牛顿心中涌动的雄心壮志。

在教室的窗台上乱刻名字，是任何学校都不会允许的行为。可以想见，当时老师一定为此大为光火。不过待后来牛顿成了举世闻名的大科学家后，窗台上的名字就成了"名人手迹"，被保存至今，成为供人瞻仰的纪念。在斑驳的窗台上，"Newton"几个字母的字迹拙朴俊秀，300多年后仍然清晰可辨。它成了格兰瑟姆学校引以为豪的一个标志！

在中学的最初阶段，牛顿常常扮演一个不受同伴欢迎和被欺负的角色。他身体瘦弱，性格内向，不喜欢和男生们一起疯耍游戏，也不和任何人交朋友。在那些公子哥们的心目中，他的形象是只"丑小鸭"，常受他们的嘲笑和戏弄。

女孩子们对他却是另眼看待。于是牛顿经常和女生

窗台上的牛顿大名

们一起玩，在弱者中寻找慰藉。他喜欢制作玩具、针线盒一类的小玩意儿，送给女伴，颇得那些丫头们的欢心。

据牛顿童年时的女伴斯托勒小姐回忆说：

"牛顿一直是个严肃、沉静和爱思索的少年，他几乎从不和外面的男孩子们玩那些愚蠢的游戏；他宁可待在家里，甚至在女孩子当中也好。他常常为我和我的伙伴制作小桌子、小橱柜和其他东西，让我们把洋娃娃和小饰品放在上面。"

在牛顿14岁生日前夕，有件意外的事情改变了整个情况。

一天早晨，牛顿带着自己制作的一架风车到学校。这是一个非常灵巧别致的模型。有风时风车叶片会呼呼地旋转；没有风时，风车仍然会转个不停。这大约是牛顿的小发明中最得意的一件。同学们都好奇地围了上来。

"这玩意儿挺神的！没有风也会转……"一个皮球脸赞叹说。

"嗨，你们瞧，风车里面有只小老鼠耶！"另一个发现了奥秘。

"喔，真的是老鼠呀！"大家惊呼起来。

原来有一只灰色的小鼠，在风车的笼中奔跑着，从而把风车带动转起来。这小鼠成了风车的动力。这是牛顿从集市上见到"鼹鼠蹬轮子"的表演得到启发的。

"喂，伊萨克！这玩意儿你是怎么想出来的？"

"是你自己制作的吗？"

"有本事你给咱们也做一个吧……"

大家七嘴八舌，议论纷纷，脸上洋溢着惊羡和兴奋的神色。

正在这时，一个头戴毡帽的肥崽神气地走过来。这是学校里有名的"小霸王"，一个成绩拔尖但是专门恃强欺弱的歪学生。他的个子比牛顿高一头，块头也大，脸上露出骄横的微笑。

肥崽在面前站定，看见这么多人在夸牛顿，不屑意地奚落道：

"这有什么稀奇的，不过是一个装着老鼠的破笼子嘛！"

牛顿一声不吭，他受惯了嘲笑，并不理会。但是树欲静而风不止，"小霸王"继续挖苦他道：

"你这个笨木匠，数学考试老赶鸭子，还想出什么风头哟！"

牛顿看了肥崽一眼，仍然沉默不语。与其说是他的修养好，不如说是在对方的威压面前，竭力地在忍着。他的脸微微涨红了，这是愤怒和羞涩的标志。但是牛顿并没有想到打架。

如果事情到此为止，也许牛顿会在一阵吆喝中静静地离去，就像往常许多次一样。

大约上帝也觉得牛顿太受气了，不应该总是当弱者。那个横蛮的高材生并不放过牛顿，他一把从牛顿手里夺过风车，摔在地上。一边踏上一只脚乱踩，一边高声咒骂：

"为什么你不吱声？你这个没用的蠢蛋！"

牛顿满脸通红，咬着牙，两眼瞪着肥崽。

肥崽微微一怔，居高临下地瞅着对手。

"你敢怎么样？"他的话含着威胁的味道。

牛顿终于被激怒了。方才同学们的称赞，点燃了少年人心中自信和自尊的火焰，肥崽的羞辱如同给这火上泼上的一桶油。藏在"笨木匠"心中巨大的潜能像火山一样爆发出来。

只见牛顿像一头受伤的幼狮，猛地向肥崽的腰上冲过去。那霸道家伙猝不及防，被撞了一个趔趄。牛顿不容对方站稳，来了个小鬼推磨，连续冲击。凭着一股子猛劲和机智，他终于把比自己高大凶猛的对手打翻在地。那家伙倒在地上，四脚朝天，鼻孔里流出一缕血来。四周的同学都吓傻了眼，谁也没想到牛顿瘦小的身躯里，会发出这么大的威力来。看来愤怒不仅出诗人，而且还出勇士呢！

说来奇怪，这次打架竟从此改变了牛顿在同学心中的形象。

他的自卫反击大获全胜，在班上开始受到同学们的尊敬。这以后没有人再来欺负他了。牛顿自己也一扫往日的自卑心理和怯懦，从此变得发愤图强，对自己充满了信心。老师也改变了以前对他的印象。牛顿刻苦攻读各门功课，力争上游，学习成绩在班上很快就名列前茅。

这"风车之战"是牛顿少年时代的一道风景线，也是他学生生涯的一条分水岭。

1656年，在牛顿14岁时，他的继父去世了。母亲汉娜再次成为寡妇。她带着和牧师生养的三个孩子，次子本杰明、大女儿玛丽和小女儿汉娜搬回伍尔斯索普村娘家。

家里增加了这么多张嘴，开支变得拮据起来。地里的农活也需要人料理。于是母亲把牛顿从学校召回来，在家帮她管理农场。

牛顿是家里的长子，在母亲眼里这是他的应尽之责。牛顿家祖孙三代都是以务农为生，她也希望牛顿像祖父辈一样，在土地上辛勤耕耘，长大后成为一个富裕的农场主。

这时的牛顿，已经不是几年前那个不爱用功的腼腆男孩。他在学校里博览群书，脑子里充满着强烈的求知欲望，并且是班里拔尖的学生。老师和同学们都喜欢他。这个在教室窗台上刻下名字的少年，似乎已经意识到自己应该做出点什么了。

不过母命难违。牛顿是个懂事的孩子，知道家里有困难，母亲想依靠自己这个大儿子。于是牛顿离开了格兰瑟姆公立学校，回到家里种地。

"哦，伊萨克，你回来啦！"乡亲们亲昵地招呼他。

"是的，妈妈要我帮她打点农场。"牛顿说。

"这孩子多懂事呵，真是越长越有出息了。"村民们夸他。

牛顿回村不久，就制作了那个特大号的"牛顿钟"，给大家指示时间。他还给村里的水井安了一个打水的辘轳。乡亲们更是对他赞不绝口。

"汉娜，你家的伊萨克真了不起呵！"

"到底伊萨克是念过中学的人呀！"

母亲新添皱纹的脸上露出了笑颜，她相信牛顿回来后，一定能成为家里的顶梁柱。

如果不是幸运地遇到两件事，牛顿恐怕真的会当一辈子农民了。

一是牛顿实在不是一块务农的料，或者说他的心思根本没有放在种地上。一有空闲他就坐在地头，拿出书来捧读，常常忘了地里的活儿。所以帮不了家里多少忙。二是多亏他有一个剑桥大学三一学院毕业的舅舅。这位威廉·阿斯库牧师看出了牛顿的天赋不凡，竭力主张这小外甥不应该在农场里埋没了一生。

牛顿的心不在焉，闹了不少笑话，至今还广为流传。

有一次，牛顿用马驮着小麦去集市卖。回来的时候，牛顿牵着马在小道上潇洒独行。他把缰绳随意地背在肩上，一路上只顾着想问题，对周围的一切都没有感觉。太阳偏西的时候，牛顿才猛然发觉，自己手里攥着的是根断了的绳子。那匹老马早已不知去向！

牛顿着急地四下寻找，暮色笼罩的田野上，连马的影子都没有。他好懊恼，好沮丧。待牛顿灰溜溜地回到家里，担心挨母亲骂时，竟发现那匹老家伙正在马厩里轻松地嚼着草料。

母亲望着他手里的断缰，讪笑着责备地摇摇头。

"伊萨克，是你牵马，还是马牵你哟？"

牛顿被母亲说得一脸的尴尬。

幸好老马识途，不然损失就大了。

后来，母亲再有事要牛顿去镇上，就叫一个老仆人跟着。牛顿一到格兰瑟姆镇，就打发老仆先去办事。自己则跑到老房东克拉克先生家，躲进小阁楼里，全神贯注地读一些感兴趣的书。一坐下来就是大半天。读倦了，就同克拉克先生的女儿聊聊天。直到老仆人办完事，来药剂师家找到他，才一道慢悠悠地回家。

没办法，牛顿总是这样心不在焉！

邻居们开始对他议论起来。

"汉娜，总是看见你家的伊萨克捧着本书在读……"

"真是个用功的孩子！可不要成书呆子哟？"

"依我看，这孩子恐怕不适合干农活。"

"是呀，伊萨克真让人操心呐！"

母亲安排他去放猪。结果他只顾在树下看自己的书，猪群拱进别家的篱笆，把地里的庄稼践踏得一塌糊涂。猪不好管教，母亲就让他去牧羊。这是一种英格兰纯种细毛羊，头小体大，性情温顺。可是牛顿躺在绿茵地上，只顾仰望着天空的太阳出神。羊群光顾了邻家的菜园，很客气地吃掉一大片幼苗。

伍尔斯索普村的乡村法庭，为此曾好几次受理村民的诉讼。每次都是以牛顿家赔偿损失了结。连母亲汉娜也开始怀疑，牛顿将来能否成为一个出色的农民。她本来希望牛顿回来安心务农，重振家业的。但牛顿回乡半年，心思一点也不在农活上。这使她很失望，但又没有办法。

实际上，少年牛顿正面临着人生的重大选择：当农民还是做学者？

多亏牛顿的舅舅阿斯库牧师慧眼识才，他确信让牛顿继续上学深造会更有出息。

"汉娜，伊萨克这孩子是一块读书的好料！让他一辈子埋没在农田里太可惜啦……"牧师劝说妹妹。

"我也在为这事犯愁，可是他三个弟妹都还小，家里的农活总需要人干呀！"汉娜说。

据说去世的史密斯先生给汉娜留下了一笔丰厚的遗产，但汉娜不得不考虑家里的另外三个小鬼。

"你总应该替大儿子的前程着想。"阿斯库苦口婆心，坚持要妹妹送牛顿回学校。

格兰瑟姆公立学校的校长听到牛顿的情况，也专程赶到伍尔斯索普村伍尔斯索普村，拜访牛顿的母亲。

这位彬彬有礼的校长，就是牛顿在小阁楼墙上画的那位威严浓眉的斯托克斯先生。牛顿自从"风车之战"后，在学校里表现出众，各科成绩均名列前茅，很得校长的赏识。

让全校最优秀的学生离开校园，中断学业，窝在家里种地。在校长看来是对人才的最大浪费。

"夫人，如果让伊萨克这样大有前途的天才一辈子埋没在农活里，那将是世界的莫大损失！"斯托克斯校长郑重其事地劝说汉娜。

"可是，伊萨克是家里的老大，农场的事我只得依靠他。"汉娜迟疑道。

"这是无济于事的，"斯托克斯校长忠告她说，"窝在家里种地一点也不符合他的禀性，这孩子要取得成就的唯一途径，是上大学深造！"汉娜为校长的真诚打动，终于被说服了。

在辍学9个月之后，牛顿重新回到格兰瑟姆公立学校。

幸得阿斯库舅舅、斯托克斯校长这两位有识之士的殷切关照，牛顿在人生的路上迈出了关键的一步。不然的话，顶多伍尔斯索普村会多一个富态的乡绅，而世界上就没有科学巨匠牛顿了！

牛顿复学后，更加珍惜学习的机会。他刻苦用功，勤于思考，在知识的海洋里畅游。从现存的一些牛顿中学时代的笔记里，可以发现他对广泛的领域有浓厚兴趣，诸如几何学、颜色问题、太阳钟等，甚至对哥白尼的"日心说"他都有所涉猎。没有多久，牛顿掌握的知识水平，已经远远超过其他同学。他在其他方面，也显露出与众不同来。

1658年9月3日，一场狂风暴雨席卷英伦三岛。这是一次罕见的大风暴。狂风把粗壮的橡树连根拔起，野草、枯叶被刮得满天飞扬。风中夹带着大滴的雨点，一时天昏地暗。

这风暴蕴含着一种巨大的自然的力量。人们纷纷四下逃避，躲进能避风雨的地方。只有 16 岁的牛顿，却是一脸的兴奋。一个奇想在他的脑海里突然冒出来：这风究竟有多大的威力呢？

牛顿按捺不住，冲进狂风中，来回地奔跑着，跳来跳去。他先是顺着风用力起跳，再逆着风使劲地跳，然后又侧着身子跳。每跳一次，都记下落地的位置。为了增大推力，他甚至解开纽扣，让身上的斗篷迎风招展。牛顿就这样痴迷地在风中来回跳跃着，不顾全身被雨淋湿透。目睹这个情景的人惊讶地瞪大了眼睛，以为他是个狂人。只有牛顿知道自己在做什么。

原来他是根据落地的距离差，在测量风究竟有多大的力量。第二天，牛顿郑重其事地告诉一脸茫然的同学说，他测定的风力比平常的大风至少要大五倍。

在这场大风暴中，全英国恐怕只有牛顿一个人在"与风共舞"。所以世界上只有一个牛顿就不奇怪了。还有一位英国名人与这场大风暴有关。他就是军事独裁者克伦威尔。当时，这位影响了英国历史的铁腕人物，正在弥留之际。他躺在病榻上，声音衰微地向守在床前的亲信们交代后事。而窗外，漫天卷着狂风暴雨。

作为一个不可一世的军事独裁者，克伦威尔的死意味着生命和权力的终结。他死后第二年，英王朝即复辟，查理二世登上王位。

作为一颗未来的科学明星，牛顿却正冉冉升起。两年之后，18 岁的牛顿在格兰瑟姆公立学校毕业。经斯托克斯校长和阿斯库舅舅两人推荐，牛顿以"减费生"的身份，考入剑桥大学。

从此他踏上了毕生为之追求的探寻真理的道路。

剑桥大学

1661 年 6 月 4 日，牛顿告别伍尔斯索普老家，背上行囊只身来到剑桥。这是他第一次离开林肯郡。

剑桥是一座古朴的小镇，位于伦敦北面 80 千米处。虽然这个历史悠久的大学城人口不到一万，但是风景如画，到处是富丽堂皇的建筑和鲜花。牛顿沐浴着阳光，漫步在剑河畔，一切都觉得很新奇。宏伟的大学城建筑就耸立在河的两岸，从远处望去令他肃然起敬。

剑桥大学创建于 13 世纪，与牛津大学齐名，是英国最有名的大学校。但由于地缘和历史的因素，牛津大学一向不把剑桥大学放在眼里。因为中世纪时，剑桥郡曾有一大片沼泽地与外界隔绝，被认为是蛮荒边远之地，常有异教徒和政治犯逃到这里避难。他们在这里留下了许多教堂、修道院的遗迹。剑桥大学当年的创建人，就有许多是不愿受牛津市当局迫害，逃来这里的学者。

牛津大学生提起到剑桥大学，常爱戏言说："哦，那个沼泽区的工艺学校呀！"

事实上，剑桥大学培养出了许多最杰出的思想家、科学家。包括牛顿在内，一些世界一流的大科学家，诸如卡文迪许、达尔文、麦克斯韦、开尔文勋爵，以及卢瑟福等，都是从剑桥大学毕业的。牛津大学培养的则多是英国的高级政客。据说英国历史上的 40 多个首相中，有 30 位曾在牛津大学镀过金。

英国的大学由许多学院组成。牛顿考入的三一学院，是剑桥大学最大的一所学院，创建于 1645 年。"三位一体"之义，取自圣父、圣子、圣灵"三位一体"的基督教义。学院的传统是以培养英国的精神贵族为主要目标，三一学院的毕业生，大多要兼任神职。还有许多像牛顿的舅舅阿斯库先生一样，终生担任牧师。

牛顿时代的剑桥三一学院

三一学院城堡一样雄伟坚固的建筑，是典型的巴洛克风格。教学楼前面有一个巨大的广场，据称是世界上最大的大学广场。卵石铺成的路径间，延伸着一片宽阔的绿茵，像硕大无比的绿色地毯。

牛顿走进三一学院的大门，心中不禁产生一种敬畏之感。拱形大门的上方，嵌着精致的徽记和亨利八世的雕像。在来自乡村的牛顿眼里，如同走进了巍峨的殿堂。

剑桥大学的学生大多是贵族子弟，其中不少是花花公子。谁也没有把牛顿这个乡下佬瞧上眼。不过后来正是这个衣着平常、貌不惊人的农家子弟，成了剑桥大学最大的骄傲。

当时的剑桥大学，教育制度还受着中世纪经院哲学的束缚。牛顿进入三一学院时，学校里开的课程大都是古典经院式的，诸如逻辑学、古文、语法、神学、哲学史等。亚里士多德的观点，仍然居于权威的统治地位。

牛顿进校后，首先面临着适应新环境。

他很快发现，剑桥大学的学生公子哥儿居多，他们一个个出手阔气，趾高气扬。在胡闹和恶作剧方面，丝毫不比格兰瑟姆公立学校那帮小子逊色。而且，在剑桥宁静的大学城外表下，掩盖着商贾的熙攘和市井的喧闹。上小酒馆狂饮，玩纸牌，逛夜市，是大学生们的家常便饭。牛顿本人是个清教徒，按照严格的教规，他不能把大量时间耗在喝酒、赌博和寻欢作乐上。再说，他口袋里也没有几个钱可以任他挥霍。于是，在别的学生眼里，牛顿很快成了一个呆板寡言、毫无趣味的人。

牛顿是以"减费生"的身份进剑桥大学的。所谓减费生，用现在的话说就是半工半读生。这其实上是一种优惠，给那些成绩好而又交不起学费的穷学生，提供了一个上大学的机会。牛顿家的经济状况，实际上应算中产阶级。除了伍尔斯索普庄园的一点产业，汉娜继承的第二任丈夫的遗产，据说数额不小。但为什么牛顿会交不起学费呢？说法不一。有的说是因为母亲和牛顿的感情疏远了，所以不愿管他的学费；还有人分析，是牛顿的母亲舍不得花那笔钱，她还得替牛顿三个年幼的同母异父弟妹着想。

但估计最大的可能是，这是斯托克斯校长和阿斯库舅舅两人同汉娜达成的默契。他们说服汉娜同意让牛顿上大学，而高昂的学费，则通过"减费生"的办法解决。汉娜自然同意了。家里不花钱就培养一个大学生，也是一件乐事。不妨就让伊萨克这书呆子去剑桥闯闯吧！

牛顿从心里恨透了那个牧师继父，也不屑于用他的遗产。于是他心安理得地成了三一学院的"减费生"。每年母亲只给他10英镑的零花钱。牛顿必须靠勤工俭学来减免学费和挣自己的生活费。

三一学院不愧是培养"精神贵族"的学府，连勤工俭学的方式也颇有贵族味道。现在的勤工俭学，通常是指去厂里打工或在商店跑腿，要么在图书馆兼个资料员什么的。三一学院的勤工俭学，则是给某老师或者有钱学生当佣人。早晨要侍候他们起床洗漱，还负责替他们擦皮靴、梳头发。就餐时则像餐厅侍者一样，站在一旁随时听候使唤。一句话，就是当仆人。

牛顿在家使唤人是使唤惯了的，现在要被人使唤，开始时滋味有点不好受。不过幸运的是，他被指派给一位名叫巴宾顿的老师做专用仆人。这位巴宾顿先生是伍尔斯索普附近学校的一个校长，同牛顿有同乡之缘。而且很巧的是，巴宾顿是药剂师克拉克先生的妻舅，对牛顿挺客气的。他在三一学院兼任教职和评议员，每年只有一个多月的时间住在剑桥，所以牛顿的差事还不算繁重。

牛顿考入剑桥大学前，曾同药剂师后妻带来的女儿斯特莱有过一段恋情。斯特莱小姐温存大方，比牛顿小两岁。牛顿和她在一起度过了许多愉快的时光。本来他们是天撮地合的一对，后来不知什么缘故错过了良缘，兴许是月下老人打了瞌睡。在牛顿进剑桥大学深造后，斯特莱嫁到别的地方去了。可是她婚后并不幸福。

牛顿对这段铭心刻骨的初恋一直难忘，后来终身未娶。他和斯特莱保持了几十年的友谊，每次回林肯郡，他都会去看望昔日的女友。终身未结婚的世界名人，除了一往情深的牛顿，还有丹麦的童话大师安徒生，以及瑞典化学家诺贝尔等，都是单相思情人或初恋的失败者。安徒生因为长得太丑，他钟情的女孩不爱他。诺贝尔深爱的一个女子移情别恋数学家。据说伤心的诺贝尔耿耿于怀，因此在遗嘱诺贝尔奖金里未设数学奖，让天下的数学家望洋兴叹。

牛顿在药剂师家寄宿那段时光，还有一个收获，就是向克拉克先生学会了做化学实验。克拉克经常调制药品，药房里摆满瓶瓶罐罐。牛顿出于好奇，常在一旁观看，有时兼做帮手。耳濡目染，时间长了就学会了。牛顿后来很长时期热衷于炼金术，实际上就是从这里发蒙的。

不过，剑桥大学的等级制度森严。全费生和减费生不能同桌吃饭，也不能坐在一起上课。全费生大都是有钱的纨绔子弟，傲慢自负，优越感强；减费生则多是穷孩子，被人冷眼相看。减费生的地位近似于旁听生。

一向心高气傲的牛顿，心态好久都没有调整过来。他感到在三一学院这座殿堂里，自己和刚进格兰瑟姆中学校时一样孤独，没有知己，没有朋友，甚至没有谈得来的人。

直到上二年级时，牛顿遇到了一个名叫约翰·威斯金的新生，同他交上了朋友。威斯金也是出身贵族，不过他没有一般贵族子弟那种纨绔气，对人诚恳，学习用功。牛顿和他通过调换寝室，住在了一起，成为亲密的室友。在这之后，牛顿的心情轻松些了，开始和大家分享自由浪漫的大学生活气氛。虽然他并没有放弃自己清

现在的剑桥大学

教徒的信仰，但不再像刚来时那样古板了，有时也和威斯金一道去小酒馆喝两杯，玩玩纸牌。在娱乐消遣方面，威斯金可以给牛顿做教练；但在知识的领域，牛顿给威斯金当老师则是绰绰有余。

就这样，年轻的牛顿逐渐融入剑桥大学城的环境，成为 2000 名剑桥学子中的一员。不过很快他就成为他们之中的佼佼者。

牛顿的指导老师叫本杰明·普雷恩，是阿斯库舅舅的朋友。他在三一学院口碑不算很好，主要是带的学生太多，难免有顾此失彼的疏忽。因为老师的收入主要是学生的学费，招揽的学生越多，收入也越高。据说在三一学院，普雷恩先生招收的学生最多，因此有人背地送了个"学生贩子"的绰号给他。这也说明普雷恩的确有些学问，否则不会有那么多莘莘学子拜在他的门下。

牛顿找普雷恩作指导老师，是阿斯库舅舅推荐的。

这位三一学院毕业的牧师在信中拜托老友，关照一下自己的外甥。既然麾下已经有 56 名弟子，再增加一个也无妨。普雷恩很乐意地收下了牛顿。

但是没有过多久，普雷恩就发现，牛顿掌握的知识水平远远超过了其他学生。而且这家伙常爱提一些奇谈怪论的问题，也超出了传统教材的范围。他隐隐地感觉到，这是一个他从未遇见过的、与众不同的学生。于是开了一张推荐书目的清单，大多是当时的经典权威著作，建议牛顿自己去攻读。而其中大部分书目 100 年前就有了。

牛顿啃着这些大部头，觉得味如嚼蜡。不过他还是一部部地咀嚼了一遍，居然觉得大有收益。因为他是批判地阅读的，并且触类旁通，做了大量的读书笔记。
三一学院有一座雷恩图书馆，里面有丰富的藏书。牛顿一头扎进去，如饥似渴地
读了许多自己感兴趣的著作。

　　从博览群书中，牛顿发现自己最有兴趣的是宇宙的统一性和物质的运动问题。
在古希腊和中世纪哲学家的著作中，有大量关于物质运动的论述。但牛顿认为这
些观点存在很多问题，有的虽然不乏真知灼见，但却没有经过科学实验的检验。
只有哥白尼和伽利略的著作，读起来这么让人兴奋，令他神思遐想。牛顿常常凝
视着雷恩图书馆的细尖塔，心中琢磨道：

　　"呵，万物的主宰！世界是一个和谐统一的整体吗？"

恩师巴罗教授

1663 年，也就是牛顿进剑桥大学两年后，三一学院出现了新气象。

说起来这可算是剑桥大学的一个大事件：一位名叫亨利·卢卡斯的权贵创立了一个讲座，规定讲授自然科学知识。这在剑桥大学是史无前例的事！几百年来，剑桥大学只讲授那些传统的经院式课程，从来没有开过自然科学课。仿佛有一股清新的空气，吹进了古老的剑桥校园。

卢卡斯早年毕业于剑桥大学的圣·约翰学院，并曾以剑桥大学代表的身份就任国会议员。此君对剑桥大学感情犹深，并有卓识远见。1663 年卢卡斯在伦敦病逝。他在遗嘱中提出，用自己的遗产在剑桥设立一个数学教授职位，年薪 100 英镑（在当时仅低于大学院院长的年俸）。这个讲座就以他的名字命名，叫"卢卡斯讲座"，每年轮流讲授数学、物理学、天文学和地理学等课程。首任主持"卢卡斯讲座"的教授，是剑桥大学著名的数学家巴罗博士。巴罗 1630 年生于伦敦，儿时聪颖过人，有神童之称。他 14 岁考入剑桥大学三一学院，20 岁获博士学位。是剑桥大学少壮派教授中最有才华的一位，出任卢卡斯讲座第一任教授时，年仅 33 岁。巴罗既是数学家，又是一位神学家，这在剑桥大学也是不多的。政治上他属于保王党，克伦威尔执政期间他曾外出躲避。1660 年王朝复辟时，他重返剑桥，并获得大学当局的重用。巴罗先后担任过希腊文、哲学和数学教授，在数学、天文学、物理学几个领域都有很深的造诣。

从现存的一幅肖像看，巴罗长着一张方脸、鹰钩鼻、皮靴后跟式的下巴，但一双眼睛含着温和睿智的光芒。他的名字也叫"伊萨克"，和牛顿同名。也许这是一种缘分。经导师普雷恩先生的推荐，牛顿参加了卢卡斯讲座，成为巴罗的学生。

"这个学生对数学、物理着迷，涉猎甚广，是个人才。"普雷恩把自己的"第

57 号种子"推荐给巴罗。

"他的基本功和悟性怎么样？"巴罗问。

"这没得说！该生最大的特点，是对世界有着独特的思考，而且不迷信权威……"

"哦，"巴罗眼睛一亮，"叫他来吧！"

这次更换门庭，是牛顿的三生有幸。正是恩师巴罗教授把他引上了一个更高的知识境界。

1664 年，牛顿通过紧张的角逐，考取了三一学院的奖学金。这次考试的主考官是巴罗教授。牛顿幸运地获得了对他非常重要的奖学金，从此改变了"减费生"的尴尬处境，获得剑桥公费生的资格。他再也不用当差打杂了！这为他自由地选择感兴趣的研究题目，潜心攻读，提供了难得的物质保障。

巴罗很赏识青年牛顿的才华和学识。但是他发现，这个新门生掌握的数学知识存在某种缺陷。牛顿对笛卡尔的几何相当熟悉，但对欧几里得的几何却知之不多。这使巴罗很惊讶。因为不了解欧几里得几何的人，是很难读懂笛卡尔几何的。

牛顿的恩师巴罗

这就像不会走的人怎么会跑一样。笛卡尔几何是解析几何，也即通过计算分析来研究图形的性质。这是一种全新观念的高级几何学。今天在大学里才开解析几何课，而欧几里得几何在初中课里就教了。

巴罗微笑着问牛顿："你走都没有学会，怎么会跑起来的？"

牛顿答道："我起初也是想学'走'的，但一看欧几里得的几何是建立在几条不证自明的公理上的，就忽视了……"

牛顿承认自己与欧几里得失之交臂。

"你怎么把笛卡尔啃下来的？"

"一页一页地啃呗。"牛顿老实说。

"那你不成了只会蹦跳的袋鼠了吗！"巴罗大笑。

"可是，袋鼠是澳洲跑得最快的动物呵！"牛顿也笑起来。

他说得不错。笛卡尔的学说，在当时的确是最新的思想。这位法国学者是17世纪欧洲最伟大的科学家和哲学家，他去世时牛顿只有8岁，但是他的思想却影响了几代人。尤其是笛卡尔在几何学领域的新发现，对在剑桥大学读书的牛顿产生了深远的影响。

在巴罗教授的指导下，牛顿开始有计划有目的地博览群书，和巨人对话。

大约半年前，牛顿浏览过笛卡尔的《几何学》，还有沃利斯的《无穷级数》和一本奥特雷德的《数学入门》。这几本数学书是他借来的，受益匪浅。但书很快就还了，未能仔细研读。这次，他在集市上买到一本笛卡尔的《几何学》，如获至宝。

牛顿晚年时，曾向一位朋友回忆当时他的兴奋心情：

"读了大约十页，然后停下来，再开始读；理解比第一次稍微有进步，又停下来，再从头开始读下去，直到自己成为全书的主人，我觉得自己对笛卡尔几何的理解胜过了对欧几里得的理解……后来再读欧几里得，然后第二次读笛卡尔的几何，接着又找来沃利斯的《无穷级数》细读，在把插入法用于圆积法时，发现了既定次方二项式定理……"实际上他这时已经在思索微积分的问题。

除了几何学，牛顿还饶有兴味地读了笛卡尔的《哲学原理》。对于笛卡尔在书中提出的哲学新思维，牛顿感到既新鲜又惊讶。细读之下，又

笛卡尔

感到亲切和自然。在笛卡尔的著作中散发着一种清新的气息。这是自柏拉图、亚里士多德以来的哲学著作中所没有的，读那些经院哲学的权威著作，让人有一种仿佛在仰望神圣不可侵犯的殿堂的感觉。而读笛卡尔的著作，却觉得作者在和你促膝谈心，平易近人，充满着智慧。

牛顿还如饥似渴地读了开普勒的《光学》，伽利略的《星际使者》和《两个世界体系的对话》，以及费马、惠更斯等其他大师的著作等。他还翻阅了英国皇家学会的会史，以及早期的《哲学通报》等。三一学院至今保存着牛顿的读书笔记。其中有用希腊文写的亚里士多德的《工具论》和《伦理学》注释，还有研读《几何学》和《无穷级数》作的许多记录。他自己还把一些研究心得编成一本《一些哲理问题》。通过与这些巨人对话，牛顿掌握了那个时代大部分最新的发现，站在了当时科学的最前沿。他尤其对光学和数学发生了浓厚兴趣。牛顿早期的科学生涯就是从光学开始的。

牛顿最大的一个特点是潜心思考，锲而不舍。正如一位剑桥知名的经济学家评价的："他的非凡天才在于他能够长时间地连续思考一个纯智力问题……牛顿能够连续几小时、几天和几星期地思考一个问题，直到解决其中的奥秘为止。"

牛顿的生活非常简朴，几乎是清教徒式的。早餐只有面包、清水，有时配点黄油，或者是糖水加橘皮煮的茶。这种简单的饮食习惯，牛顿一直保持到晚年。偶尔他也光顾一下附近的小餐馆，叫两个菜，喝杯啤酒，然后记上账。那已算是奢侈了。

几年的磨砺，牛顿的羽翼渐丰。这个来自乡村的青年学子，已不是伍尔斯索普那个瘦弱胆小的"丑小鸭"了。他成了剑桥的一位博学多才的青年学者。

牛顿雄心勃勃，向往着展翅腾飞去真理的天空翱翔。

在《一些哲理问题》里，他写道："柏拉图是我的朋友，亚里士多德是我的朋友，但我最好的朋友是真理。"

上帝的礼物

牛顿最初的科学生涯是从光学开始的。

1664 年一个和煦的春日，牛顿和好友威斯金一道去逛剑桥的集市。他们在人群熙攘的摊位旁走着，一边聊着天，一边东张西望。牛顿在不经意间有个意外的发现——正是这个发现揭开了他的科学生涯的序幕，并对他的未来事业产生了重大的影响。

在一个琳琅满目的玩具摊上，牛顿被一块奇特的三棱形玻璃吸引住了。这块三棱镜看上去玲珑剔透，在阳光下闪着美丽的光泽。那种神奇的光芒，使牛顿感到一种心灵上的震撼。他觉得仿佛在哪里见过这东西，也许是在梦境里，但一时记不起是什么地方了。牛顿掏出口袋里所有的钱，买下了这块三棱镜。

"这玩意儿挺有趣的。"威斯金说。

"真是上帝的礼物！"牛顿抚摸着三棱镜，爱不释手。

回到三一学院，牛顿立即到实验室里，兴致勃勃地用三棱镜做起实验来。牛顿把所有窗户拉上窗帘，只留下一扇窗户，用硬纸板把它遮住。整个房间暗下来，以便于观察试验。然后，牛顿在硬纸板上开了一个小孔，一束阳光从小孔里透射进房间。牛顿凝视着这束亮光片刻。他举起手里的三棱镜，把它置于光的入口处。光束透过三棱镜的一个棱面，然后折射到对面的白墙上。

这时，牛顿饶有兴趣地看见墙上映出鲜艳、浓烈的颜色来。

他仔细观察，惊异地发现那颜色是一条美丽的七色彩带。而根据当时公认的折射定律，它们的形状应该呈现出圆形。牛顿觉得非常好奇。穿过三棱镜的白光，像彩虹一样被散射开来，依次呈现出红、橙、黄、绿、青、蓝和紫色光带。他把这一系列有色光的排列称为光谱。牛顿被这个"彩虹现象"迷住了。

在这以前，这个现象许多人也看到过，但并没有引起特别的注意。在一般人的眼里，三棱镜不过是个玩具而已。那绚丽的七色光，好看归好看，但并没有当作一回事。有的学者也许意识到可能是光束通过三棱镜的玻璃时被改变了，但是他们找不出具体原因来。

牛顿这时拿着三棱镜，如获至宝。他被一股强烈的好奇心驱使着，决计要找出其中的奥秘来。

牛顿通过进一步观测，发现这条彩色光谱呈长条形，长和宽的比例约为5倍。"这太奇妙了！"他喃喃自语道。

为什么一束很细的白光，通过三棱镜后会变成一条彩色的光谱带呢？为了弄清这个疑问，牛顿废寝忘食，一连几个星期换了好几种方式进行实验。他让光束通过三棱镜厚度不一的部分，或是改变窗孔的大小，实验的结果都一样。

牛顿又把三棱镜移到窗板的外面，让光线先经过棱镜被折射后，再透过窗孔射进屋里，映在在墙上的仍然是一条彩色的光谱带！

会不会是三棱镜的玻璃表面不平引起的呢？

牛顿凑钱买了第二块三棱镜，做了一个有趣的检验。

牛顿让光束通过第一个三棱镜之后，再穿过第二个三棱镜。照他的设想，后一个三棱镜可以抵消前一个三棱镜的正常效益；而不正常的效应，则会因为多次折射得到加强。这样就能察觉出它来。

但是结果却完全出乎意料。

这时牛顿发现，从第二个三棱镜另一端出来的光竟然是白光。牛顿睁大了眼睛，又惊又喜。这意味着，被第一个三棱镜散射成的条形光谱，又被第二个三棱镜还原成了白色光束！或者说是，第二个三棱镜把不同颜色的光重新组合在一起了。

英国一位传记作家风趣地说，"他可能是历史上第一个把彩虹的所有色光组合到一起形成一道单独的白光的人。他让彩虹消失了！"

为了进一步证明这个事实，牛顿发挥了制作小玩意儿的天赋，做了一个类似陀螺的小圆盘。这个圆盘用硬纸板做成，直径大约 10 厘米。在圆盘的中心穿着一个轴，可以旋转。

牛顿把圆盘划分成七个宽窄不同的扇形，分别涂上红、橙、黄、绿、蓝、靛、紫七种颜色。他注意到从三棱镜散射出来的彩虹，各种颜色并不是等量的，蓝光总是比红光多一些。所以蓝色扇形比红色划分得要宽一些。牛顿用食指和拇指捏着轴，用力一捻，小圆盘在桌子上飞快地旋转起来。

牛顿注视着圆盘，脸上露出了孩子般的笑容：彩色的条纹奇迹般地消失了，从远处看去，飞速旋转的圆盘变成了白色！

这个实验结果和第二个三棱镜的效果可以说是不谋而合。它极为直观而又形象地显示了，白光是由各种不同颜色的光线组成的。牛顿兴奋得手舞足蹈起来。他明白这是一个前所未有的发现。这以前人们都把三棱镜当作玩具，只是对它的绚丽色彩啧啧称奇。没有一个科学家用三棱镜做实验，深入地研究过它的特性。

为什么白光射入三棱镜时会出现彩虹呢？

那些有色光能否像白光一样无限地分解下去？

牛顿决定做更精细的观测，以揭开其中的奥秘。他采用的手段是定量测试。这是牛顿不同于其他科学家的高明之处。他善于把实验观测现象转换成数学语言，然后总结成一般理论。他后来登上世界科学高峰的一系列伟大的发现，都是沿着这条途径实现的。

牛顿改变光束入射三棱镜的角度，或是调整三棱镜到墙壁的距离，并且角度的度数、距离的尺寸，每一次都做了精确的测量记录；同时还量了映在墙上的光谱的长宽和张角等参数。然后再经过一番仔细的计算。牛顿在六年后给皇家学会的一封信中，曾谈到："做了这些观察之后，我先从这些观察中计算这块玻璃的

牛顿用三棱镜做光谱实验

折射率，找到它用角的正弦之比来量度时为 20 对 31。然后我用这比值计算从太阳圆盘中相对部分发出的两条光线的折射……"

经过计算分析，牛顿发现入射角的改变对光谱的位置影响并不大。他反复思索，探求其中的原因。

牛顿的研究非常勤奋，一连几个月废寝忘食。他摆在书桌上的饭菜常常忘记吃了，被他养的猫代劳。结果牛顿自己变得清皮寡瘦，他的猫咪却长得很肥胖。不知他的这只肥肥宠物叫什么名字，史料里没有留下记录。按牛顿痴迷实验的禀性，也许根本没顾上给这个有口福的家伙取名字。

最后牛顿做了一个重要的"判决性实验"。牛顿让从三棱镜折射出来的彩色光谱，通过一块硬纸板上的狭窄缝隙，把红光以外的其他色光挡住，只让红色光束通过。他凝视着投在墙上单一的红色光晕，沉思了片刻。如果让这单色红光通过另一个三棱镜，会出现什么情况呢？它会不会像白光一样，也被分解成彩虹呢？

这的确是个引人入胜的问题。

牛顿拿起第二个三棱镜，把它放在这束红光通过的路径上，然后慢慢转动手中棱镜，看从另一面折射出的是什么。结果，无论怎么转动三棱镜，从另一端射出来的都是红色光束！也就是说，没有出现迷人的"彩虹效应"，只有单一的红光。只不过这红色光束的方向有所偏离。

实验最终证明了：白光包含了红、橙、黄、绿、蓝、靛、紫等光谱所有的色光。也即白光是由不同颜色的光复合而成的，它通过三棱镜时，由于折射率不同发生偏转不同。红光的折射率最小，偏转的角度最小；紫光的折射率最大，偏转的角度最大，于是被散射的各色光最后排列成一条光谱。单色光通过三棱镜只发生方向改变，不可能进一步分解，其原因也在这里。

23 岁的牛顿第一个揭开了彩虹效应的奥秘！

牛顿对新发现极度兴奋，他把实验结果仔细地记录下来，准备撰写论文。在烛光下他常常通宵达旦地工作。威斯金好多次发现他因为太累伏案睡着了。

不过，这时的牛顿性情仍然比较孤僻。除了同室的威斯金，他几乎没有什么朋友。从外表看，牛顿也并不算很出众。他本来就是一个内向和不喜欢张扬的人。在当时一班同学的脑子里，对牛顿其人都没有留下什么特别的印象。甚至他和威斯金同住的寝室是哪一间，也都无迹可寻。总而言之，他的天才还没有完全显露出来，在剑桥他还是个无名之辈。

但是事隔 18 个月后，他的研究发现已足以使他跻身于巨人之列。

大瘟疫带来的奇迹

　　1665 年初，22 岁的牛顿在三一学院毕业，获得文学士的学位。实际上这就是学士学位，和文学毫无关系。牛顿得到机会，同时被录取为硕士研究生，可以在剑桥大学继续深造四年，在自己感兴趣的任何领域里进行研究。

　　牛顿随即着手拓展自己的光学成果，同时开始考虑引力和行星运行轨道的问题，也即是什么力量牵引着行星在轨道上运行？

　　这是当时还没有人去解决的重大问题。他涉足力学和天文领域，显然是受了开普勒和伽利略两位巨人的影响。

　　在研究过程中，牛顿深感自己掌握的数学工具不够用。他遍读了当时最新的数学论著，包括笛卡尔和英国的哲学家莫尔的一些新潮著作，也找不到他的光学观点和力学问题所需要的数学方法。

　　于是，牛顿试图自己寻找一种新的数学方法。

　　正当他同时醉心于几个课题的探索时，1665 年的初夏，一场可怕的瘟疫在伦敦降临。这就是历史上著名的"伦敦大瘟疫"。

　　当时伦敦 46 万人口，有 10 万人死于这次瘟疫。患者先是发高烧，接着全身长满脓疱，最后在剧痛中死去。因为患者死时全身发黑，所以又称"黑死病"。其实就是鼠疫。这是一种非常可怕的传染病。欧洲大约有一半人口死于 1346 年至 1349 年的那场鼠疫大流行。人们闻风丧胆。1665 年的这次大瘟疫，伦敦几乎成了一座死城。据说蔓延最凶的时候，一个星期倒毙人数达 6000 人！街道巷里满目是成堆的尸体，很难见到活人。

　　很快地，鼠疫向伦敦四周地区蔓延，其他城市的居民也开始被传染。人们惊恐万分。整个英伦三岛都受到死神的威胁。这时，继续待在剑桥已十分危险。大学被迫关闭。牛顿离开了剑桥，回到家里躲避。

这是牛顿第二次辍学回乡。不同的是，上次他回来时只是个心不在焉的放牛娃；这一次回到农村的牛顿，却已是一位正向世界科学高峰攀登的青年学者。

大瘟疫给牛顿带来了大机会。牛顿在伍尔斯索普村老家住了 18 个月。他蛰居在家里的老屋里，在宁静和专注的环境里潜心思索，深入研究了当时科学最前沿的问题，包括数学、光学、力学，以及自然哲学等。

这是神秘的 18 个月，也是牛顿创造奇迹的 18 个月。

伦敦的那场大瘟疫，一直到 1666 年秋天才接近尾声。每 5 个伦敦人之中，就有一个人被鼠疫夺去生命。然而灾难并没有结束，9 月 2 日，在鼠疫绝迹之前不久，伦敦燃起了一场大火。火灾始于市中心的一间面包房，火势蔓延开来，很快吞没了全城。大火整整燃了 4 天 4 夜，有 90 座教堂和 13000 多幢房屋化为灰烬。这以后，大鼠疫才最终消失。事实上，可能正是这场大火烧绝了鼠疫，使伦敦获得了新生。

有人戏谑地说，上帝把所有的灾难降给了伦敦，却把所有的智慧和幸运给了牛顿。

在隐居乡间的这 18 个月里，牛顿的才思奔涌，创造力迸发，在前人没有涉及的诸多领域里，获得了惊人的辉煌业绩。

1665 年伦敦大瘟疫

1666 年伦敦大火

他发明了微积分！发现了万有引力定律！建立了经典力学体系！并且完成了光学理论！而其中任何一项成就都是划时代的。

一个年轻人，在不到两年的时间里，获得一连串开辟了科学新时代的重大发现，这在科学史上的确是没有先例的。只有后来的爱因斯坦可以与之相比。26 岁的爱因斯坦，在 1905 年里，也是奇迹般地做出了三大发现，其中每一个发现都可以使他获得诺贝尔奖。

牛顿本人在后来的一份备忘录中，曾经回忆在这段辉煌岁月里，自己所取得的成就：

"1665 年初，我发现了逼近级数法，以及把任何幂次的二项式化成这样一个级数的规则。同年 5 月间，我发现了计算切线的方法……11 月间发现了微分计算法；

第二年的 1 月，提出了颜色理论，5 月开始研究积分计算法。同一年里，我还开始想到把引力延伸到月球轨道（同时发现了如何确定一个在球体中旋转的小球对球面的压力之后），并且从开普勒关于行星的周期和其轨道的中心距离的 3/2 次方成比例的定律，推出使行星保持在它们轨道上的力，必定与它们围绕旋转的中心之间的距离的平方成反比；而后把使月球保持在它的轨道上所需的力和地球表面上的重力做了比较，发现它们近似相等。所有这些发现都是在 1665 年和 1666 年大鼠疫年代里做出来的。因为在那些年代里我精力充沛，对发明兴趣浓厚，比在以后任何时期，我都更致力于数学和哲学研究。"

究竟是什么灵感启迪了牛顿的创造力，有许多有趣的传说。

著名的"苹果落地"的故事，就发生在这段时间里。这个故事有许多版本，细节也不完全一样。据说最早提到这个故事的，是法国启蒙思想的泰斗伏尔泰。

伏尔泰曾经侨居英国。他在 1783 年出版的《牛顿哲学原理》一书中，记述了这件趣事。

1666 年初夏的一天，牛顿坐在伍尔斯索普庄园的小花园里沉思。花园里微风轻拂，四周一片宁静。牛顿正在想着冥冥之中自然力的奥秘，一颗苹果从他身旁的苹果树上落下来，掉在他的头上。牛顿吃了一惊，拾起苹果。他环顾四周，似乎一切都没有发生过。

"这真奇怪！"牛顿喃喃自语道。

他若有所思地摸着脑袋，忽然灵机一动。

为什么苹果不往天上跑，而要垂直落在地上呢？

高悬在天空的月亮，为什么会绕着地球运行呢？

这种把万物吸引向地面的神奇力量，究竟是一种什么力呀！

经过一番思索，牛顿茅塞顿开，终于明白了：行星绕着太阳运行、月亮绕着地球旋转，以及地面落体的运动，都是受着同一种自然规律支配，这就是统摄宇宙的万有引力。

世人对苹果落地故事有种种猜想。

德国数学家高斯压根儿不信。这位数学王子开玩笑说：一定是哪一个爱管闲事的蠢货，去问牛顿，"先生，您是怎样发现万有引力的？"牛顿面对着一个低能儿，想尽快把这家伙打发走，于是微微一笑说："哦，是这么回事，一个苹果掉下来，砸在了我的鼻尖上，就这么简单！"

爱因斯坦对苹果落地的故事，则是半信半疑。他曾对朋友说：这个故事也许是真的，也许全是胡说八道，但牛顿发现了万有引力定律却一点不假。

问题又回到伏尔泰那里。据说这位大师是听牛顿的外甥女凯瑟琳，还有一位法国哲学家冯登纳说起苹果落地故事的。伏尔泰是自然科学和牛顿思想的积极宣传者，他的讲述也许带点渲染色彩。

不过，牛顿的朋友倒证实了确有此事。

与牛顿同时代的一位学者斯蒂克利曾写道：

"有一天，风和日暖，晚餐后，我和牛顿步入花园，坐在苹果树的树荫下喝茶。在闲聊中他告诉我，有一次他正坐在树下沉思，一只苹果从树上掉下来，正是在这样的情景下，引力的概念浮现于他的脑海。他问自己：为什么苹果总是垂直地落向地面？"

斯蒂克利是牛顿晚年的好友、皇家学会会员，也是第一个为牛顿写传记的人。他的记录可信度应该很大。

也许最有说服力是牛顿自己的话。

苹果的故事漫画

苹果的故事彩画

在牛顿 20 年后给哈雷的一封信里,谈到胡克曾和他提及万有引力的事,牛顿在信中风趣地告诉哈雷说:"这只能是我自己花园里的果实。"可见"苹果落地"的故事,并非编造出来的神话。

实际上牛顿那时的确一直在思考着引力的问题,也就是行星的运动规律,是否能够用它们之间的引力大小与其距离平方成反比来解释。苹果垂直落地,使他茅塞顿开。

法国伟大的生物学家巴斯德说过:"机遇只提供给有准备的头脑。"

可以相信,6 月的那个日子,在牛顿老家的小果园里,苹果落下来打中的正是一颗"有准备的头脑"。

而假如你向一个顽童提问:"如果苹果落下来打中你的脑袋,你会想到什么?"他八成会说:"咬一口看它甜不甜!"

关于苹果落地的传说,就像伽利略的比萨斜塔自由落体实验一样,成了世界科学史上的一段著名的佳话。

伍尔斯索普庄园那棵苹果树,也像比萨斜塔一样名传遐迩,后来成了参观牛顿故居的人们瞻仰的对象。这棵苹果树结出的苹果名叫"肯特之花",外形有点像梨,味道清淡。到 1820 年时,这棵老树终于死去。它的树干后来被锯成许多段,作为珍贵文物,分别保存在英国皇家学会图书馆等几个地方。

年轻的教授

大瘟疫的噩梦过去之后，剑桥大学恢复上课。1667 年 3 月，牛顿从伍尔斯索普老家返回剑桥三一学院。

在乡间隐居的 18 个月，成了牛顿人生的分水岭。

此时此刻，跨进三一学院拱形大门的牛顿已经"焕然一新"，不可同日而语。但是他丝毫没有张扬自己在家里拣到了"金娃娃"，而是继续深入研究，以确认自己的新发现正确无误。

后世不少研究者对牛顿的缄默感到迷惑不解，不明白为什么等待 20 年之后，也即直到 1687 年，他才在《自然哲学的数学原理》中公布自己的重大发现。牛顿生性内向、谨慎，而且带点神秘感。可以想象，没有绝对把握的事，他是不会贸然宣布的。虽然如此，牛顿已非常清楚自己的地位。

著名的牛顿传记作家韦斯特福尔，曾对牛顿这时的心态做过精彩的分析。他写道：

牛顿已经显示出一代宗师的风范，足以使欧洲所有的数学家由衷地羡慕和敬畏。但实际上，欧洲只有一位数学家，即伊萨克·巴罗知道牛顿的存在。据说，1666 年，巴罗对牛顿的成就也仅仅略知一二。但牛顿的不为人知，并不影响这一事实，即这位不足 24 岁的青年人，虽然没有受过正规教育，却已成为欧洲最出色的数学家。真正举足轻重的人物，也就是牛顿自己，非常清楚自己的地位。他曾研究过诸位大师。他知道，他们各自都有其局限性。而他自己，却已远远地超过了他们所有人。

有史料证明，牛顿研究微积分始于 1664 年秋。当时他在研读笛卡尔的《几何学》时，曾在批注中首创小写的"0"记号，用以表示变数 X 的无限小直至趋于零，以试图寻找最佳的求切线和极值的方法。牛顿批注过的这本笛卡尔的《几何学》，已在剑桥三一学院发现。

牛顿的研究进展很快。据他的自述，1665 年 11 月他就发明了微分法（牛顿称为"正流数术"），翌年 5 月接着发明了积分法（即"反流数术"）。牛顿的这些研究成绩，最初只以手稿形式在少数朋友中传阅，并未公开发表。所幸的是这些手稿被保存下来，其中最重要的一篇是《1666 年 10 月流数简论》，成稿时间是 1666 年 10 月。这证明了牛顿于 1665—1666 年间发明微积分的自述是确实的。1667 年，牛顿返回剑桥大学不到半年，当选为三一学院的研究员。这在三一学院是一个重要的职位，年薪 100 镑，相当可观。表明评议员们对牛顿的印象不错。评议会里有巴罗教授和牛顿的"同乡"巴宾顿先生——就是那位药剂师的妻舅，这关键的两票显然起了作用。1668 年初，牛顿又获得剑桥大学文学硕士学位。他在这座英国最高学府里开始崭露头角。

起初一段时间，牛顿的主要工作是协助巴罗教授修改《光学和几何讲义》。巴罗对光学颇有研究，但他的学术观点有不少是传统的。比如白光是各个方向都清楚的光，红光是被阴影隔断的光，蓝光是稀疏的光等。牛顿不赞成这些观点，在修改中提出不少意见。巴罗教授从善如流，都虚心采纳了。

后来这部专著公开发表时，巴罗在序言中特别提到：

"我们知名的、学识渊博的同事伊萨克·牛顿博士曾通读过本书的初稿，做了必要的修改，并补充了他个人的意见，使本书在许多地方增色不少。"

巴罗对牛顿的赏识溢于言表，牛顿对巴罗教授也很尊敬，师生俩的友谊与日俱增。

1669 年 6 月，牛顿完成了一篇系统的数学论文，题目为《无穷多项方程的分析》。这是一篇独特的数学长稿，阐述了牛顿关于级数展开的研究成果。

牛顿把论文交给了巴罗教授。巴罗看了后大为赞赏，立即写信给皇家学会的秘书奥尔登堡，称赞说：

"这是住在剑桥的一位朋友几天前交给我的一篇文章……这位朋友无疑是研究这个问题的卓越天才。"

细心的读者也许留意到了，巴罗在信中没有透露论文作者的名字。巴罗教授这样做是应了牛顿本人的请求。

据说，促使牛顿写这篇论文的直接原因，是一位名叫墨卡托的丹麦数学家年前出版了一本《对数》。这本书出版几周后，牛顿得到一本。他只读了几页即大吃一惊。墨卡托所写的内容，正是牛顿三年前在伍尔斯索普老家发现的东西。牛顿记录了自己的研究结果，但是没有发表。只有巴罗教授知道这一点。牛顿不甘心自己研究的成果被埋没，于是写出论文，请求巴罗教授匿名发表。他在论文中展开的内容，比墨卡托的《对数》详尽得多。

奥尔登堡很重视巴罗教授的推荐信。不久，巴罗又将论文手稿寄给另一位数学家柯林斯。柯林斯是皇家学会的数学顾问，阅罢论文不禁拍案称赞。他立即将论文提交皇家学会，敦请会员们审阅。同时，柯林斯还将这一成果写信向法国、意大利、荷兰的朋友做了通报。欧洲学术界很快就接受了论文的观点。

直到这时，巴罗才公开了牛顿的名字。26 岁的伊萨克·牛顿因为在数学领域的突破而一举成名。

巴罗教授不愧是牛顿的良师益友，他看出自己的高徒是颗冉冉升起的科学新星，决定再扶他一把。这一年的 10 月，巴罗决定辞去三一学院的卢卡斯讲座，专心搞自己的研究，他推荐牛顿接替自己的教授职位。这个主动让贤的决定是异乎寻常的。

当时巴罗教授只有 39 岁，在学术上如日中天，正是年富力强的时候。而牛顿的科学成果此时尚未发表过。如同前面提到的，牛顿不轻易发表自己的发现有两个原因：一是性格上的小心谨慎；二是追求完美无缺，他总希望万无一失时才公布自己的成果。因此对于牛顿出任卢卡斯讲座教授，学院里颇有阻力。但巴罗教授慧眼识英才，并且力排众议，力陈牛顿是最合适的人选：

"推荐比我更有能力的人担任卢卡斯教授，是我的责任。如果不是这样，我是不能离开这个岗位的。牛顿接任这个职务，是当之无愧的。而且我相信，他会比我干得更出色！"

　　由于巴罗教授的鼎力举荐，1669 年 10 月 29 日，26 岁的牛顿终于接任了卢卡斯教授这个有名望的职位。牛顿的学术生涯由此登上一个新的台阶。他的收入也随之增加了一倍。教授职位加上研究员的年薪，总共 200 英镑，他一下变成了"富人"。

　　牛顿最初给学生开的课是光学。教授光学，应该是牛顿的拿手好戏。这是他最早播种的科学领域，收获颇丰。他不仅通晓光学的所有内容，而且有独到的见解，同时还帮巴罗教授修改过光学讲义。

　　可是牛顿正式开课后，才发觉来听课的学生寥寥无几。

　　牛顿在光学教材中贯穿了自己的研究成果，包括他的光谱和颜色理论。这些都是崭新的东西。也许是牛顿讲的内容太深，或者过于前卫，习惯了剑桥传统教育的学生们很难听懂。加上牛顿的口才也有点糟，内向的人一般都有点木讷。也许小心谨慎和寡言少语的人，天生不是当教师的料。尽管他在台上讲得非常投入，10 个学生之中，至少有 9 个学生在打瞌睡。有的听了一、两节课，就打退堂鼓了。到后来，听课的学生越来越少。

　　亏得教授的薪俸是固定的，要是像一般讲师那样，按听课弟子的多少决定报酬的话，牛顿就惨了！

　　据说有一次，到了讲课的时间，一个学生都没有来。牛顿只得对着空荡荡的教室演讲，唯一的听众就是墙壁！所幸的是，剑桥大学教授规定的课时并不多。牛顿有充裕的时间和自由研究自己感兴趣的课题。这正是当年伽利略所缺少的宽松条件。1610 年 7 月，伽利略草率辞去帕多瓦大学的任职，去佛罗伦萨宫廷任数学和哲学教授，就是为了得到属于自己的时间。那一年伽利略 46 岁，刚发明他的折射望远镜不久。可是伽利略忽略了，佛罗伦萨是个教会的堡垒。他的后半生从此开始伴随着惊涛骇浪。

　　相比而言，牛顿比伽利略幸运多了。因为在剑桥可以呼吸到自由的学术空气。

　　牛顿虽然没有成为被学生欢呼的老师，他每周一次的蹩脚演讲终究还是维持下去了。随着他在学术界的名气与日渐增，来捧场的年轻学子也多了一些。

皇家学会会员

不过，牛顿绝大部分时间还是沉浸在他的科学研究中。他全身心投入实验，到了废寝忘食的程度。平日吃得非常简单，穿着也很随便。他的头发总是乱糟糟的，脚上趿拉一双随时可能穿帮的旧鞋。

牛顿教授的不拘小节，在学院中闹了不少笑话。

据说有一次女仆要他帮着煮鸡蛋，叮嘱他等水开了再把鸡蛋放下去。可是牛顿忘记了时间。最后女仆回来，揭开锅子时，发现里面煮的竟是牛顿的怀表！

还有一次，牛顿请一位朋友到家吃饭。饭菜已经上桌许久，牛顿还猫在实验室里忙着。这位朋友等不及了，自己动手把一只烧鸡撕着吃了，然后靠在高背椅上打起盹儿来。

又过了好一阵子，牛顿才从实验室出来，他叫醒朋友，一面道歉，一面准备入座吃饭。这时他看见了扔在盘里的鸡骨头，便拍着自己的脑门说："哦，原来我已经吃过饭了，真不好意思哟！"这位朋友见状，禁不住捧腹大笑。

这些轶闻趣事虽然不尽可信，但反映出牛顿确是一个十足的科研迷和工作狂。俗话说，工夫不负有心人。牛顿忘我的工作，不久即得到了回报。因为发明轰动一时的反射式望远镜和光学成就，1672 年初，牛顿被选为英国皇家学会会员。

世界上最早的望远镜，是荷兰一个名叫珀希的磨镜工制造的。不过，珀希发明的望远镜比较原始，视野也窄。此后不久，欧洲出现了一些仿制品。但大都比较粗劣，放大倍数不大，影像也模糊不清。绝大多数人都把望远镜当作一个奇巧的小玩具。

是伽利略第一个把望远镜改进成为科学仪器的。

潜心于科学研究的牛顿

1609 年 6 月，伽利略听一个朋友说到"望远镜"的信息。他敏感地意识到了望远镜的科学价值。但原始的望远镜不实用，必须制作出更精密的仪器才行。望远镜的基本原理，是通过凸透镜和凹透镜来聚集物像反射的光线。透镜的尺寸、曲率和光洁度是关键，望远镜管筒的长度和调节也很重要。伽利略反复设计图纸，计算曲率，并亲自磨制镜片。整整一个夏天，他都沉浸在研制新望远镜的狂热里。两个月后，伽利略制造出一种能放大 9 倍的新型望远镜。它被称为伽利略望远镜。

伽利略继续对望远镜改进，把放大倍数一直提高到 20 倍。

后来伽利略把他的发明送到宫廷，架在钟楼顶上。威尼斯大公爵观看了伽利略的望远镜，远在港外的船只就像近在眼前一样，不禁大为惊喜。那些议员老先生们，也争先恐后地排着队来看稀奇。大公爵给了伽利略一笔丰厚的报酬作为奖励。

不久，帕多瓦大学聘请伽利略为终身教授。伽利略的薪水也增加了一倍。这是望远镜给这位巨匠带来的第一个效益。伽利略并不在乎"终身教授"的头衔，他把神奇的望远镜对准了星空，窥测宇宙之秘。结果他发现了木星卫星、太阳黑子、银河星系、金星盈亏等一系列现象，为人类揭开了宇宙神秘的面纱！伽利略因此被誉为"天空的哥伦布"。

到后来，伽利略的望远镜倍率提高到了 30 倍。几十年间，一直是全世界天文观测的主流仪器。不过，这种望远镜由于是通过透镜折射来聚焦光线的，存在明显的缺陷。从望远镜中看到的东西，带有颜色光圈，而且影像边缘模糊不清。这就是通常所说的"色差"和"球面像差"。

有不少科学家都在想办法如何改进伽利略望远镜，其中包括伽利略的学生卡瓦里利，还有荷兰的惠更斯、意大利的祖基、法国的默森等人，但是都没能奏效。

唯有牛顿成功了！

牛顿倚仗的是两条：一是他有自己的光学理论做指引，不是盲目试验；二是他从小练就了做精细实验的超群本领。他的小机械模型，他的风车，还有他的水钟和那些独特的日晷，都是大手笔之前的操练，是一种伟大发明的铺垫。

牛顿根据自己对光学的深入研究，分析了球面透镜产生色差和像差的原因。光线通过球面透镜的情况，实际上和通过三棱镜时一样，会发生色散现象。这时因为不同颜色的光，在通过透镜时折射的程度不一样。因而从物体表面一点射入望远镜的光，在透镜后就不会再会聚成一点，而会散射成色带，并且造成物像模糊。

牛顿认为，这种缺陷在折射望远镜里是不可避免的。镜头磨制得再精密，也无济于事。于是他决定另辟蹊径，寻找一种能够避免色差的新模式。

经过反复的思索，牛顿从逆向思维想到：能否把望远镜的原理从折射式改成反射式呢？他分析，利用光的反射，有可能消除折射式望远镜的色差。因为根据光学原理，在光的反射中，所有光线的入射角都等于反射角。因而从物体表面一点射出来的光，不管含有多少颜色，经反射之后也不会散射开来，这就避免了色差现象。只要找到一种合适的材料，精心做成球面，并把表面磨得像镜面一样光洁，那代替玻璃透镜的反射镜不就做成啦！根据这个思路，牛顿提出了反射式望远镜的设计方案。选试材料和精磨镜面的工作是非常复杂的。包括反射镜的大小尺寸、形状都非常讲究。经过许多个不眠之夜，到 1668 年年底，牛顿终于制成第一架小型反射式望远镜。

这是一架很精致的小望远镜，孔径只有 2.5 厘米，管长 15 厘米。装在一个球形小座上，看上去就像一架精巧的玩具。

牛顿用一个金属凹面镜代替玻璃透镜作物镜，远处的平行光束经凹面镜反射后，在焦点处形成一个缩小的倒立物像。焦点附近有一块小平面镜，把这物像反射到旁边的目镜。通过目镜，就能看见放大了的远处的物体。

牛顿的这架小望远镜，可获得放大 40 倍的物像。由于克服了色差和球面像差，其性能远远超过了伽利略的折射式望远镜。牛顿用它观测天体，清楚地看见木星的 4 个小卫星，还观测到金星的圆缺，而且物像的清晰度，是当时任何折射式望远镜都比不上的。

牛顿的新型望远镜是带有革命性的。这一发明轰动了三一学院。消息传到欧洲大陆国家，虽然那些科学界的同仁们还不大相信，但他们意识到，很可能一个像伽利略一样的巨人在他们之中产生了。

英国皇家学会听说牛顿的新型望远镜后，特地致函牛顿，要求他送一台样机到伦敦检验。于是牛顿重新制作了一架性能更好的望远镜，于 1671 年送给皇家学会。这是当时世界上性能最好的望远镜了！有意思的是，伽利略 60 年前的奇遇，如今又在牛顿身上重演了。这架望远镜先是引起皇家学会精英们莫大的兴趣，继而又送进皇宫展览，国王查理二世把玩了半天，竟然爱不释手。

牛顿设计的反射望远镜

牛顿的这件杰作，至今还保存在英国皇家学会的图书馆中。台座上写着："牛顿爵士发明和亲手所造世界第一架反射望远镜。"

顺带说一句，牛顿断定透镜的色差不能消除，其实是个小小的失误。后来有人用两种色差可抵消的玻璃组合成透镜，解决了这一难题。不过这个"失误"导致牛顿另辟蹊径的结果，却获得极大的成功。今天世界上最先进、最现代的天文望远镜，基本构造都和牛顿的反射望远镜一样。饶有趣味的是,那些淑女、大兵和球迷们用的各式望远镜,原理却都是伽利略折射式望远镜。

仅这一点,就证明牛顿的确要技高一筹。

由于发明反射望远镜的成就和影响,1671年12月,牛顿被提名为英国皇家学会候补会员。年轻的牛顿获悉这一消息,感到非常兴奋,特地给皇家学会秘书奥尔登堡写了一封信致谢。

牛顿在信中写道:

我发明的这架望远镜,得到皇家学会的承认,是我始料未及的。事实上,连我本人也没有意识到它的价值有这么大。

这一次被推荐为皇家学会候补会员,本人深感荣幸。为了表达我的谢意,我愿意把自己研究的一篇论文提交学会,尽管它的内容是肤浅的……

事隔不久,1672年1月11日,牛顿当选为皇家学会正式会员。这在当时是极高的荣誉。29岁的牛顿从此走进英国科学界的最高层圈子,走进了黄金殿堂和是非的漩涡。

英国皇家学会成立于1662年,是一个享有崇高威望的自然科学团体。会员中有一些卓越的科学家和重要人物,比如著名化学家波义耳、物理学家胡克、数学家沃利斯以及伦敦圣保罗大教堂的设计人雷恩等,都是皇家学会的核心人物。

皇家学会的前身,是一位名叫格雷山姆的伦敦实业家创办的学院。这所学院以他的名字命名,讲授算数、几何、天文和航海等课程,主要培养英国的海军人才。后来这里成了英国的学术中心,一些最优秀的科学家云集于此,从1645年起定期聚会,名为"哲学会"。实际就是皇家学会的雏形。1660年由雷恩等人提议成立皇家学院,得到全体成员赞同。国王查理二世为标榜扶持科学,于1662年颁发特许状，命名为"以促进自然知识为宗旨的皇家学会"。据说这是世界上第一个学会。英国皇家学会的成立，对于促进英国和欧洲的科学发展，起到了举足轻重的作用。

皇家学会的章程，出自胡克的手笔。当时他年仅 27 岁。学会的宗旨为："通过实验增进关于自然事物的知识，改进一切有用的技艺……发掘那些失传的技艺和发明；鉴别古今所有著作家关于自然、数学、机械，关于发明、设计或实用的东西的体系、理论、假说、原则、原理、历史和实验，从而综合成一个完整实在的哲学体系，来解决自然或技艺的一切问题。"

1672 年 2 月 6 日，牛顿在当选为皇家学会会员后，受到激励，为表示自己的感谢和诚意，把给奥尔登堡信中提到的光学论文寄给了皇家学会。这就是那篇名噪一时的《关于光和色的新理论》。

《关于光和色的新理论》是牛顿的第一篇光学论文，总结了他用三棱镜研究光和颜色的重要成果，对白光的组成、颜色起源等提出了崭新的科学解释。论文中还谈到这些发现在研究反射式望远镜中的运用。这篇论文的观点明晰，结构紧凑，论述十分严密，被后世称为"科研文献中的一篇经典著作"。

奥尔登堡读了牛顿寄来的论文，不禁击掌称好。这位有眼力的秘书认为论文所揭示的光的本性，其意义之重大，甚至超过了牛顿发明的反射望远镜。他立即将论文在 2 月 19 日的学会会刊《哲学会报》第 80 期上刊出，并组织学者对论文进行评议。

出乎奥尔登堡和牛顿意料之外的是，论文引起了激烈的争论。它给牛顿带来的声誉和麻烦不相上下，甚至更多的是烦恼。

光与颜色之争

牛顿在皇家学会就论文内容做了一次演讲。

在这次会上，牛顿见到大名鼎鼎的物理学家胡克，并同他进行了交谈。这是牛顿同胡克的第一次会面，交谈比较拘束。牛顿本来就不善言辞，加上胡克的态度矜持，给人有点居高临下的感觉。所以两人谈得并不投机。

胡克认为自己是光学权威，对于牛顿的理论给予了很大的保留。他声称牛顿的论文只是一种"假说"。另外，牛顿在论文中提到胡克的《显微术》一书，对书中谈到的一个"出乎意料的实验"做了解释。胡克也颇不以为然，认为这是在班门弄斧。

胡克

牛顿对胡克的话不能苟同，交谈最后变成了交锋。从这一次会面之后，牛顿和胡克成了学术上的劲敌，两位伟人从未握手言欢过。

胡克的家乡在英国南部怀特岛，他 1635 年生于一个牧师家庭，比牛顿大七岁。胡克小时候体弱多病，得过天花，所以他脸上留下稀疏的麻子。胡克毕业于牛津大学，对物理学的造诣颇深。年轻时，胡克曾给英国著名物理学家波义耳做过助手。胡克心灵手巧，聪慧过人，他制造的风速计、雨量仪和气候钟等仪器，都独具一格。

胡克在自然科学领域有诸多贡献。在生物学上，他首创了"细胞"一词；在力学上，他发现了后来以他的名字命名的弹性定律——胡克定律；胡克对光学也颇有研究，他在《显微术》一书中，提出了著名的光的干涉概念，后来成为光的波动说的依据。胡克认为，颜色的起源和光的本性，在于光在介质中的高速振动，颜色取决于光的脉冲现象。对于牛顿主张的光是粒子流的论点，他自然会给予充分的抨击。胡克还是英国皇家学会的主要发起人。皇家学会的章程就是他负责起草的，而且担任总干事。

可以想见，牛顿遇到这样一个重量级的权威对手，将承受多大的压力！胡克对他的光学理论进行了几乎是全面的否定，无论是光谱说、微粒说，还是颜色理论，都被胡克说成是哗众取宠的"无稽之谈"。他嘲笑牛顿的观点说："所谓这一切组成颜色的任何东西，都是起源于简单的光线之中。这一点为什么必须加以肯定，我不理解，就像我不理解我们听到风琴管发出的声音，就一定是风箱里的空气发出来一样。"

事实上，在牛顿随后的科学生涯中，胡克一直是他最大的克星。

这一年，巴罗教授的学识和贤德的人品得到回报，他被英王查理二世任命为三一学院的院长。英王称赞巴罗是"欧洲最优秀的学者"，不可多得的人才。

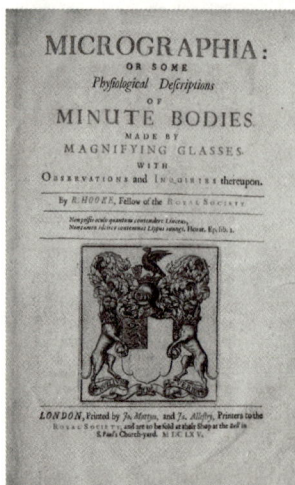

胡克《显微术》封面

巴罗重返三一学院，而且荣任院长，给牛顿带来一阵欣喜，也增强了他的后盾。不过巴罗的威望和权力只限于剑桥的校园内，对皇家学会他不能指手画脚。牛顿满腹的委屈，只能向学会秘书奥尔登堡倾诉。

牛顿写了一系列长信给皇家学会秘书奥尔登堡，申辩自己的观点。在一封给奥尔登堡的信中，牛顿针对胡克的批评辩解说：

"我在对这些有关颜色的命题提出证据的时

候，接下来就说到，这些证据是从实验来的，所以只能是物理的，因而这些命题本身只能被视为一种科学的物理原理。"

他不承认自己来自实验的证据只是"假说"。

在另一封信中，牛顿写道："因此假说只应该用于解释事物的一些属性，而不能用以决定它们，除非它能为之提供一些实验。"

在牛顿和胡克往来的通信中，则是充满着火药味。两位学者互相指责，谁也不向对方低头。

一篇带有革命性的论文，由于它的标新立异，开始往往难以得到认同。除了胡克的批评，牛顿的光学论文在欧洲也遭到非议。

法国一位有名的自然哲学教授帕底，居然曲解了论文的大部分内容。这位老学究在《哲学会报》上撰文，对牛顿的七色光谱提出了质疑。他断言无数不同折射率和颜色的光线混合在一起，产生的颜色不应该是白色，而是深暗色。

另一位伟大的物理学家——荷兰人惠更斯，此时正好在巴黎从事学术研究。这位蓄着披肩卷发的大师，对光学研究有很深的道行。他也不赞成牛顿的观点。

在惠更斯看来，黄色和蓝色是基本颜色；要组成白色只需黄、蓝两色就足够了，并不需要彩虹的七种颜色。这和胡克的观点大同小异，胡克认为红、蓝两色是基本色。不过惠更斯也善意地指出了，牛顿的实验是出色的，但关于光的本性解释存在着不完善之处。

牛顿很敬重惠更斯，称他为"德高望重的惠更斯"。但他认为必须捍卫自己的观点。

牛顿在《哲学会报》上陆续发表文章，反驳这些异议，解释自己的观点。牛顿指出，要想用黄色和蓝色组合成所有颜色，是徒劳无益的。他相信自己的实验结果，并宣称说："谁要是能用实验把这两种颜色组合成白色，我甘愿承认自己犯了错误。"

惠更斯

谁也不能做到这一点。

但是牛顿的理论仍然得不到反对派的理解。

在连续两三年时间里，论文引起一系列争论。牛顿逐渐失去耐性，也失去风度，变得烦躁起来。辩论的文章和信件中常常带着情绪化色彩。惠更斯看出这一点，觉得牛顿太投入了，再纠缠下去没有益处，于是大度地退出了这场争论。

不过另外的论敌并不轻易鸣金收兵。连比利时的物理学家也站出来，反对牛顿的颜色理论。看见自己面对这么多强大的论敌，牛顿颇为懊悔。但是树欲静而风不止。牛顿发觉自己被卷入一个无底的颜色漩涡之中。

他变得很胆怯，神经敏感，不喜欢抛头露面，对自己的工作和名声又很看重。总之，这位初出道的天才有一种遍体鳞伤的感觉。

对这场持久的争论他感到厌倦极了。在给奥尔登堡的信里，牛顿心灰意冷地写道：

"我打算不再关心哲学事务，所以我希望您如果发现我不再做这种事时不要埋怨我，或者我宁愿您对阻止会与我有关的反驳或其他哲学信件。"

牛顿与胡克的论争延续的时间更长。

最后牛顿妥协了。他与胡克约定，以后双方都不把对方的信件公之于众，也不再恶语相向，以免伤了和气，影响交流。这实际是一个停火协议。胡克同意了。

在给胡克的回信中，牛顿写道：

"笛卡尔所做的是搭了一架好梯子，你在很多方面都把梯子升高了许多，特别是把薄膜的颜色引入哲学思考。如果我看得更远些，那是因为我站在巨人的肩膀上。"

这就是牛顿那段非常著名的话，后来成了传之后世的名言。

这话表示了牛顿对胡克的一种礼仪上的友善，半是恭维，半是划清界限。牛顿称赞了胡克在诸多方面的贡献，但又暗示道笛卡尔是搭梯人，胡克升高了梯子，但胡克并不是巨人。而牛顿自己，则是站在比梯子更高的巨人的肩上。

好一个谦虚而又自豪的牛顿！

1675年，惠更斯终于承认了牛顿的光学实验成果。这对牛顿是一个不小的鼓励。这时，他向皇家学会提出了第二篇光学论文。论文题目为《薄膜中的光学现象》，内容就是著名的"牛顿环"现象。

阳光下的肥皂泡和其他薄膜上有斑斓的色彩，胡克曾经描写过这一现象。牛顿经过深入观察，发现在光照下，薄膜上除了色彩，还会出现明暗相间的条纹。这引起了他的浓厚兴趣。

牛顿用一个精磨的曲率半径较大的凸透镜的凸面，压在一个光洁的平面玻璃板上。在日光照射下，可以看见中心的接触点是一个暗点，它的周围则是明暗相间的同心圆圈。牛顿对这些环圈的距离和宽窄做了仔细测量，离中心越远，环圈的间距越窄。他还精确绘制出环圈的色序分析图。牛顿的长处是，抓住一个问题，锲而不舍，非搞透彻不可。胡克则往往是四面撒网，浅尝辄止，所以他永远逮不住大鱼。

不知胡克看了这篇论文作何感想。尽管牛顿的这个研究题目，是受了他的肥皂泡启发，但后世称这个发现为"牛顿环"，而非"胡克环"。这一回合牛顿又拔得头筹。

但牛顿对那场光与颜色的争吵心有余悸，非常谨慎，没有再发表其他有关光学的文章。也就在这一年，牛顿的三一学院研究员七年任期届满。这样一来，牛顿将面临一个难题。

根据三一学院的规定，研究员七年任期满后，即使已经当了教授，也必须接受神职。尽管牛顿是一个虔诚的天主教徒，但他不愿意做一个无聊的教士，让自己的生活完全被宗教束缚。而且教士的收入很低，这个神职既不实惠，又没有什么可炫耀的。但是拒绝接受神职，这在三一学院是绝无先例的。

牛顿左右为难之际，去向恩师求计。

"巴罗院长，我想来想去，都不能接受神职。"牛顿痛苦地说。

"大家都要走这一步呀，为什么？"巴罗问他。

"也许别人应走这条路，但我愿意更好地侍奉上帝，我要用自然哲学上的研究来证明上帝的存在。"牛顿说得振振有词。

巴罗很理解牛顿的心情，经过一番斟酌，他建议牛顿给英王查理二世写一封信，申请不担任神职。

这一次又是巴罗帮了牛顿的忙。由于牛顿的理由既虔诚又冠冕堂皇，他的请求居然被查理二世特许批准。牛顿因此一辈子都没有做过教士。不过也是他，为了"证明上帝的存在"，后来把自己一生中至少三分之一的时光都耗费在研究神学上了。

这个时候，牛顿暂时放下手头的物理和数学课题，转而潜心研究"炼金术"。

炼金术是化学的先驱。但炼金术士却大多不是化学家。他们更像巫师和耍魔术的人，用"点石成金""长生不老"等鬼话惑众。

皇家学会的元老、化学家波义耳曾嘲笑说：

"炼丹术士就像所罗门塔希施船队的船员，他们带回来的东西，不仅有黄金、白银和象牙，而且还有可笑的猿猴和孔雀。他们的理论就像孔雀开屏一样，既不可靠也无用处……"

牛顿很佩服波义耳，他也知道那些庸俗的炼金术士靠不住。

不过牛顿要探寻的是化学领域的奥秘。牛顿读中学寄宿药剂师家时，常在摆满瓶瓶罐罐的药房里观看克拉克调制药品，对化学实验萌生了浓厚兴趣。到三一学院后，他阅读了大量关于炼金术的书。那时化学还处在襁褓中，没有什么成熟的理论。牛顿显然希望，自己在这块处女地上能有所发现。

波义耳在自己的家里建了一座化学实验室，还雇了技师，不知牛顿去参观过没有。从剑桥去伦敦，要坐着木轮马车，在坑坑洼洼的泥泞小路上颠簸老半天。他很少去那里。

牛顿在自己的实验室里，日复一日地埋头研究炼金术的秘密。他烧制了许多玻璃器具，包括曲颈瓶、烧杯、试管和蒸馏器等，一应俱全。还有各式各样的坛坛罐罐，以及各种颜色的溶液。

牛顿设计了一个又一个实验。但是他的运气不佳，苦心研究了几年，最终却是一无所获。大约上帝事先已有安排，牛顿终未成为化学家。

1677年，牛顿敬爱的老师巴罗教授去世。终年只有47岁，这正是一个科学家成熟和辉煌的年龄。整个英国科学界都为之悲痛，牛顿难过的心情更是难以言表。

打击接踵而来。友好厚道的皇家学会秘书奥尔登堡不久也病故了。这个重要职务由牛顿的"死对头"胡克接任。

牛顿的研究情绪低落。他感到一种从来没有过的孤独。

1679年6月，牛顿接到母亲病危的通知。这个意外的变故使牛顿走出了歧途。

重返力学沙场

牛顿匆匆赶回林肯郡老家，母亲汉娜躺在床上，已经奄奄一息。这位操劳一生的农妇拉着牛顿的手，慈祥地看了他最后一眼，然后撒手而去。她一定觉得当初让牛顿继续读书的决定是对的。

母亲去世后，在几个月的时间里，牛顿一直忙于料理遗产和庄园的事务。作为长子，他是遗产的主要继承人和遗嘱的执行人。同母异父的弟弟本杰明·史密斯也是庄园的继承人。但本杰明人太年轻，缺乏经验，大家对他管理庄园很不放心。于是牛顿只得留下来，亲自主持庄园里的事。这段时间，他没有精力和闲情再去思考炼金术的问题。或者说是母亲的去世，令他走出了低谷。牛顿醒悟了应该中断自己的无效举动。

待牛顿找到可靠的人管理庄园，返回剑桥时，他就和"炼金术"这神秘玩意儿彻底拜拜了。

牛顿决定改弦易辙，另选课题和方向，再次拼搏。

于是，回到剑桥不久，他便杀了一个"回马枪"，恢复搁置了十几年的力学研究。恰好这时，胡克做出了一个友善的姿态。这位劲敌主动给牛顿来信，表示愿意捐弃前嫌，和他修好关系。胡克在信中顺便提到自己新发表的一篇文章，问牛顿看法如何。在这篇文章中，胡克指出，行星运动是由轨道上的切线运动和指向中心物的吸引运动复合而成的。这是一个很有价值的观点。

胡克的这封信，寄自 1679 年 11 月，当时牛顿还在伍尔斯索普庄园。待牛顿回到剑桥后，才意外地读到胡克的来信。他立即回信，对迟复致歉，并承认自己很久没有思考"哲学问题"了。

不过对方的盛意难却，牛顿在回信中提出了一个讨论题目。他认为，一个从高塔顶上自由落下的物体，由于受地球自转的影响，不会是直线下落，而会沿着一条螺旋线轨迹运动，最后落在塔底稍微偏东的地方。伽利略的比萨斜塔落体实验，证明了两个轻重不同的铁球同时落地。牛顿设想的这个实验，是想证明地球在自转。

可是他犯了一个错误。就是所谓的"螺旋线轨迹"。

错误的原因也许并不是粗心大意。一个可能是牛顿久未操练力学，技艺的确有些生疏了；第二个可能是，他 10 多年前在伍尔斯索普庄园的发现，还不到瓜熟蒂落的时候。这也是牛顿迟迟未发表力学论文的一个原因。

老练的胡克看出了牛顿的破绽，不禁大喜。

"哦！我终于逮住你的尾巴了。"他好不容易抓住了牛顿的漏洞，那种得意和惊讶，就像伽利略当年发现了太阳表面有黑子。

自然，胡克没有忘记指点牛顿错出在什么地方，以示他高人一筹的水平和前辈的地位。在 12 月 9 日给牛顿的回信中，胡克指出："按照我的圆周运动理论"，在没有阻力的情况下，从塔顶落下的物体不会按牛顿所说的"螺旋线运动"，"而毋宁是一种椭圆的轨迹"！其理由是，物体在塔顶被释放时已经获得一种胡克正在研究的切向运动。这和开普勒的椭圆形运行轨道是一致的。

这说明胡克也一直在思考引力问题，而且研究得相当有深度。从另一方面也表明了，牛顿的引力理论这时还只是半成品，尚未到炉火纯青的地步。两人的水平仅在伯仲之间。事实上胡克对牛顿也有启迪作用。这一点不可否认。

牛顿读了胡克的回信，心诚悦服地承认了自己的失误。

他在给胡克的第二封复信里，表示赞同胡克的意见，承认如果重力是不变的，物体下落的轨迹将不会是螺旋线。但牛顿认为"物体不会描绘出椭球面"。

牛顿没料到，他这次又出了错。这就是他的推证前提，是假设重力等于常数。胡克再次回信，不客气地指出他的错误。胡克说，他个人认为，重力是按距离平方成反比变化的。

这一个回合，胡克的观点显然完全占了上风。

不仅如此，胡克还利用自己学会秘书的职务之便，在皇家学会上公开了他和牛顿的信件。这下子，他痛快地报了在光与颜色之争中被牛顿讥讽的一箭之仇。这些信件，后来成了胡克同牛顿争辩引力理论发明权的依据。由于这个做法破坏了他和牛顿之间的君子协议。牛顿十分恼火，好在还是忍住了怒气。他山之石，可以攻玉。这也促使牛顿进一步深入地研究引力问题。不过后来牛顿一直不承认胡克拥有引力理论的部分发明权，恐怕与此有关。

这回该轮到牛顿反攻了。

牛顿充分地显示了自己深厚的数学功底。他指出胡克关于椭圆的讨论论据不足，破绽百出。并且教训对方说，在物体受变化的引力作用时，它的运行轨道不是单一固定的椭圆，而会出现复杂的相应变化。

胡克看了牛顿的信，暗暗吃惊。

"这剑桥卢卡斯讲座的教授，的确不是等闲之辈哟！"胡克本人是牛津大学的高才生，对剑桥大学一贯有点居高临下。

但是胡克在答复时却故意淡化说，牛顿提的只是个"微不足道的小问题"。胡克随即提出了一个更大胆的见解：物体受到的引力应与距离平方成反比关系。这次他给出了一个数学推导。其方法取自伽利略的运动定律和开普勒的行星运动规律。

牛顿读了信，大为震动。胡克触及的正是他一直在思考而没有想到的问题。对了，应该想到开普勒定律！

胡克想到了这点，可是他只蜻蜓点了下水，并未抓住要害。所以这位大学者虽然出语惊人，但他的推导却仿佛一座没有钢筋的大厦，一推就倒。毕竟伽利略和开普勒两位巨人站得太高，胡克只能望其背项。而未见其庐山真面目。

　　牛顿中止了同胡克的"讨论"，立刻沿着新的思路进行自己的推导。在大瘟疫时，牛顿曾发现过"引力同距离平方成反比"的关系。但他在计算月球和地面上的物体时，得出的数据与实测值出入较大。所以推导结果一直锁在书桌里。现在，牛顿决定重新进行一次演算。他估计原来计算时，地球的半径也许不准确。于是查阅了各种文献，最后找到皇家学会几年前发表的新数据。用这个准确的数据重新计算，结果，算出来的理论值与实测值完全一致！他从开普勒定律出发进行推导，并运用了自己发明的微积分和极限的概念，推导过程十分复杂，这是胡克望尘莫及的。

　　牛顿终于成功了。他高兴得彻夜难眠。

　　在地球上吸引苹果、石头的力，和使月球围绕着地球旋转的力是相同的。这些力都与距离的平方成反比！

　　从地球上的小物体到茫茫宇宙的各种天体，都是遵循着统一的规律在运行。

　　整个宇宙保持着多么美妙的协调关系啊！

　　10 多年萦绕在牛顿心头的疑难，得到了答案。不过牛顿并不急于发表，这是他的老脾气了。他把推导结果收好，又放进了书桌抽屉里。如果不是年轻执着的哈雷后来再三敦促，这些记录可能会永远被尘封起来。

　　胡克和牛顿这场有关引力的学术通信拉锯战，是一次波涛迭起、精彩绝伦的科学交锋。这不是巨人和小人之争；而是两个巨人之争。因为毕竟胡克也是一位卓有建树的伟大科学家。

　　另一方面，这些交锋激励了牛顿的深入研究，专注的思索。应该说，胡克的提示帮了他的大忙。事实上，胡克给牛顿架了一条很长的"梯子"。牛顿登上梯子顶端，再往上一跳，就站在巨人的肩上了。

　　区别就在于，胡克只晓得永远站在梯子的旁边吆喝。

哈雷来访

1684年1月的一天，在伦敦，有三位学者举行了一次很轻松的聚会。聚会的准确地点已无资料可考，也许是在一座普通的咖啡馆，也许在皇家学会的小屋里。但正是这次随意的会晤，后来成了科学史上的一次历史性的聚会。

这三位学者，喝着香醇的咖啡，侃侃而谈。

说话嗓门很大，气度不凡的一位，是大物理学家、皇家学会秘书胡克；谈吐风趣，嘴角挂着微笑的长者，是天文学教授雷恩，另一位是年轻有为的天文研究者哈雷。桌上的气氛十分亲切。

三位谈友中有两位是天文学家，他们的话题自然离不开宇宙和行星。哈雷是天文学界的新秀，当时还不是很有名气。他就是那个后来预言1531年、1607年、1682年看到的彗星1758年将重现的天文学家，那颗彗星最后以他的名字命名，这就是著名的"哈雷彗星"。哈雷是伦敦人，从小爱好天文，牛津大学毕业，算是胡克的小学弟。因在南半球观测编制350颗恒星的星表成绩，22岁时成为英国皇家学会最年轻的会员。对引力的研究他也一直很有兴趣。

"我仔细研究了开普勒第三定律，"哈雷呷了一口咖啡，饶有兴味地说，"发现其中大有奥妙。"

"哦，什么奥妙哟？"雷恩教授瞅了他--眼。

开普勒在研究行星运行时，发现了一条重要的规律：行星公转周期的平方与它同太阳距离的立方成正比。这就是开普勒第三定律。开普勒是根据第谷留下的大量天文观测数据，经过9年的不倦探索，统计出这一规律的。开普勒当时曾狂喜地写道："现在我终于揭示出它的真相。能认识到这个真理，超出了我最美好

当时伦敦的咖啡馆

的期望！大功告成，书已写出来了，可能当代就有人读它，也可能后世才有人读……这我就管不着了。"哈雷在研究开普勒的第三定律时，得出一个结论，就是引力是和距离的平方成反比的。

"还不是平方反比关系嘛！"胡克插言道，显得洞悉一切。

"您也知道？"哈雷惊奇地望着胡克，困惑地说："可是怎么证明这点呢？"

看来当时的学者大都确信存在一种与距离平方成反比的力，这叫英雄所见略同。

可是要证明这一点，却没有一个人做到。哈雷也不能证明这点。在三人聚会时，哈雷把这当作一个问题提了出来。

"这倒是个很有趣的问题。"雷恩教授说。

在三人之中哈雷年龄最轻。当时哈雷只有28岁，胡克49岁，雷恩52岁。雷恩

哈雷

也是个很有意思的人物，他的职业是天文学教授，但是精通建筑，是英国首屈一指的大建筑师、伦敦圣保罗大教堂的设计人，1666年伦敦大火后重建伦敦城的主设计师也是他。雷恩还是皇家学会的元老之一，和胡克交情颇深。

"那在引力与距离的平方成反比的规律下，行星会以怎样的轨道运动呢？"哈雷又问。

"这个嘛，"胡克眨眨眼，煞有介事地说，"我已做过完美的证明，是椭圆……"

"啊，太好了！胡克先生，您是怎么证明的？"哈雷兴奋地叫到。

"唔，"胡克停了停，诡谲地一笑说："现在还不能公布，我愿给其他人提供一个尝试的机会。"

哈雷瞅着他，有点半信半疑。

雷恩也不大相信，微笑着戏称道："如果有人在两个月内给出证明，我愿出40先令作为奖励。"

"我会告诉你结果的！但不是现在。"

胡克仍然坚持说自己能。但后来他始终没有拿出证明来。

有人猜测，实际可能是胡克拿不出计算结果来，因为这位大学者有喜欢讲大话的毛病。但也不排除胡克确实证明了这个问题。5年前他就提示过牛顿，重力是按距离平方成反比变化的，甚至还提到了"椭圆的轨迹"。如果是这样，那胡克把证明秘而不宣的做法，无疑是一生中最大的错误。

两个月过去了，雷恩的悬赏没有结果。

又过了两个月，哈雷等不及了。于是，1684年5月哈雷专程去剑桥拜访牛顿，向他请教。

哈雷的来访，给牛顿的寓所带来一股清风。

"好久不见先生啰！"哈雷首先问候道。

"我不常去伦敦。"牛顿淡淡地说。

牛顿平日参加皇家学会的活动不多，尤其是胡克继任学会秘书后，他更少去了。

"可是先生的气色不错呵！"哈雷亲切地说。

"是吗？"听见恭维，牛顿笑起来。"你来剑桥有什么事哟？"

"我是专程来这里向先生请教的。"哈雷恭敬地说。

"哦，是什么问题？"牛顿扬了扬眉头问。

牛顿对哈雷的来访显然是高兴的。这位青年学者厚道热诚，充满活力，牛顿对他的印象不错。

"根据开普勒第三定律，天体运行的引力似乎应和距离的平方成反比，不知先生的看法如何？"哈雷切入谈话的主题。

"那是对的。这就是平方反比关系嘛！"牛顿的回答竟和胡克完全一样。

"那么，先生！"哈雷十分兴奋，穷追不舍地问道："如果反过来，假定引力和距离的平方成反比，那么行星运行的轨迹应该是什么曲线呢？"

"应该是椭圆。"牛顿立即回答说。

雷恩

哈雷听见"椭圆"两字，一下怔住了。

"您怎么知道的？"他惊喜得两眼闪闪发光。

"我做过计算。"牛顿答道，态度很平静。

"哦！先生能否把计算结果给我看看？"哈雷竭力克制住内心的激动。

"这没问题。"牛顿说着，起身打开一个抽屉，在里面随意翻找起来。

哈雷更加惊异了。如此伟大的科学发现，牛顿教授竟然随便放在抽屉里！他像关注魔术师的宝盒似的，紧盯着抽屉里面。

牛顿忙乱地翻了一阵，似乎没有找到。牛顿要找的底稿，就是5年前受胡克提醒写的那篇论文。

"你瞧，没有找到。"牛顿耸耸肩头，歉意地说："我下次给你寄去吧。"

"那要等多久哦？"哈雷脸上露出一丝失望。

"我可以重新计算一遍，"牛顿胸有成竹地说，"三个月吧，怎么样？"

"那好，咱们就一言为定了！"哈雷惟恐煮熟的鸭子又飞了。

"一言为定。"牛顿点头。

话虽这么讲，哈雷心里还是不怎么踏实，虽然他也知道牛顿为人严谨，是从不随便讲大话的。但是这个证明实在太重要了！

牛顿的外甥女婿康多特先生，后来记录了这次会面的情形。他写道：

1684年，哈雷博士到剑桥拜访他。他们寒暄了几句，博士就问他，如果行星受到太阳的引力作用，引力与它们之间距离的平方成反比，那么行星的轨道曲线应该是什么形状？伊萨克爵士不假思索地回答说，是椭圆！博士大吃一惊，又高兴又迷惑，问他是怎么知道的。他回答说他已经算出来了。博士马上请求看看他计算的论文。伊萨克爵士就在纸堆里找那篇文章，但却找不到。于是，他就允诺说他再写一遍，然后给哈雷寄去。

三个月后，哈雷不等牛顿寄稿，再次亲自到剑桥登门造访。

牛顿履行了约定，交出一篇9页的计算结果给他——这就是那篇著名的《论运动》（全名为《论在轨道上物体的运动》）。

在这篇论文中，牛顿完成了发现引力平方比定律的关键步骤；并且证明了，在与距离平方成反比的引力作用下，物体的轨道是椭圆。更重要的是，牛顿还得出了一个更普遍的结论：平方反比作用力使物体沿着圆锥曲线运动，椭圆只是圆锥曲线的一个特例。如果物体的速度超过一定限度，运动轨迹可能是抛物线或双曲线。这篇《论运动》，就是后来牛顿的辉煌巨著《自然哲学的数学原理》的前身。

哈雷读了《论运动》，赞叹不已。

他多年来苦苦探寻的科学难题，终于在牛顿这里找到圆满答案。牛顿不仅解决了天体运行的动力学问题，而且提示了一个更带普适性的基本原理。天上的行星和地面的物体，可能遵循同一个规律在运动。实际上牛顿提出了一个建构新世界体系的方案。

这简直是一个伟大的奇迹啊！哈雷这种激动欣喜的感觉，就像这是自己发现了新大陆一样。

故事并没有到此结束。哈雷意识到自己发现了一座壮丽的冰山，而《论运动》只是这座冰山露出海面的一角。于是哈雷鼓动牛顿把他的力学研究成果整理出"全书"出版。

但是牛顿没有被他说服。

"这些重要发现不公布于世，太可惜了！"哈雷怂恿道。

"我不打算发表尚未成熟和未完成的东西。"牛顿坚持说。

哈雷知道，这是牛顿的一贯作风。但是他并不退缩。

"先生，我有一个宏大的计划。"哈雷灵机一动，耍了一个小花招说："我正在准备出版一本大部头书，汇集朋友们私下提出的各种观点，我认为先生的著作是最佳选题。"

牛顿没有吭声。

"而且，"见牛顿没表态，哈雷一脸的虔诚说，"这本书我愿意出资印刷并亲自督校。"

"是吗？"牛顿似有所动。

哈雷的才干和人品他信得过，但是出版哈雷策划的专著就像作家出全集一样，有点盖棺论定的意思。他仍有点犹豫。

机灵的哈雷看出这点，立即趁热打铁，连哄带诓地说："先生，此事务必要当机立断哟！否则其他人可能捷足先登，那就后悔莫及啦！"

牛顿想起了15年前墨卡托《对数》一书的前车之鉴。

"好吧，"牛顿终于被说服了，他问哈雷："你要我怎么做？"

"让我把您这几十年发掘的科学宝库公布于世。"哈雷兴奋得脸上红光焕发。

"行。"牛顿一诺千金。

是哈雷杰出的公关才能，或者说是他的机敏和诚意，最后打动了牛顿。牛顿向哈雷承诺，他将全身心投入把自己最重要的科学发现整理成书。这就是两年后写成的划时代巨著《自然哲学的数学原理》。

年轻的哈雷实际成了《自然哲学的数学原理》一书的催生婆。这个历史功劳之大，胜过了他预言10颗哈雷彗星！

不朽的巨著《自然哲学的数学原理》

牛顿住的地方,就在三一学院大门口的附近。哈雷第二次来访之后,牛顿立即狂热地投入了《自然哲学的数学原理》的写作。

人们发现这个"怪人"的行径变得更神了。牛顿经常是从家里出来,走不了几步就停下来,一脸若有所思的表情。还有的时候,看见他旁若无人地蹲在路边,在砂砾上画些奇怪的图形和符号。

同事们散步时,都会小心地绕过留在地上的那些怪图,并投去莫名其妙的一瞥。

牛顿所建造的,是一座前所未有而又无所不包的理论大厦。这样一个庞大的系统工程,其工作量和难度是非常大的。牛顿写作《自然哲学的数学原理》,完全到了废寝忘食、呕心沥血的程度。

他的助手汉弗莱生动地记录了当时的情形:

他的写作是那样专注,那样认真,吃饭的事总是非常随便,不,他老是根本就不记得要吃饭。常常是我走进他的书房,看到送去的饭菜还没有动过。可当我提醒他时,他反倒问我,我还没有吃饭吗?然后他就走到餐桌前,站着吃一两口……偶尔,他也先打个招呼说要到餐厅吃饭,可是他老是一出门就往左拐,一直走到大街上,然后就站在那里发愣,他发现搞错了之后,就赶紧往回走。有时他根本就没有走回餐厅,而是直接奔回书房又写起来。

从1685年初算起,到1687年春天全书脱稿,牛顿整整用了两年时间终于完成了这部巨著。书的全名为《自然哲学的数学原理》,通常简称为《原理》。

在《自然哲学的数学原理》第一版序言中，牛顿写道：

我讨论的是哲学，而不是技艺；我写的不是关于人手之力，而是关于自然力方面的东西，而且主要是探讨那些与重力、浮力、弹性力、流体阻力，以及诸如此类不论是吸引或是排斥的力有关的事物。因此，我把这部著作叫作哲学的数学原理。

《自然哲学的数学原理》的主要内容分为三篇，加上第一篇之前的一个导论，总共为 4 个部分。导论的标题是《自然哲学的数学原理》，和全书的名字相同。这一部分阐述的是时间、空间、质量、力等构成宇宙体系的基本概念。涉及一些定义和重要的公理。

在有关的"定义"部分，牛顿提出了一个假设实验："在高山之巅放射炮弹，炮力不足，炮弹飞了一阵便以弧形曲线下落地面。假如炮力足够大，炮弹将绕地球面周行，这是向心力的表演。"

这真是绝妙的向心力。在 300 多年前，牛顿就天才地提出了人造卫星的设想！

在"公理"部分，牛顿了提出并论述了"运动的定律"，也就是著名的牛顿三大定律。其中第一定律，也叫惯性定律："每个物体继续保持其静止或沿一直线作等速运动的状态，除非有力加于其上，迫使它改变这种状态。"

第二定律为："运动的改变和所加的动力成正比，并且发生在所加的力的那个直线方向上。"

第三定律，也叫作用和反作用定律："每一个作用总是有一个相等的反作用和它对抗；或者说，两物体彼此之间的相互作用永远相等，并且各自指向其对方。"

牛顿的运动定律，是他对物理学的一项最重要的贡献。

《自然哲学的数学原理》第一篇，标题是"关于物体的运动"。在这一篇里，牛顿阐述了物体运动的基础理论，并严密地证明了，在各种不同条件的引力作用下物体运动的规律。也就是在这部分，牛顿第一次正式公布了他发明的微积分。牛顿用了若干个辅助定理说明极限的意义，导出微积分方法（即流数术和反流数术）。在这之前，牛顿曾写过三篇关于微积分的论文，但都未公开发表过。爱因斯坦曾高度评价微积分学说，指出这是"牛顿最伟大的理智成就之一。"

牛顿在《自然哲学的数学原理》的序言里，就开宗明义地宣称："由于古人认为在研究自然事物时力学最为重要，而今人则舍弃其实体形状和隐蔽性质而力图以数学定律说明自然现象，因此我在这本书中，也致力于用数学来探讨有关的哲学问题。"在第一篇的证明中，牛顿就用了微积分这种新的分析方法。因而他显得得心应手，游刃有余。

在《自然哲学的数学原理》的全书中，都体现了牛顿的这个初衷，他将新的数学工具运用于分析引力、潮汐、彗星、声和光、流体阻力，乃至整个宇宙。其中一个最辉煌的战果就是万有引力定律。牛顿经过严密的数学论证，得出结论：

"万物彼此都吸引着；这个引力的大小与各个物体的质量成正比例，而与它们之间的距离的平方成反比例。"

这就是著名的"万有引力定律"。

牛顿运用万有引力定律，不仅解释了已有的理论已经说明的现象，如伽利略发现的惯性定律和自由落体定律；而且能说明并解释已有的理论不能解释的现象，如圆满地解释了开普勒的行星运动三定律；更难得的是，它还预见了新的尚未发现的天文现象，包括后来证实的天王星的存在。

浩浩宇宙，万物尽在掌握之中。这就是统一的规律！

在《自然哲学的数学原理》的第一篇"注释"里，牛顿还引入了绝对时间、绝对空间和绝对运动的观念。引起后来的科学和哲学界广泛的讨论，并产生了深远的影响。

《自然哲学的数学原理》第二篇，标题仍是"关于物体的运动"，为第一篇基本定律的具体运用，阐述了物体在空气或水中受到阻力时的运动情况，并涉及声学的研究。

在《自然哲学的数学原理》第二篇中，牛顿有力地批驳了当时广为流行的笛卡尔旋涡理论。按照笛卡尔的假说，行星是在物质的旋涡中转动的。牛顿明确指出，在旋涡中转动的行星不可能符合开普勒定律。

《自然哲学的数学原理》第三篇的标题为"关于宇宙的构造"。这是带总结性的内容。一开始牛顿就自豪地宣称："我现在就来说明世界体系的框架。"在这一篇中，牛顿提出了四条"哲学中的推理规则"，强调"寻求自然事物的原因，不得超出真实和足以解释其现象者"，以及"对于相同的自然现象，必须尽可能地寻求相同的原因"等，提出了万物的普遍属性。这反映出牛顿深信宇宙万物是按简单、和谐和统一的原则构成的。牛顿的这四条推理规则，直到今天都是科学研究中所遵循的基本准则。

接着，牛顿令人信服地讨论了太阳系的行星、月球和彗星的运行，以及地球上海洋潮汐的成因。他还特别对木星和土星的卫星运动做了研究，指出它们严格遵循平方反比定律。牛顿运用月球引力作用，成功地解释了海洋潮汐现象，令人叹服。这是当时对月球运动最为详尽的解释。他甚至对地球的形状做了精确的计算。牛顿根据几个实验数据分析指出，地球在南北极比赤道处要扁平些，这是由于地球自转造成的。这同笛卡尔学说的观点恰好相反。笛卡尔派认为地球像一个竖起的橄榄球，南北极直径比赤道处长。牛顿的结论动摇了在欧洲大陆占据统治地位的笛卡尔学说。后来法国政府为了判决牛顿和笛卡尔谁正确，曾先后组织过多次大型的全球考察，结果最终证明了牛顿的结论是正确的。

在《自然哲学的数学原理》第三篇中，还有最精彩的一笔，就是关于彗星的理论。牛顿对已有的大量彗星资料和观测记录做了分析，论证了平方反比关系也适合于彗星和太阳之间。他得出结论道，彗星与普通行星并没有本质区别，这不过比它的轨道偏心率大得多而已，这种扁椭圆轨道很接近抛物线。

牛顿的辉煌巨著《自然哲学的数学原理》包含了丰富无比的自然科学宝藏。

天上诸星运行，地上潮汐涨落，宇宙万物，无所不包。牛顿的伟大贡献，正是完成了伽利略的地面物理学和开普勒的天体物理学的统一，把地上的运动规律和天体的运动规律纳入一个完美的统一理论中。从而创立了影响世界达 300 多年的牛顿经典力学体系。

这个体系是如此协调、统一，又是如此的简单、完美！可以说，《自然哲学的数学原理》完成了人类知识的第一次大综合。

爱因斯坦在牛顿诞生 300 周年的纪念文章中，对《自然哲学的数学原理》做出了极高的评价："今天的物理学家的思想，在很大程度上还是为牛顿的基本概念所左右。至今还没有可能用一个同样无所不包的统一概念，来代替牛顿的关于宇宙的统一概念。而要是没有牛顿的明晰的体系，我们到现在为止所取得的收获就会成为不可能。"

法国的大数学家拉普拉斯，则以无比崇敬和羡慕之情写道：

"牛顿是迄今为止最伟大的天才，也是最幸运的人，因为只有一个世界体系可供我们发现。"

一位美籍印度天体物理学家、1983 年的诺贝尔物理奖获得者钱德拉塞，也曾赞叹说：

"只有当我们知道牛顿取得了多么大的成就后，我们才会明白，拿牛顿与其他科学家相比是极不恰当的。事实上，只有莎士比亚、贝多芬才能与牛顿相提并论。"

《自然哲学的数学原理》不愧是牛顿一生中智力上最伟大的成就，也是整个人类智力上最伟大的成就。

不能忘记的是，哈雷为《自然哲学的数学原理》的出版付出了巨大的心血。除了想方设法筹

讽刺牛顿引力理论的漫画

集出版资金，以及在皇家学会和牛顿之间协调斡旋外，他还亲自为校对和制版的事奔走操劳。哈雷深知自己正在做的，是一件足以影响人类进程和千秋万代的大事。他在给牛顿的信中说：

"直到全部结束之时，我决不做其他事情，并且希望自己不至于因为任何疏忽而担待罪名。我很高兴自己有幸参与了把千秋万代将为之赞美的著作呈现给世人这件事。"

应该说，没有哈雷的无私奉献，《自然哲学的数学原理》的出版是不可思议的。

牛顿在给《自然哲学的数学原理》第一版写的序言中，向哈雷表达了真诚致谢。他在序言里写道：

在本书的出版过程中，最精明博学的埃德蒙·哈雷先生，不仅帮助我改正印刷错误，绘制几何图形，而且这部著作的出版也是由于他的推动。自从他知道我论证了天体轨道的形状后，他就不断催促我把我的这个论证送交皇家学会，以后还由于他们善意的鼓励和请求，我才想到编著本书。

《自然哲学的数学原理》成了影响人类历史进程的一本书，它因此而名垂千古。

1998年6月23日的《参考消息》上，有条美联社的电讯报导说，同年6月13日，《自然哲学的数学原理》的第一版在纽约克里斯蒂拍卖行拍卖，拍卖底价为12万美元。据这条电讯称："这本有311年历史的著作看上去几乎像新的一样。紫褐色的书皮和镀金的书脊只是稍有磨损，其最初的装订仍完好无损且纸页挺括。这本书共510页，是该书迄今尚存的大约200本之一。"

该拍卖行的书籍与手稿部经理说得好："这是一本划时代的著作，远远超前于它出版的时代。"

不幸的发明权之争

1686 年 4 月 28 日，牛顿将《自然哲学的数学原理》第一篇的手稿，通过哈雷提交给皇家学会。据说当天晚上，就在皇家学会的例会上宣读了部分选段，不过牛顿本人没有到会。聚集在会议厅里的许多与会科学家，对《自然哲学的数学原理》的内容感到耳目一新。这是一个值得纪念的日子，物理学从这一天开始进入转折点。

接下来，哈雷立即为《自然哲学的数学原理》的出版展开游说。

同年 7 月《自然哲学的数学原理》开始出版。哈雷负责整个印刷事务，其中首要的工作是筹集资金。哈雷虽是富家公子，但有家累在身，要支付大笔费用并不易，皇家学会又不肯出资赞助。据说当时学会的出版基金也不多，而且已经预支给一位生物学家去出版《鱼类史》了。

于是皇家学会做了一个特别决议：《自然哲学的数学原理》一书以皇家学会的名义出版，而由哈雷负责编辑和筹集资金。简单地说，就是名是皇家学会的，钱要哈雷出。哈雷义不容辞地接受了这个任务。他倾其所有，为《自然哲学的数学原理》的问世奔走。

牛顿于 1686 年夏天完成了《自然哲学的数学原理》第二篇的修改，到第二年春天，写完全书的第三篇。

1687 年 7 月，《自然哲学的数学原理》这部划时代的著作终于出版问世了。全书用世界通行语拉丁语写成。书的紫褐色封面用皮子装订，镀金的书脊，书厚510 页，堪称是一本皇皇巨著。

在《自然哲学的数学原理》的扉页上，印着哈雷赞美的题词，称这部无与伦比的杰作将受到人类千秋万代的赞颂。《自然哲学的数学原理》的出版，在欧洲

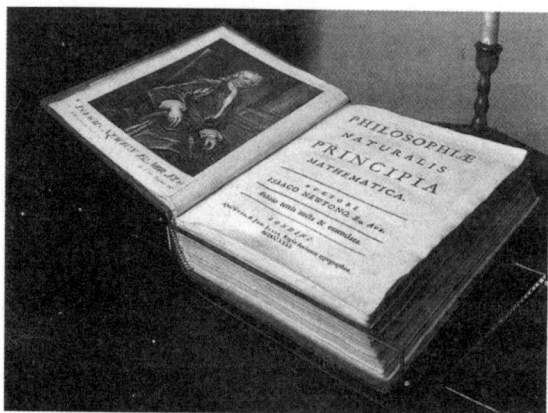
牛顿的辉煌巨著《自然哲学的数学原理》

引起轰动，牛顿威名大震。惠更斯读了《自然哲学的数学原理》，非常激动。当时他已离开法国回荷兰养病，特地从海牙赶到英国拜会牛顿。15年前，德高望重的惠更斯曾批评过牛顿的光学观点。如今两人促膝畅谈，切磋宇宙之秘，都有相见恨晚之感。

可是英国学者对《自然哲学的数学原理》买账的反而不多。神学界谴责《自然哲学的数学原理》是背叛宗教的"异端邪说"。直到12年后，剑桥大学才开始讲授牛顿的体系。

胡克从4月28日那天晚上，对《自然哲学的数学原理》就没有赞誉之词。此刻更是提出了所谓"发明权"的问题。胡克声称，是他发现了作为牛顿研究成果核心内容的平方反比定律；牛顿的观点是从他几年前的信中得到提示的。

其实，在牛顿开始写《自然哲学的数学原理》时，胡克就曾提出过这一问题。是1684年8月，哈雷兴冲冲地将牛顿的《论运动》一文带回伦敦，向皇家学会报告了出版计划。胡克以学会秘书的身份，参与了决策讨论。胡克看了《论运动》一文后，向哈雷表示，他本人同意出版牛顿的著作。

这个姿态算是不错了。不过胡克附加了一个条件，就是牛顿必须在书中提到，是他胡克最早发现的平方反比定律。因为牛顿是从他那里得到启发的。

哈雷熟知胡克和牛顿两人的过节，预感牛顿不可能答应这个条件。他非常婉转地把这个意思告诉了牛顿。不出所料，牛顿大怒。

"我自己花园里结出的果实，怎么可能栽在别人的树上！"

早在 20 年前，在老家花园里牛顿就悟出这一关系了。那时的胡克博士，恐怕还在醉心于他的弹簧实验哩。即便后来胡克同他讨论过平方反比定律，但是最终证明这一点的，是他伊萨克·牛顿，并不是那位盛气凌人的牛津大学麻脸汉！

哈雷尽力在牛顿和胡克之间调停，希望找到一个妥协的办法。

他写信嘱牛顿在序言中最好提一下"胡克"的名："只是胡克先生似乎希望您应该在序言中把他提一下，这是可能的，您可以找个理由把它放在前面。"

不料，心高气傲的牛顿连这一建议也拒绝了。而且为了表示自己的强硬态度，牛顿在给哈雷回信里，扬言要把《自然哲学的数学原理》的第三篇删掉！他怒气冲冲地写道：

我曾计划全书由三篇组成……现在我打算把第三篇删掉。自然哲学是一个傲慢好斗的贵妇，一个男人只要和它搭上了就会被卷入诉讼之中。以前我亲身体会过这点，而现在只要我再次接近它时，它就向我提出警告。

哈雷接到牛顿回信，感到非常遗憾，又很担忧。他深知《自然哲学的数学原理》的第三篇的价值，如果牛顿一气之下果真要删去这一篇，那造成的损失将是无法弥补的。

于是，哈雷以极大的诚意和耐心，劝说牛顿不要删掉第三篇。

这次他几乎又是连哄带诳，好话说了一箩筐。哈雷还举出皇家学会的绅士们，对这件事也非常关注和担忧。这正是牛顿所希望的。他扬言要删掉第三篇，除了是感情用事外，也许真实用意是向皇家学会施加压力。实际上是对霸主胡克的一种抗议。说来还颇有点"宁为玉碎，不为瓦全"的气概呢。

牛顿的目的达到了，《自然哲学的数学原理》的第三篇最终没有删掉。不过牛顿同胡克的争执却依然没有了结。

对于牛顿的"不近人情"，胡克十分恼火。

一方面他觉得牛顿这家伙太不给面子了，连在序言里顺便提一下名都不同意；

另一方面，他也对牛顿的"赖账"极为愤慨。几年前正是他胡克告诉牛顿，自由落体不是牛顿说的"螺旋线运动"，而应该是一种"椭圆的轨迹"；也是他胡克指出了牛顿的错误，提醒牛顿"重力是按距离平方成反比变化的"。

胡克决计讨回公道，他在皇家学会会议上公开为自己正名。

"本人并不是像有人说的，是一个对自然科学什么也没有干的人！"胡克郑重其事地声明道。

会员们都诧异地看着他。

胡克清清嗓子，继续说："尽管本人没做别的事情，我还是认为对于天体运动原因的发现，既不是牛顿先生也不是别的什么人有权去窃取的，克雷姆已经论证过不下 100 次！我认为它是自然哲学上最伟大的发现。"

会场里一阵喧动。胡克虽然回避了自己，而抬出一个克雷姆论证过平方反比定律，但话里明显暗示牛顿"窃取"了别人的发现。

胡克讲这番话时，牛顿不在场。但消息很快传到剑桥，牛顿听说后非常愤怒。他几乎是忍无可忍，大骂胡克是"庸才""吹牛大王"和"野心勃勃的人"。

看看下面这段痛斥胡克的话，就能知道牛顿已经失去了理智和大家风度：

胡克一事无成，却指责别人的计算和观察是无耻的剽窃；他标榜自己无所不通，夸口说他连那些还要靠别人的'无耻行径'才能确证的东西也了若指掌。我们与其原谅他的庸庸碌碌，倒不如原谅他的无能……真是好笑，一个只知吹牛撒谎和野心勃勃的人，难道就应该得到全部发明和受到众人的簇拥欢呼吗？

由于牛顿毫不妥协的立场，他同胡克的关系越来越僵。最后闹得胡克也撂摊子，拒绝出席一切皇家学会的活动。

哈雷看见这种情况，感到很痛心。他尽了最大的努力从中斡旋，希望两位大科学家和解。无奈牛顿同胡克的结怨太深，两人终未能化干戈为玉帛。但是哈雷的诚意也起到一定的缓冲和化解作用。

在《自然哲学的数学原理》的第一篇里，牛顿最后加写了一条附注，提到了雷恩、哈雷和胡克三人的名字，让这三位学者分享了发现引力反比于距离平方的荣誉。显然这是哈雷调解的结果。而且哈雷人很厚道，他在处理牛顿手稿时，特地把胡克的名字调在自己前面，以免这位学会秘书大名排在晚辈之后会产生不快。

没有再比哈雷谦逊和想得这样周到的了。他的人格魅力和他的英名，应该与哈雷彗星和牛顿的《自然哲学的数学原理》一起永垂千古。

这段发明权之争的公案，后来曾引起爱因斯坦的叹息。

爱因斯坦尽管非常崇敬牛顿，对其所为也有所批评。他觉得，这不是一个伟大科学家应有的胸襟，牛顿不应该这样小器。

爱因斯坦叹道："唉，那是虚荣。你在那么多的科学家中找得到这种虚荣。你知道，当我想起伽利略不承认开普勒的工作时，我总是感到伤心。"

实际上的原因，恐怕比爱因斯坦感叹的要微妙。这里除了世俗的名利、虚荣，以及性格上的偏激、固执外，还有历史上的是非恩怨，统统纠缠在一起了。

胡克和牛顿在科学上是劲敌，学术上是"冤家"，在皇家学会里是死对头。大约在1673年时，牛顿曾经因为这个缘故，写信给学会秘书奥尔登堡，要求退出皇家学会。字面上的理由是因"经济拮据"难以如期缴纳会费，真实原因是不愿与胡克为伍。

奥尔登堡看出"这个怒气冲冲的数学家"心中的块垒，回信劝慰牛顿继续保持会员资格，并可免交会费。牛顿为奥尔登堡的诚意感动，才收回了辞呈。奥尔登堡也是一位不可多得的协调人才。

多年来，在牛顿心底存在一种受胡克贬低打击的压抑感。他不愿向这位权威俯首称臣，索性连他替自己搭过梯子的事也不认账啦。

实际上如牛顿自己所言，他是站在巨人的肩上的。牛顿心目中的巨人，是伟大的哥白尼、伽利略和开普勒。

站在巨人肩上

　　哥白尼是伟大的波兰天文学家、近代天文学创始人、日心说的创立者。他的伟大巨著《天体运行论》，推翻了雄霸西方一千多年的托勒密"地心说"，沉重地打击了欧洲封建神权统治，推动了人类宇宙观的根本变革，从而揭开了近代自然科学革命的序幕。他的一生叱咤风云，多姿多彩。他身兼了多个角色：虔诚的神甫、教产管理人、行政总管、济世名医、军事指挥官、战斗英雄、翻译家、外交使节、天文学家、著名经济学家等。使他名垂千古的是天文学家。

　　哥白尼生于1473年，18岁进入克拉科夫大学，23岁时到意大利求学，攻读法律、医学和神学，并在博洛尼亚大学的天文学家德·诺瓦拉的影响下，潜心研究天文学。古希腊的天文学家托勒密认为，地球静止不动地坐镇宇宙的中心，所有的天体，包括太阳在内，都围绕地球运转。托勒密的"地心说"流行了1300年之久，被教会利用来维护神权。哥白尼在40岁时，提出了"日心说"，大胆地宣称：宇宙的"中央就是太阳。在这华丽的殿堂里，为了能同时照亮一切，我们还能把这个发光体放到更好的位置上吗？太阳堪称为宇宙之灯，宇宙之头脑，宇宙之主宰……于是，太阳坐在王位上统率着它围绕的行星家族。"日心说否定了"地球是宇宙的中心，教皇是地球的中心"的教义，从而动摇了中世纪教会的神权，改变了人类对自然和对自身的看法。罗马天主教廷认为他的日心说违反《圣经》，但哥白尼仍坚信日心说，经过多年的观察和研究，建立了新的宇宙体系，完成他的伟大著作《天体运行论》。

　　哥白尼的学说是人类对宇宙认识的革命，它使人们对宇宙的认识产生了巨大的飞跃，其影响的深远超出了天文学的领域，促使自然科学冲破了中世纪神学的束缚，顶天立地地站立起来。恩格斯指出，哥白尼用《天体运行论》"向自然事物方面的教会权威挑战。从此自然科学便从神学中解放出来。"德国大诗人歌德说："哥白尼学说撼动人类意识之深，自古以来无一种创见，无一种发明可与伦比。当地球是球形被哥伦布证实以后不久，地球为宇宙主宰的尊号，亦被剥夺了。自古以来没有这样翻天覆地的意识倒过来。因为若是地球不是宇宙中心，那么无数古人相信的事物将成为一场空了。谁还相信伊甸的乐园，赞美诗的歌颂，宗教的故事呢？"

布鲁诺是意大利思想家、自然科学家、哲学家和文学家。他勇敢地捍卫和发展了哥白尼的日心说，并把它传遍欧洲，被世人誉为是反教会、反经院哲学的无畏战士，是捍卫真理的殉道者。

布鲁诺生于 1548 年，由于家境贫穷，10 岁时被送进修道院，15 岁时成为多米尼克修道院的修士。他被哥白尼的学说强烈地吸引，对宗教神学发生了怀疑。此后他到处热情宣传唯物主义和无神论思想，把哥白尼的学说传遍了整个欧洲。由于他到处宣传新宇宙观，反对经院哲学，引起了罗马教皇极大的恐惧。1592 年布鲁诺被捕入狱，在经过 8 年折磨之后，最后被宗教裁判所判为"异端"烧死在罗马鲜花广场。在临刑时，布鲁诺豪迈地宣布："黑暗即将过去，黎明即将来临，真理终将战胜邪恶！"他最后高呼道："火，不能征服我，未来的世界会了解我，会知道我的价值。"

伽利略是继布鲁诺之后积极宣传哥白尼的学说的伟大斗士，也是第一个用望远镜观测天空的人。他把哥白尼的学说大大向前推进了一步。

伽利略 1564 年出生在意大利比萨一个没落的贵族之家，父亲是一个富有才华、思想开放的绅士。伽利略从小勤学好动，有强烈的求知欲。17 岁进入比萨大学，先是遵从父命学医，后改学数学和物理。他 19 岁时发现摆的定律，崭露头角。22 岁写了《小天平》一书，被人称为"当代的阿基米德"。25 岁时被聘为比萨大学数学教授。据他的学生维维安尼记载，1590 年伽利略在比萨斜塔上进行了著名的落体实验，推翻了亚里士多德"落体速度与重量成正比"的权威观点。28 岁时伽利略被帕多瓦大学聘为数学教授。

1609 年伽利略利用改进的望远镜，开始了对天体的观测。他发现了月亮表面有凸凹不平的山脉，木星有 4 颗卫星，银河是由无数星星组成的星系，太阳有黑子，金星有盈亏现象等，为人类揭开了宇宙的神秘面纱。1610 年，伽利略移居佛罗伦萨。他在《星际使者》一书中公布了这前所未有的发现，引起世界轰动。伽利略根据天文观测的结果，确信哥白尼的"日心说"是正确的，他积极宣传哥白尼的学说。1615 年他受到教会的警告：必须放弃哥白尼的学说，无论演说或是写书，都不准说哥白尼学说是真理。

但是伽利略并没有放弃捍卫真理的信念。1632 年他的新书《关于两个世界体系的对话》出版，像野火一样传播开来，引起教会的莫大恐慌。教皇盛怒之下，下令把他押解到罗马受审。69 岁的伽利略受尽折磨，被迫在忏悔书上签字。

最后宗教法庭判决他终身监禁。伽利略从地上站起来时，嘴里仍喃喃地说："可是，地球仍然在转动呀！"

在孤独的幽禁中，伽利略潜心整理自己毕生的实验研究，完成巨著《关于两门新科学的对话》。为后世留下宝贵的科学遗产，从而揭开了近代实验科学的序幕。

伽利略的伟大贡献是开辟了经典力学和实验物理学的先河。他确立了自由落体定律，发现了物体的惯性定律、合力定律、抛物运动规律，并提出了运动的相对性原理，还对速度、加速度等运动学的基本概念做了严格的定义。所以这些对牛顿力学的建立，起到了重要的奠基作用。伽利略因此被称为"近代物理学之父"。

亚里士多德认为，物体只有在一个持续的推动力作用下，才能保持运动；一旦推动力停止作用，物体就会停止下来。哥白尼的学说起初遭到反对，除了与《圣经》相违背外，还有一个原因就是找不到力学的解释。如果没有一个永恒的力推动，偌大一个地球为什么会如此风驰电掣般运转呢？

伽利略根据对自由落体的研究，并且通过大量斜面运动实验，推出了他的著名的惯性理论。伽利略的结论是：运动并不需要力来维持。这是一个观念上的革命。

按照亚里士多德的观点，运动是由于力的作用：作用力越大，运动速度也越大；一旦外力消失，运动就停止。而根据伽利略的惯性理论，假如没有外力作用于物体，这个物体将永远保持原有的运动状态。也就是说，运动并不需要力来维持！

牛顿正是从伽利略的惯性理论出发，总结成为第一定律，即惯性定律："每个物体继续保持其静止或沿一直线作等速运动的状态，除非有力加于其上，迫使它改变这种状态。"这一定律是牛顿力学最重要的基石之一。

伽利略找到了问题的答案：外力作用改变的是物体运动的速度，也就是产生加速度。换句话说，速度本身不是外力的作用，速度的改变才是它的结果。物体既然存在惯性，天体运动就没有什么神秘的了。行星一旦具有运动，无须一个永恒的外力推动，也会永远在太空遨游。

不过让人费解的是，为什么行星不沿直线运动，而是做环绕的圆周运动呢？伽利略解释不了这一点。

这位大师误认为，等速圆周运动也是惯性运动，因而行星正是按圆周轨道做等速运动，才能永恒地运转。伽利略成功地解决了地上的运动，对于天空的运动，他就束手无策了。

在伽利略逝世两年后，笛卡尔出版了《哲学原理》一书，弥补了伽利略的不足。这位法国学者指出，惯性运动的物体不会自己趋向曲线运动，而只保持在直线上的运动。笛卡尔的这个发展，无疑地为牛顿最后发现万有引力定律，并建立整个力学体系搭了一架"梯子"。

所有这些伟人都有辉煌的贡献，而牛顿是集大成者。在对牛顿发生重要影响的巨人之中，还有一位开普勒。

开普勒出生于德国南部的维尔城，比伽利略小 7 岁。他从小智力过人，18 岁考入杜宾根大学，师从著名的天文学教授马斯特林。马斯特林是哥白尼学说的推崇者，开普勒深受其影响，成为哥白尼体系的热烈拥护者。大学毕业后，开普勒移居奥地利，在一所普通中学担任数学和天文学讲师，并开始从事天文学研究。

1597 年，26 岁的开普勒发表了《神秘的宇宙》一书。在书中他设计了一个由许多规则的几何形体组成的宇宙模型，试图解释太阳系行星的运行轨道。第二年，奥地利发生严重的宗教斗争，天主教徒扬言要把异教徒赶尽杀绝。身为新教徒的开普勒被迫逃到匈牙利躲起来。在避难期间，开普勒遇到了刚来布拉格不久的著名天文学家第谷。第谷是丹麦皇家首席天文学家，曾主持欧洲最大的"天文城"乌伦堡天文台 20 多年，积累了丰富的天文观测数据。第谷受路德福国王重金所聘，于 1599 年来布拉格，担任宫廷天文学家。国王还专门在布拉格为第谷建了一座新天文台。

　　第谷读了开普勒的《神秘的宇宙》，很赏识年轻作者的才华，特地邀请他来一起工作，协助自己整理观测资料和编制新星表。幸运的开普勒欣然接受邀请，于 1600 年来到布拉格，给第谷当助手。这个机遇从此改变了开普勒的一生。第谷不幸于第二年去世。他给开普勒留下了毕生积累的大量观测记录。可以说这是人类史上最丰厚的一笔遗产！

　　开普勒在分析第谷留下的观测资料时，发觉自己的几何体"宇宙模型"完全没有用。他还发现，不论是哥白尼体系，还是托勒密体系，也与第谷周密精确的观测记录不符。而第谷记录的是天体的实际轨道。开普勒意识到这当中必有缘故，于是他决定追寻下去，探出其中的奥秘。开普勒选择了两条路径：一是如何从大量观测资料中分析出行星运行轨道的形状？二是这些行星遵循怎样的运行规律？

　　开普勒根据第谷留下的大量观测资料，进行整理分析和艰巨浩繁的计算，从中寻找规律，最后找到一个比较符合第谷数据的方案。但在对火星观测资料的分析中，细心的开普勒发现存在 8

开普勒（立者）与第谷

分的误差。这"8 分"之差，只相当于表上的秒针在 0.02 秒瞬间转过的角度。但开普勒没有放过这个细微的"误差"。他分析只存在两种可能：要么是第谷的观测数据有误差，要么是火星的轨道根本就不是哥白尼所说的"正圆"。开普勒相信第谷的观测正确无误，他断定是后者。

他说："应该感谢上天给了我们一位像第谷这样精通的观测者！一旦认识到这是我们使用的假说上的错误，便应竭尽全力去发现天体运动的真正规律。这 8 分是不允许忽略的，它使我走上了改革整个天文学的道路。"开普勒沿着"行星轨道可能不是圆"这条新思路探索下去，终于获得重大突破。他大胆摈弃了匀速圆周运动的旧观念。

1609 年，开普勒在《新天文学》一书和《论火星运动》一文中，公布了两条定律，这就是开普勒第一定律和开普勒第二定律。开普勒第一定律又称轨道定律，它说的是行星沿椭圆轨道运动，太阳在椭圆的一个焦点上；开普勒第二定律又称面积定律，说的是在相同的时间里，太阳和运动着的行星之间的连线扫过的面积相等。

开普勒并未满足已取得的成绩，他继续研究下去，相信还应该存在一个把所有行星统一起来的完整定律。开普勒把各个行星的公转周期及它们与太阳的平均距离列成一个表，探究它们之间存在什么关系。其中以地球的数据作为比较标准。这是一张看似杂乱无章的数字表：

行星名称	公转周期(T)	与太阳距离(R)
水星	0.241	0.387
金星	0.615	0.723
地球	1.000	1.000
火星	1.881	1.524
木星	11.862	5.203
土星	29.457	9.539

开普勒

开普勒翻来覆去地进行演算和比较，加、减、乘、除，平方、开方……样样都算尽了，经过 9 年的不倦的努力，终于找出了当中的奇妙关系：$T^2=R^3$。也即行星公转周期的平方与它同太阳距离的立方成正比！例如水星，这个相等值为 0.058；金星为 0.378；地球为 1.000；火星为 3.54；以此类推……这真是巧夺天工的神机妙算啊！

开普勒当时狂喜的心情完全溢于言表：

"现在我终于揭示出它的真相。能认识到这个真理，超出了我最美好的期望！大功告成，书已写出来了，可能当代就有人读它，也可能后世才有人读……这我就管不着了。"

这一发现就是著名的开普勒第三定律。不仅行星遵循着这个规律，绕行星运转的卫星和太阳周围的其他天体，也毫无例外地服从它！

开普勒最伟大的贡献，是打破了天体只能做匀速圆周运动的旧的天文观念，从大量观测数据中总结出行星运动的三大规律。他因此被誉为"天空的立法者"。

但令人奇怪的是，开普勒的成果没有引起同时代的伽利略重视。开普勒和伽利略本是朋友，而且常有通信往来。所以爱因斯坦才会有"伽利略不承认开普勒的工作"的说法。实际上开普勒对伽利略的发现也没有热烈响应。可能是两位巨人视野的局限所至。

顺带提一句，第谷在没有望远镜的条件下获得的观测记录，可以说达到了肉眼的极限，真是绝了。那样日复一日，年复一年，那样详尽周密，精确无误，完全是一座天空资料的宝库，没有人能够企及！可以毫不夸张地说，没有第谷的观测资料，就没有开普勒的三大行星定律。如果说伽利略是"天空的哥伦布"，开

170

普勒是"天空的立法者"，那第谷不愧是"天空的观察家"。

开普勒从第谷大量准确如实的观测记录中总结出了规律，这是他了不起的地方。不过他发现的只是事实，并未找到原因。也就是说，开普勒判明了行星应该是这样运行的；至于行星为什么会这样运行，开普勒并不知道。牛顿后来找到了原因，这就是万有引力定律。开普勒还有一个局限，就是在力学问题上，他仍然承袭了亚里士多德的旧观念，认为物体需要不断施加推动力才能保持运动。伽利略

伽利略

和开普勒恰好相反，他否定了亚里士多德的旧力学观念，阐明了如果没有外力作用，物体将永远保持原有的运动状态。但是伽利略尽管发现了天空里那样多的"新大陆"，却坚持行星运动是匀速圆周运动的传统观念。

正是伟大的牛顿把伽利略的"地上"和开普勒的"天上"统一了起来。开普勒和伽利略各自有其伟大发现，但又"互不理会"对方，因此两人都没能发现万有引力。最后让牛顿夺得头魁。

现在我们明白了：牛顿一只脚是站在伽利略肩上，另一只脚是站在开普勒肩上。他因此看见了这两巨人都未看见的上帝构筑的宇宙大厦。

黑色年代

《自然哲学的数学原理》一书出版之后，牛顿显然感到疲惫。他不再考虑力学问题。也是从这时起，牛顿开始参加社会活动。

1687年，也即《自然哲学的数学原理》出版的同一年，从不参加政治活动的牛顿，被卷入了英国史上有名的"奥尔本事件"。他以一个科学家的勇气和大无畏精神，顶住了国王詹姆士二世"天主教化"的淫威，赢得剑桥大学同仁们的尊敬。这是他平生仅有的一次卷入政治。

牛顿生活的年代，正是英国政治动荡的时期。他经历了革命与复辟交错的岁月，痛恨暴君和专制。

1685年2月6日，以科学艺术保护人自诩的查理二世病逝。查理的弟弟约克公爵继任王位，史称詹姆斯二世。约克是一个狂热的天主教徒，他登上王位后，立即在英国搞清一色的"天主教化"运动。这位阴沉的国君大肆安插亲信的天主教教友，在议会、军队和各级部门担任要职。英国经过16世纪的宗教改革后，早已与罗马教廷分道扬镳，大多数人已有一百多年信奉新教了。詹姆斯二世企图倒行逆施，让英国重新纳入罗马天主教会的势力范围，引起民众的极大不满。

1687年初，天主教的黑手开始伸向高等学府。首先遭到侵犯的是牛津大学。詹姆斯二世下了一道"赦令"，强迫牛津大学设立一个高级职位，由他钦定一位天主教教友担任，实际上是把学校控制起来。牛津大学校方无力抗拒国王的圣谕，只好被迫就范。

同年2月，詹姆斯二世如法炮制，给剑桥大学下了一道"御旨"，要学校给一位天主教派的弗兰西斯神父授予文学硕士学位。有文学硕士头衔的教师，在大学的最高决策机构评议会上是有表决权的。这对剑桥大学无疑是一个威胁。而且一旦缺口打开，剑桥必将成为天主教派的囊中之物。

剑桥大学的副校长约翰·潘契尔博士回绝了国王的敕令，他婉转地说明：

"根据剑桥大学的惯例，除非弗兰西斯宣誓忠诚于学校而不是别的机构，否则我们无权授予他文学硕士学位。这个传统任何人都无法违背。"

这等于是拒绝了这位国王委派的钦差教师。

詹姆斯二世闻讯大怒，责令高等法院审判此事。

剑桥大学具有良好的民主传统和一定的自治权，詹姆斯二世粗暴干涉学校内部事务的做法，引起教师们的强烈反对。学校成立了一个以潘契尔校长为首的"九人委员会"，亲赴伦敦向宫廷递交请愿书。这就是有名的"奥尔本事件"。牛顿是这"九人委员会"的成员之一，他的态度明确坚定，坚决主张绝不向国王妥协。

在伦敦威斯敏斯特皇家高等法院，举行了一场轰动一时的辩讼。双方针锋相对，场面颇富有戏剧性。

负责审理此案的首席法官名叫杰弗里斯，是个臭名昭著的家伙，人称"伟大而卑鄙的法学家"。有詹姆斯二世国王作后台，杰弗里斯大法官有恃无恐，他企图以"对抗陛下"的罪名，迫使这帮书呆子就范。

伟大而卑鄙的法学家威风里凛凛地喝道：

"约翰·潘契尔先生，我得警告你和诸位委员，作为英王陛下的臣民，你们的行为已经构成对抗陛下，对抗法律，乃至对抗整个大英帝国的罪名！"

潘契尔博士是个斯文的数学家，没有见过这种场面，一时说不出话来。其他几位委员也被镇住了。

全场鸦雀无声。大法官嘴角露出阴险的微笑。他的这种杀手锏每次都很奏效。

"约翰·潘契尔先生，你还要抗拒到底吗？法律可是至高无上的哟。"

不料，这时从后面传来一个浑厚有力的声音：

"您说得对极了，法官大人，法律的确是至高无上的。"

大家转过头看，说话的是一向沉默寡言的牛顿。

"根据上帝和人类的戒律，"牛顿继续理直气壮地说道，"所有高贵的人都有义务听从国王符合法律的命令。"

大法官两眼瞪着牛顿，感觉到这"书呆子"的话中藏着利剑。

"但是，"牛顿的话锋一转，"如果国王陛下执意提出一项不合法的要求，那就没有谁会因为不执行它而犯法。"

"你这话是什么意思？"杰弗里斯阴沉着脸问。

"按照大学宪章法令和剑桥大学的惯例，"牛顿面不改色地答道，"凡是没有宣誓忠于大学的人，学校只能授予他名誉学位。"

"名誉学位有什么不同？"这位大法官有些尴尬。

"被授予名誉学位的人，即便是高贵的国王，在剑桥大学的评议会里也是没有发言权和表决权的。既然尊贵的弗兰西斯神父不愿意宣誓，我们只好按照规矩给他一个名誉学位了。"

法庭里的气氛顿时活跃起来。有人交头接耳，有人向牛顿投来钦佩的目光。剑桥大学的代表们，一个个喜形于色。

杰弗里斯一下哑了，表情很难堪。他听说过牛顿写了本有点名堂的《自然哲学的数学原理》，但没有想到这家伙的话也这么厉害。

"我相信伟大的大法官会按法律办事的。"牛顿狡黠地一笑，又补充了一句。

老羞成怒的杰弗里斯，像头受伤的笨驴吼了起来：

"你们这些耶稣教的教士们，统统给我出去！"

牛顿他们终于胜利了。那位弗兰西斯神父最终没能挤进剑桥大学。这件事表现出牛顿对暴君和专制的蔑视，体现出他的民主自由意识。剑桥大学向王权公开提出挑战，捍卫了自己的独立和尊严，为剑桥史册书写了最辉煌的一笔。

1688年2月6日，不得人心的詹姆斯二世被推翻。自由党和保守党人派海军上将贺伯特前往荷兰，把詹姆斯之女玛丽和她的丈夫威廉亲王接到英格兰，拥戴两人为国王和王后。这个事件史称"光荣革命"。威廉三世信奉基督教，也就是新教。

经过一阵征讨，英国又重归平静，最后建立了君主立宪制。新政权要成立代表民意的议院，剑桥大学有三个议员名额。由于牛顿在"奥尔本事件"中起的重要作用，赢得剑桥大学同仁的尊敬。学校里推选他做议员的呼声颇高。牛顿本人也有意一试。

1689 年，牛顿作为剑桥大学的代表，当选为英国国会议员。他起程到伦敦上任。现在他不再是一个离群索居的学者，而是登上了社会舞台，成了公众关注的名流。就像当年剑桥大学的亨利·卢卡斯先生一样。牛顿似乎也喜欢这种地位的变化。他羽翼已丰，在皇家学会至少可以同胡克分庭抗礼了。

不过牛顿在议会里一直保持低调，为人谦和谨慎。实际上他在议会里只是一个象征，一个标志。但牛顿本人对此心安理得。据说在议会上他从不发言。只有一次，他破例地站起来。大家以为这位伟人有重要的话要讲，全场肃静。但牛顿只说了句"应该把窗子关上"，就坐下噤口不言了。

牛顿只过了一年议员的瘾，1690 年议会解散。牛顿又回到剑桥。

1692 – 1696 年，为牛顿的"黑色年代"，也即他一生中走霉运的时期，人生的低谷。这段时期，牛顿在自然科学上没有任何新的建树；他念念不忘的炼金术大法，也是白费苦心，徒劳无功。

1692 年 1 月，一个寒冷的早晨，牛顿到剑桥大学的教堂去做礼拜。他把自己心爱的小狗关在了书房里。不料，这只名叫"金刚石"的家伙碰翻了主人忘了熄灭的蜡烛。书桌放着牛顿的光学手稿和几十年的化学实验记录，被烛火点燃。牛顿的住所离教堂很近，待他赶回来时，桌上的手稿和实验记录已化成灰烬。看见多年的心血顷刻间付之一炬，牛顿不禁痛心疾首。

不过，牛顿没有责罚闯祸的爱犬，只是扯着它的耳朵数落说：

"哦，金刚石哟，金刚石，你知道我是多么心疼啊！"

这场不大不小的火灾，彻底烧掉了牛顿做化学家的梦，也烧掉了他几十年"点石成金"的幻想。牛顿给爱犬取了个"金刚石"的大名，灵感想必也来自炼金术。这下省事啦，"金刚石"为他立了一大功，灰飞烟灭，一了百了。从此，牛顿再

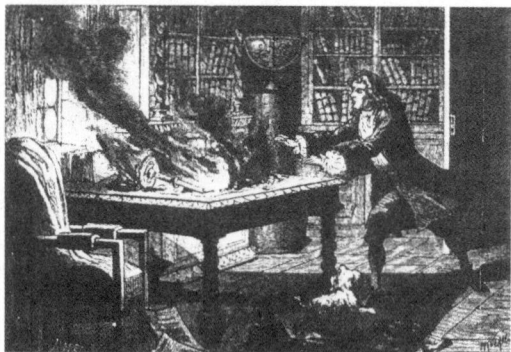
大火烧了牛顿的实验室

也没有写过有关化学和炼金术的文章。

发生这次意外事件后，牛顿十分懊丧，身心皆疲。他的情绪变得焦躁不安，有时整个晚上睡不着觉。1693年，牛顿大病一场。据有的医生诊断，牛顿得的是严重神经衰弱症和抑郁症。也有人说，发病的原因是他做炼金术实验时长期品尝化学药品所至，也就是炼金术的后遗症。据说在牛顿的实验笔记中，至少有108处记载了他尝过各种物质的味道。这场疾病困扰了牛顿好长时间，他几乎精神崩溃，整个像变了一个人。脾气怪谲，固执己见，说话语无伦次，有时还无端地怀疑朋友欺骗他。所有这些症状都属于心理疾病，也许还包括了"男性更年期"的特征。一位英国精神分析学家安东尼·史托克在《丘吉尔的黑狗》一书中，对牛顿做了精辟的心理画像，说牛顿"在这段期间内，他先罹患了抑郁症，才继之以胡乱错怪朋友"。并指出"他的性格也迥异于常人，而他的病态特征则可归于早年的环境，包括他的早产、幼年失怙，以及后来见弃于母亲。"

这一时期，牛顿后来自称为"黑色年代"。是他由壮年转向晚年时的一次人生波折。待牛顿的健康逐渐恢复后，他又拾起鹅管笔，一页页重新撰写《光学》手稿，这是他研究光学毕生心血的结晶和成果总结。

直到1696年3月，牛顿收到一封意外的来信，才彻底改变了他的生活。这位巨匠的后半生，从此迎来了"银色年代"。

皇家造币局局长

这封来信是牛顿从前的学生查尔斯·蒙塔格写的：

先生：

我非常高兴，因为我终于能向您证明我的友谊以及国王对您的功绩的赏识。造币厂总监奥弗顿先生被任命为海关总监，国王已应允我任命牛顿先生为造币厂总监。这个职位对您最合适，年俸为五六百英镑，而事情不多，不会让您太劳神……

查尔斯·蒙塔格出身贵族，父亲是一位有声誉的伯爵。蒙塔格于 1679 年考入剑桥大学三一学院，对牛顿非常崇敬，牛顿对他的印象也很好。蒙塔格年轻有为，头脑敏捷，尤其对政经金融等很有兴趣。从剑桥大学毕业后，蒙塔格选择了从政的道路，并顺利进入英国政界。他曾和牛顿同时就任国会的议员，师生俩的缘分和交情都颇深。由于才干出众，蒙塔格不到 30 岁就担任国家金库的领导职位，对建立英格兰银行起了重要作用，深受国王的宠信和倚重。

1696 年蒙塔格出任英国财政大臣，年仅 35 岁。当时英国的财政状况急需整顿。由于受军费激增的影响，国家财政运转不灵，物价猛涨，货币制度也极为混乱。许多英国人把银币的边角剪掉，当作外快。市面上流通的银币普遍残缺不全，此外，还有大量含银量不足的硬币也在流通。这一切严重干扰了货币的正常周转，也使英镑的信誉受到打击。

蒙塔格看出问题的症结，决定改革财政制度，发行公债和债券，并且回收全部旧币，用新币代替。这个举措需要铸造大量的金属货币，技术和工艺的要求都很高。在奥弗顿调任海关总监后，蒙塔格立即想到了牛顿。一个原因是牛顿是位卓越的科学家，对化学、冶金也是内行。蒙塔格上任之初，就曾向牛顿咨询过重铸新币方面的问题。牛顿给他提供过不少宝贵的意见。因此，这位理财专家确信自己的老师能够胜任铸币总管一职。

另一个原因，就是出自师生情谊了。牛顿是一位举世闻名的科学家，但是经济收入并不高。声名显赫，却两袖清风，一些朋友常为他的待遇感到关切和不平。蒙塔格也很关心牛顿的景况。皇家造币厂总监是个肥缺，有职有权，年薪又高。觊觎这个"财神爷"位置的人大有人在。所以在原任另调后，蒙塔格立即推荐牛顿接替。

牛顿看了蒙塔格的来信后，不禁喜出望外。可以说他是欣然接受了这个职位。也许这位大学者在冷清的书斋里坐得太久，早就想挪挪窝了。

1696年3月，牛顿走马上任。他离开生活了35年的剑桥大学，迁居伦敦。先是暂住在蒙塔格的府上，不久就搬到繁华的威斯敏斯特区杰明大街，这里紧挨着莱斯特广场。牛顿到伦敦后即赴皇家造币厂就任总监，从此成了官场上的人物。这一年牛顿54岁，开始了他得意辉煌的银色年代。

造币厂总监的职责是负责监督新币的铸造，并确保把这些钱币分配到各地的银行。这是一个很重要的职务。牛顿上任后，以极大的热忱投入了重铸新币的工作。他干得非常尽心尽职，一丝不苟。

财政部楼的后院有一座花园，牛顿在那里建起了10座熔炉，把回收的旧币溶化，然后把熔化后的贵重金属运往伦敦塔，在那里铸造成新币。由于新币的需求量很大，在别的地方也建了造币分厂，加班加点地生产。所有这些运作都是政府行为，是代表英国国家的。

牛顿的工作干得很有成绩，在很短的时间新币的产量就提高了8倍。到最后每周可产出银币 12 万英镑，很快就缓解了市面上货币短缺的情况。除此之外，牛顿还有一项任务，就是监测新铸钱币的纯度。每枚钱币的重量必须相等，其中的贵重金属含量也必须一样。要保证所有新造出的钱币一模一样，并不是一件容易的事。牛顿充分发挥了他的科学头脑和实验技能。他每天要到伦敦塔里的铸造厂巡视。每一炉金属熔液，都要由工人用特制的铸勺取样，再送到实验室里，由牛顿亲自检验，以保证达到所要求的纯度。

新币的一面铸刻着安妮女王的雕像，十分精致。牛顿还在硬币的边缘压上花纹，防止新币被人剪切。因为剪去一角的地方花纹没有了，很容易发现。不仅如此，他还采取严厉的手段，捉拿伪造钱币者，将他们绳之以法。对于那些偷熔硬币，从中攫取纯银的"剪刀手"盗窃集团，给予无情地打击。

牛顿的工作成绩卓著，大大超过了财政部上司的期望。连蒙塔格都没料到，这位发明微积分、万有引力的大师还颇具管理才能。他原先只是想请老师坐在这个肥缺上，替他把把关。没想到牛顿真刀真枪地干起来，而且干得非常出色。

由于牛顿的业绩颇佳，三年后他升任为皇家造币局局长。

这个局长的头衔，比起牛顿一生的科学伟业，是微不足道的。但在当时，对牛顿晚年的生活，却有重大的影响。实际牛顿是当了官，而且是高级行政长官。一是薪俸优厚；二是地位显赫。不要小看了这个政府官员职位，年俸高达 2000 英镑。这是牛顿在剑桥大学年薪的 10 倍！据说当时建造一座格林尼治天文台，才花费了 500 英镑。"牛顿局长"要比"牛顿教授"来得神气多了。相比之下，科学家却总是虚有其名。

这个皇家造币局局长的职位，牛顿后来一直稳坐了 30 多年，几乎和他在剑桥生活的时间一

刻有安妮女王雕像的新币

样长。直到 80 多岁高龄时，他还尽忠职守，每天坐着四轮马车按时去皇家造币局上班。牛顿在杰明大街的住处，是一座宽大的宅邸。搬到伦敦后不久，他就叫外甥女凯瑟琳来料理家务。凯瑟琳是牛顿同母异父妹妹汉娜·史密斯的女儿，长得很漂亮，而且聪慧可人。牛顿很喜欢她。没有多久，凯瑟琳就成了伦敦城里知名的小美人。

1699 年牛顿辞去剑桥的卢卡斯教授一职。

牛顿升任皇家造币局局长后，推荐新人惠斯顿代任剑桥大学卢卡斯教授一职。牛顿成了伦敦官场里的大忙人，无暇再顾及剑桥大学的科学研究，甚至连轻松的教学任务也难以正常担任。

1701 年，新的一届议院选举，牛顿再次当选为议员，仍然是作为剑桥大学的光荣代表。这一年的 12 月 10 日，牛顿正式辞去剑桥大学卢斯卡讲座，由惠斯顿正式接任。许多人对牛顿离开剑桥大学三一学院感到惋惜，也不理解。在他们看来，这是一个举世闻名、令人景仰的科学巨子蓦然间坠入了红尘，浑身沾上了铜臭气。在英国随便可以物色到一打以上造币局局长，而全世界却只有一个牛顿！

在一出喜剧中，小丑甚至把这件事当作笑料，揶揄说："牛顿嘛，铸币大臣！"

牛顿对此却淡然处之。他对自己的选择感到心安理得，生活也过得很惬意。为国家不断地造出漂亮标准、响当当亮闪闪的英镑，不仅是他的职责，也是一种乐趣。

牛顿渐渐远离科学研究的前沿，科学界却并没有淡忘他。1703 年，牛顿的老对手、长期身居皇家学会要职的胡克去世。牛顿再次回到科坛，大展巨匠的雄风。

皇家学会主席

胡克的晚年远没有牛顿走运。

这位杰出的物理学家、英国科坛的巨擘，从 45 岁之后人生就开始走下坡路了。他再也没有什么重大的科学发现，仕途也不发达。不过作为英国皇家学会的创始人和常任秘书长，他的元老资格和强大的影响力，仍然无人可及。

1696 年胡克患了病，后来健康一直没有恢复。这位大学者也是终身未娶，由一个侄女照顾他的起居。1703 年 3 月 3 日，胡克在伦敦病故，享年 68 岁。英国科学界沉痛悼念他的去世，在伦敦的所有皇家学会会员都参加了他的葬礼。但是胡克至死还留下一个谜，他的墓地至今也没有找到。

很难猜想牛顿获知胡克死讯后的心情。惋惜，悲哀，抑或是松了一口气？也许都有。从牛顿发表第一篇论文《关于光和色的新理论》起，胡克就同他唇枪舌剑，交锋了几十年。两人杀得天昏地暗，冤冤不解。可以说，胡克是牛顿一生所遇的最强大的对手，也是他的克星、冤家死对头。胡克去世，多年来压在牛顿头顶上的大石头总算落地了。牛顿失去了一个学术上的诤友，也少了一个拦路的障碍。

胡克去世的当年，60 岁的牛顿当选为英国皇家学会主席。这标志着皇家学会胡克时代的结束，牛顿时代的到来。

牛顿做什么事都这么认真，要么不做，要做就竭尽全力去做好。搞引力理论探索，做光学实验，当造币厂总监，甚至醉心于炼金术，他都是废寝忘食，百分之百地投入。只有做议员一件事他最超脱，常常隔岸观火，一言不发——不过，就是这种无言他也是认真的，沉默是金嘛。牛顿被推选为皇家学会主席后，立刻当成一回事行动起来。

当时英国皇家学会的状况正处于低谷，胡克在任的后期，已经没有多少精力管理这个全英最高学术机构。学会的组织涣散，会员人数下降到历史的最低点。学会 1662 年成立时的目标是"以促进自然知识为宗旨"，但这时已渗入了政治的因素，每周举行的例会议题往往与科学方面的事毫无关系。一些政客也常在皇家学会里出入，他们对自然知识没有多少兴趣，却爱聚在大厅里高谈阔论。

牛顿坐上主席的交椅后，开始大刀阔斧地整顿皇家学会。他拟了一个"振兴皇家学会的计划"，大胆起用年轻有为的人，并规定皇家学会每周的例会，必须为与会者提供严肃的科学题目。只有那些具有科学声望的成员，才有资格登上皇家学会的讲台。冒牌的学者和滥竽充数的政客们，一律谢绝参加。牛顿还请出一位最合适的人选哈雷作学会秘书，辅佐他的振兴计划。

由于牛顿的得力领导，没有多久就扭转了皇家学会的风气。他凭着自己的声望和杰出的组织才能，把不同学派和政治观点的人团结在一起。皇家学会重新焕发出巨大的活力，学术活动空前繁荣活跃。

牛顿接管皇家学会不久，为了表彰鼓励科学家的成就，特地设立了一项自然科学进步奖，这就是著名的"科普利奖章"。该奖的基金由一位富有的学会成员科普利爵士捐助。直到今天，"科普利奖章"仍然是英国最高的科学荣誉。

牛顿还利用自己的影响，解决了皇家学会新建会址的问题。学会原来设在格雷山姆学院，这里的楼房后来由于驻军遭到严重破坏。牛顿向善良的安妮女王请求，由皇家拨款另建一座会址。安妮女王是威廉三世之女，新登基不久，对牛顿颇为器重。不过由于英国正同法国打仗，国库空虚，一时拿不出钱来。经牛顿的再三努力，直到后来英法妥协媾和后，女王终于批准了他的请求。

牛顿以自己的威望和满腔热忱赢得了会员们的信赖，他被公认是皇家学会有史以来最出色和孚众望的主席。从 1703 年到他去世时为止，牛顿连选连任，做了24 年的皇家学会主席。

牛顿主持皇家学会会议

1705 年，在牛顿的生涯中又添了辉煌的一页。为了表彰他杰出的科学成就和改革货币的功劳，安妮女王授予牛顿贵族封号。受勋仪式选在在剑桥大学举行。同时获得这一荣誉的，还有剑桥大学出身的财政大臣蒙塔格和副校长艾利斯先生。

4 月 15 日，安妮女王和她的丈夫乔治亲王亲临剑桥大学。这是剑桥大学最荣耀的日子。

在一片欢呼声中，雍容华贵的女王陛下和她的丈夫步入三一学院公馆。在这里安妮女王主持了一次特别的宫廷会议，通常这种仪式都是在宫中举行的。女王陛下郑重宣布，授予牛顿、财政大臣蒙塔格、剑桥大学副校长艾利斯三人为爵士。牛顿被授予爵位的原因，固然在于他在科学上的伟大成就，但也离不开他对英国货币改革做出的贡献。他的造币局局长实在没有白当。

从这一天起，伊萨克·牛顿跻身于英国贵族的行列。在他的姓氏前面，冠了一个爵士称谓"Sir"。于是牛顿的全名变成了"萨尔·伊萨克·牛顿"，怪拗口的。他是英国历史上第一位受封贵族爵位的自然科学家。经过 108 年之后，才华横溢的化学家亨弗利·戴维才获得同样的殊荣，他是第二个被授予贵族爵位的自然科学家。

授爵仪式结束后，三一学院举行了盛大的庆祝宴会。

牛顿的脸上第一次露出了踌躇满志和开心的微笑。一个来自林肯郡的农村孩子、三一学院的"减费生"，经过将近半个世纪的努力奋斗，最后成了举世闻名的大科学家、英国皇家学会主席兼皇家造币局局长，如今又贵为爵士。荣誉、地位、财富，他应有尽有了。牛顿功成名就，登上了人生道路的顶峰。

夕阳晚照，金碧辉煌。但牛顿还不能休息，因为上帝交给他的任务还有一项没有完成，那就是揭开光的秘密。

光的骄子

光是上帝的使者。光是一个裸体的孩子。

没有阳光，就没有世界，也没有生命和欢乐。绚丽的彩虹、壮观的落日、炫目耀眼的天光，令多少人为之赞叹和倾倒。

牛顿以前和同时代的许多大科学家，都和光结下了不解之缘。伽利略制造望远镜，研究过几何光学；天文学家开普勒 1611 年出版过专著《折光学》；哲学家笛卡尔在 1638 年有《屈光学》和《大气光学》两本书同时问世；胡克于 1665 年间发表了著名的《显微术》；还有一个赫赫有名的惠更斯，在 1690 年出版的《论光》一书中，提出了光的波动说。所有这些都到达了那个时代的最高水准。

牛顿也是一个光的崇拜者和伟大的探索家。

牛顿从小对太阳光就很着迷，他常常望着太阳出神。这个爱好牛顿保持了终生，据说直到去世前几小时，他还凝视着太阳的光辉沉思。光学研究常令牛顿像孩子般兴奋和激动。

牛顿的第一个科学实验，是用三棱镜研究光的色散现象。

牛顿发表的第一篇学术论文，是《关于光和色的新理论》。

牛顿在剑桥大学三一学院开的第一堂课，也是关于光学的。

可以说，牛顿的学术活动是从光学起步的。光学研究是他走向辉煌的发祥地，也给他带来了许多说不清的苦恼和麻烦。从发表第一篇光学论文起，他就遭到了老枪们的围攻。权威的贬压，同行的冷落，使牛顿后来对发表光学论著小心翼翼，如履薄冰。

胡克的去世，才使牛顿确信出版《光学》的时机到了。

1704 年，牛顿的《光学》一书出版。这时离他的第一篇关于光与颜色的论文，已经过去了 30 年。

《光学》这本巨著，总结了牛顿一生研究光学的成就，是一部光学的经典著作。爱因斯坦在给牛顿《光学》第四版重印本（1931 年）写的序里，赞叹道："幸运啊牛顿，幸福啊科学的童年！谁要是有闲暇和宁静来读这本书，就会重新生活于伟大的牛顿在他青年时代所经历的那些奇妙的事件当中。对于他，自然界是一本打开的书，一本他读起来毫不费力的书。"

《光学》的内容，包括牛顿初任卢卡斯教授时，开的那些光学讲座。在那些讲座中，牛顿进一步完善了自己早期的光学发现。这一阶段研究成果，大都记录在《光学》的第一篇里。内容为几何光学和三棱镜光谱实验。书中还完整地记录了大量的光学实验。牛顿在该书开篇第一句话就说："我的计划不是用假设来解释光的性质，而是用实验和推理来提出并证明它们。"

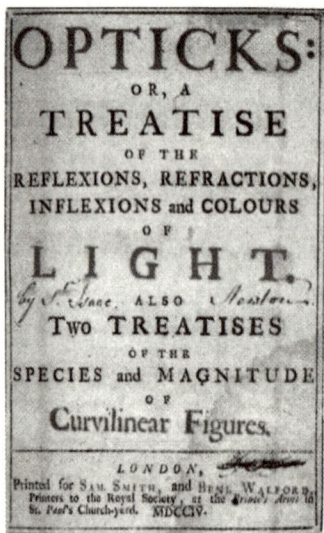

牛顿《光学》扉页

《光学》的第二篇，主要内容为"光的薄膜干涉现象"，也就是我们熟知的"牛顿环"。基本内容取自牛顿 1675 年发表的第二篇光学论文。在这一部分中，牛顿着重分析了光照射到透明薄膜上的各种现象和特征，记录了他所进行的一系列详尽的实验。包括环的颜色序列与各环间直径的关系、光斜射与正射时环间厚度成正割比例、反射与透射的对应效果等，并且绘出了精确的色序分析图。

《光学》的第三篇，讲的是光的衍射以及光通过晶体时的双折射研究实验，后面部分并提出了 31 个"疑问"。在这些闪耀着启迪光辉的"疑问"中，牛顿向后人提出了许多带方向性的命题，诸如光的本性是什么？光是否有超距作用？光能否发生弯曲？重力和物质的关系是什么？等等。

牛顿在《光学》一书的附录中，还载出一篇论文《曲线求积术》，提出如何用微分求曲线面积。不料，这个附录成了导火索，引发了牛顿与莱布尼茨之间的一场微积分发明优先权的大论战。

就在《光学》一书出版不久，莱比锡的《学术学报》上登出一篇匿名文章，对牛顿这篇论文进行了含蓄的批评。文章影射牛顿的流数和《自然哲学的数学原理》中的数学方法，是莱布尼茨微积分的改头换面，有剽窃之嫌。

牛顿怀疑这篇匿名文章的作者就是莱布尼茨本人，感到自己的名誉受到诋毁，这是莫大的侮辱。牛顿的一位学生、牛津大学教授凯尔，决定捍卫老师的尊严，于是他挺身而出进行反击。凯尔在给皇家学会的信中，指责莱布尼茨才是货真价实的剽窃者。

正在游历欧洲并兼任巴黎科学院院士的莱布尼茨，听到这一消息，怒火中烧，立即写了一封措辞激烈的信反驳，并要求凯尔公开道歉。凯尔这位牛顿的忠实弟子，并不理会莱布尼茨的愤怒，继续抨击这位欧洲科坛的游侠。双方论战的火药味越来越浓，最后并带上狭隘的民族色彩，演变成科学史上罕见的世纪大战。

遗憾的是，这场纠纷一直持续到莱布尼茨去世。

牛顿研究微积分始于1664年秋天。1665年11月，牛顿在老家躲避瘟疫时，已经发明了正流数术（即微分法），次年5月开始研究反流数术（即积分法）。他的发明当时只是以手稿形式在朋友中间传阅。其中最重要的一篇手稿《论流数》写于1666年10月，足以证明牛顿于1665－1666年发明微积分是属实的。不过，直到1687年，牛顿才在《自然哲学的数学原理》中发表公布自己的微积分方法。

莱布尼茨开始发表微积分的时间是1684年。因此，从发表时间上讲，是莱布尼茨在前，牛顿在后。实际上在微积分的发明上，牛顿应与莱布尼茨应该分享荣誉。

莱布尼茨 1646 年出生于德国莱比锡，比牛顿小 4 岁，父亲是莱比锡大学的伦理学教授。莱布尼茨从小受到良好的教育，15 岁进入莱比锡大学攻读法律。同年，牛顿也以"减费生"的资格进入剑桥大学。1666 年莱布尼茨发表著名论文《论组合术》，一鸣惊人。由于他当时只有 20 岁，校方以"太年轻"为理由，拒绝授予他博士学位，只承认他"取得了资格"。莱布尼茨一气之下，转到纽伦堡的阿尔特多夫大学。在那里，他获得博士学位，并被聘请为法学教授。时年 21 岁。

　　但是莱布尼茨不喜欢单调的学院式生活，决定到社会舞台上去闯一闯。莱布尼茨一生都没有做过教授，就是这个原因。他最初的抱负是做外交官。当时的德国正处在四分五裂的封建割据状态，有许多小公国。1672 年 3 月，莱布尼茨以诸侯国美因茨选帝侯的使节身份，赴法国当说客，想说服路易十四与德国修好。

　　莱布尼茨兴冲冲来到巴黎，可是连路易十四的面都没有见到。不过，他在巴黎幸运地遇到了另一个人，这就是荷兰物理学家惠更斯。惠更斯是位访问学者、

莱布尼茨

巴黎科学院院士，他很赏识 26 岁的莱布尼茨的才能。在这位大师的悉心指导下，莱布尼茨的数学功夫突飞猛进，一日千里。莱布尼茨在巴黎住了 4 年。刚来时他还是一个初出茅庐的新秀，离开时已成为数学王国的九段高手。这是他青年时期最重要的收获。可以说，莱布尼茨的学术生涯正是从巴黎开始的。

　　1673 年 1 月，莱布尼茨作为美因茨选帝侯的随员从法国赴伦敦，为促进英荷和解进行斡旋。这一次外交活动又没有取得成功，但是莱布尼茨在伦敦结识了许多英国科学家，大有所获。

这是科学史上有名的莱布尼茨首次伦敦之行。莱布尼茨会见了奥尔登堡、胡克等人，并向英国学者们展示了一台新奇的计算器，这实际上是计算机的雏形。莱布尼茨的数学水平给英国同行留下了深刻的印象。东道国特地安排皇家学会数学顾问柯林斯接待他。

由于柯林斯的疏忽，在同莱布尼茨进行交流时，透露了牛顿尚未发表的数学论文（流数定理，即微积分）。据说莱布尼茨当时的研究深度至少落后牛顿10年，他只精通无穷级数。为了表示友好和显示实力，柯林斯把文件柜中的内部资料拿了出来，向莱布尼茨展示，其中有牛顿写的流数定理、格里高利的极值求法等。莱布尼茨翻阅了牛顿的手稿，据说还抄下有关内容带回法国。

莱布尼茨走后，柯林斯才感到事情不妙。他后来催促牛顿尽快发表数学论文，但又不便说明缘由。牛顿当时正忙于同胡克论争，没有理睬这件事。

这个插曲使有关微积分发明优先权的公案变得更加复杂，导致了牛顿派和莱布尼茨派长达百年的争执。

法国人出示了莱布尼茨1673－1676年的笔记手稿，证明他是在这一时期独立完成微积分基本成果的。英国人则认为，就算莱布尼茨没有抄下牛顿的手稿内容，凭他的才智和数学造诣，即使是瞄上一眼也就足以洞察玄机了。

1684年，莱布尼茨开始发表他的微积分论文。论文成稿时间是1675－1676年。莱布尼茨提出微积分的角度，和牛顿的有所不同。牛顿微积分的出发点是运动学，而莱布尼茨主要是通过几何和哲学的探讨，导出微积分方法的。而且莱布尼茨精心选择的符号体系，使他的微积分在形式上比牛顿的简明。

1687年，牛顿在《自然哲学的数学原理》第一版中首次公布自己的流数方法时，在补注中有一段公正的文字，提到莱布尼茨：

10年前在我和最杰出的几何学家 G.W. 莱布尼茨的通信中，我表明我已知道确定极大值和极小值的方法、做切线的方法以及类似的方法，但我在交换的信件中没有透露这方法……这位最卓越的人在回信中写道，他也发现了一种同样的方法，并且叙述了他的方法，除了措辞和符号外，与我的方法几乎没有什么不同。

然而在 1725 年《自然哲学的数学原理》的第三版序言中，牛顿删去了这段话。

原因是不言而喻的。牛顿这时已不承认莱布尼茨发明微积分的贡献，就像牛顿当初不承认胡克曾向他提示过平方反比关系一样。

在很长的时间里，牛顿本人也卷入了同莱布尼茨的微积分发明优先权之争。而且双方的弟子和追随者敲锣打鼓，一起上阵，直吵得英伦三岛和欧洲大陆科坛几无宁日。连英国皇室也被惊动了。这是近代科学史上最喧闹、也是最痛苦和悲哀的一桩公案。

1712 年，英国皇家学会成立了一个专门委员会，负责仲裁此案。委员会的主要成员都是牛顿的好友。

经过一番查找文献和证据的工作，委员会于第二年以《通告》形式公布了调查报告。最后得出的结论是：牛顿是微积分的第一发明人，持同一主张的凯尔先生并没有中伤莱布尼茨先生；那些把第一发明人的荣誉归于莱布尼茨先生的人，显然对柯林斯和奥尔登堡之间的有关信件一无所知。

柯林斯和奥尔登堡之间的信件，曾经提到莱布尼茨首次伦敦之行的事。这桩公案最后终于以牛顿获胜而告终。他这时已经成了英国科坛的霸主，用"铁腕"统治着皇家学会，谁也撼不动扳不倒他这个巨人。连伟大的莱布尼茨也无能为力。

平心而论，确认牛顿为微积分第一发明人、莱布尼茨为第二发明人，是比较客观公平的。但对牛顿来说，这是他又一次痛快地击败对手。他的同事们因此都相信莱布尼茨是剽窃者，据说牛顿也曾经默许这一点。有一次，一位朋友曾听见牛顿喜形于色地对一个学生说："我已用我的回击让莱布尼茨痛不欲生！"

这无疑暴露了牛顿的不宽容，以及以摧毁对手为乐的霸气。这是牛顿性格中存在的弱点：强烈的自卑导致极度的自尊，从一个极端跳到另一个极端。此外，还有童年不幸身世造成的性格缺陷，总担心别人夺走自己的研究成果，就像小时候曾被人夺走过母爱一样。他把每一个对他有威胁的人都视为史密斯牧师那个死老头。

当今最伟大的物理学家史蒂芬·霍金对此颇有微词。意味深长的是，霍金是剑桥大学三一学院现任的卢卡斯讲座教授，可以算是牛顿300年后的隔代传人。

霍金在《时间简史》一书中，批评他的"老祖宗"说：

牛顿作为其（皇家学会）主席，指定了一个清一色的由牛顿朋友组成的'公正的'委员会来审查此案。更有甚者后来牛顿自己写了一个委员会报告，并让皇家学会将其出版，正式谴责莱布尼茨剽窃。

意味深长的是，牛顿的微积分在牛顿之后没有什么发展，它被保守的英国人供奉起来，成为金碧辉煌的摆设；莱布尼茨的微积分却被他的弟子、瑞典的数学才子伯努利兄弟发扬光大，传之后世。直到今日，大学教科书上讲解微积分都是采用莱布尼茨使用的符号。

巨匠之死

牛顿和莱布尼茨之间的恩怨难以一笔勾销。这也许是两位数学巨人之间的缘分。

牛顿的晚年，尽享人间荣华富贵，但仍然是宝刀不老。

1696年6月，瑞典数学家约翰·伯努利在《教师学报》上载出一个数学难题，向全欧洲的数学家提出挑战。伯努利兄弟是莱布尼茨的得意门生，约翰是弟弟，当时年仅29岁。他的问题提得很精彩：在一个垂直平面上有两个任意固定的点，一个小球在重力作用下从上面的点沿着某条曲线滚落到下面的点，问这条曲线是什么形状时，小球滚完全程所需的时间最短？

这就是著名的"最速降落线"问题。

这道绝妙的难题难住了众多的数学家。半年过去了，还没有人给出答案来。于是，1697年元旦，伯努利在一个《公告》中宣布，再次向全世界最能干的数学家挑战，看谁能摘取桂冠。

没有几天，牛顿收到伯努利寄来的这个问题。这实际上是一道挑战书。据牛顿的外甥女凯瑟琳回忆，当时牛顿在造币局正忙于铸造新币的事，直到4点钟才精疲力尽地回到家里。但是他看了伯努利的问题后，立即伏案思考起来。显然牛顿感到自己的名望和声誉受到了挑战，伯努利在《公告》中影射，像牛顿这样的大师，也未必能够解出"我们这个独特的问题"。牛顿后来曾对人说："在数学问题上，我可不喜欢……让外国人戏弄。"

当晚，55岁的牛顿挑灯夜战。他只花了几个小时，就解出了这道困扰了欧洲数学家半年之久的难题。答案是：最速降落线是一条倒过来的旋轮线。所谓旋轮线，说得通俗点，就是一个轮子沿地面直线滚动时轮缘上一点的轨迹。

待牛顿上床休息时，已是凌晨 4 点。

第二天，他把答案寄了出去。得意洋洋的牛顿，特地玩了个捉迷藏的游戏。伯努利收到信，拆开来看，答案正确无误，但却是匿名的。从信封上的英国邮戳，伯努利立刻明白了，这位戏弄他的大手笔是伊萨克 · 牛顿。他兴奋地对人说："我从他的利爪认出了这头狮子！"

牛顿这头数学王国的"狮子"，他的雄风的确不减当年。

1716 年，牛顿已是 74 岁的老人。莱布尼茨向欧洲数学家提出了一个新的挑战，题目是所谓"等交曲线"问题。这个问题的专利权仍然归那位天才的数学顽童约翰 · 伯努利，问题的表述是：求一簇曲线与已知曲线簇相交成定角。

大约那时候欧洲很时兴这种数学挑战，用咱们中国的话说就是打擂台。这也是学术思想活跃的一个标志。不过莱布尼茨的这次挑战，是有意"考验英国数学家水平"。当时，他正和牛顿的弟子克拉克就时空问题在进行论战，矛头显然是有所指的。

牛顿接到有莱布尼茨挑战内容的信，随意拆阅之后，沉思了片刻。然后坐在书桌前，一鼓作气地演算起来。这一回没等到凌晨鸡叫，问题就迎刃而解。再次展示了他的数学天才。牛顿拍拍双手，喜笑颜开地说："我的数学功夫还没全废，莱布尼茨难不住我！"

没多久，牛顿的解答在一家学术刊物上登出来，这一次又是匿名的。伯努利看到解答，吃了一惊。他拍着脑门想了半天。"这位高人是谁哟？"伯努利压根儿没考虑牛顿。他做梦也没想到，20 年后，狮子的"爪子"依然会如此锋利！

牛顿晚年潜心于宗教研究，埋头于故纸堆中。著有《评但以理书和圣 · 约翰启示录》一书和《圣经里两大错讹的历史考证》等文。这些神学的玩意儿，耗费了他晚年的大部分时间和精力。而且牛顿乐此不疲，像钻研自然科学一样虔诚、认真。他考证上帝在七天中创造世界的可行性，研究上帝和基督是否是一码事，还费劲地探寻上帝在"启示录"中藏了什么玄机，等等。据说他有关《圣经》和神学方面的著述，竟留下了 130 多万字的遗稿。今天看来，其中绝大部分是一堆废纸。

对于牛顿晚年沉湎于神学研究，颇为后世非议。这实际上是一个复杂的矛盾。牛顿本人是一个虔诚的信徒。他信奉上帝，像那个时代许多科学家一样，宣称自己是有神论者。科学史家们常常指出，在 1713 年出版的《自然哲学的数学原理》第二版中，牛顿特地加了一篇《总释》，其中有大量篇幅为上帝唱赞歌：

我们只是通过上帝对万物最聪明和最巧妙的安排，以及最终的原因，才对上帝有所认识；我们因为他至善至美而钦佩，因为他统治万物，我们是他的仆人而敬畏他、崇拜他。

但是牛顿对神学实际上并非奴隶。牛顿虽然是虔诚的信徒，但他却终生拒绝接受神职。他始终是大自然的儿子，胸膛里跳动着一颗科学家的心。他的《总释》也不是简单在为"神创论"张目。牛顿心目中的上帝，实际上已失去拟人化的特征。牛顿在《总释》里写道："上帝无所不在……上帝根本没有身体，也没有一个形体，所以既不能看到，也不能听到或者摸到他；也不应以任何有形物体作为他的代表而加以膜拜。"

可以认为，牛顿这里所膜拜的"上帝"，实际就是大自然和宇宙的化身！

牛顿逐步登上人生之旅的顶峰。他得到了他应该得到的一切，包括荣誉、财富和至尊的地位。但是他感觉到高处不胜寒。

除了他得到和享有的一切，牛顿的晚年是宁静与孤独的。他住在伦敦杰明大街豪华的住宅里，日常起居由外甥女凯瑟琳照顾。聪慧美丽的凯瑟琳还帮他接待来访的客人。

牛顿最大的孤独是失去了朋友和敌手。

巴罗教授和奥尔登堡早已匆匆谢世，朋友中只剩下一个哈雷，也好久没有往来了。在牛顿出版《自然哲学的数学原理》最需要帮衬的时候，无私的哈雷鞍前马后为他奔走效力。当牛顿功成名就成了显赫人物时，哈雷从他身旁悄然淡出。他从来没有凭借牛顿的一点光芒来照亮自己。牛顿欠他的情实在太多了。哈雷后来靠自己的本事，做了世界一流的皇家格林尼治天文台台长。

牛顿强有力的对手们，也一个个相继离开人世。

1695 年 7 月 9 日，杰出的惠更斯在海牙逝世，享年 66 岁。在牛顿诸多的对手中，惠更斯是最文雅和友善的一位。

1703 年 3 月 3 日，牛顿的头号对手胡克去世，终年 68 岁。作为一个权威和皇家学会元老，胡克一直是压在牛顿头上的一块巨石。使他处处谨小慎微，不能扬眉吐气，也迫使他励精图治，不敢怠慢。因为对方实在太强大了，牛顿在同胡克的对抗中，曾经一度妥协。如今，再也没有人给他威压了。牛顿环顾左右，在轻松之中陡生一种寂寞感。

1716 年 11 月 14 日，博学多才的莱布尼茨撒手人寰，享年整 70 岁。莱布尼茨的葬礼十分冷清，据说下葬时只有一个忠实的仆人在场。他生前可能没来得及看到牛顿的"等交曲线"解答。他和克拉克轰动一时的通信辩论，也只进行了 5 个回合就戛然而止，给后人留下一本铿锵有声的《莱布尼茨与克拉克论战书信集》。这次论战，克拉克实际是代言人，牛顿才是幕后的主帅。

1719 年，牛顿最后一个争吵对象、天文学家弗拉姆斯蒂德含恨而亡。弗拉姆斯蒂德是格林尼治天文台的首任"皇家天文学家"，观测记录行星运行长达 12 载，有"第谷第二"之称。

牛顿在《自然哲学的数学原理》一书中曾引用弗拉姆斯蒂德的观测数据，来证明自己的引力学说。在修订第一版时，牛顿发现有关月球的论述与观测数据出入较大，而且已招致一些批评。于是他强令要求弗拉姆斯蒂德提供全新的数据，以便在第二版中修正。弗拉姆斯蒂德在牛顿的软硬兼施下，很不情愿地交出自己的观测记录。但在未经本人同意的情况下，牛顿断章取义地发表了这些观测结果，使弗拉姆斯蒂德的权益和自尊受到极大伤害。后来，悲愤无奈的弗拉姆斯蒂德只得变卖家产，买下那些私版书，付之一炬。最后弗拉姆斯蒂德没能完成自己的著作，便离开了人世。

牛顿对这位天文学家的作法很不公平，甚至近于霸道。中国有句俗话，叫作多年的媳妇熬成了婆。牛顿此时的形象，多少有点像个恶婆婆。说得不客气一点，其专横程度比当年的"婆婆"胡克还厉害。

伟人不是圣人，牛顿也有过错。就像太阳也有黑子一般。

1722 年，80 岁高龄的牛顿患了膀胱结石病和痛风病。他的健康每况愈下，只能吃些蔬菜、水果，喝点肉汤。1725 年，牛顿的病情加重。在朋友和亲人的劝说下，83 岁的老人到伦敦附近的肯辛郡去休养，在那里买了一所房子做别墅。那个地方环境幽静，空气清新。牛顿的病情渐渐好起来。

1727 年 2 月 28 日，牛顿来到阔别许久的伦敦，出席了皇家学会的例会。当这位白发飘拂的老会长出现在大厅时，惊喜的会员们向他报以经久不息的掌声。

谁也没料到，这是牛顿最后一次出席皇家学会。

3 月 4 日牛顿回到肯辛郡后，由于劳累和过度疲惫，病重不起。牛顿留下遗嘱，给所有的亲属包括他的同母异父弟妹的孩子们，每人一份可观的馈赠。尽管继父留给牛顿的阴影直到晚年都难以淡忘，但对林肯郡的亲戚们，牛顿却表现出他仁慈和慷慨的一面。在牛顿成了富人之后，他常常接济他们，让那些牛顿家族的男男女女喜出望外。牛顿留下的几万英镑遗产，全部分给了亲戚们。

1727 年 3 月 20 日凌晨，牛顿在睡梦中安然长眠，享年 85 岁。

在弥留之际，牛顿曾对身旁的人说：

"我不知道世人对我是怎样看法，但是在我看来，我不过像一个在海滨玩耍的孩子，为时而发现了一块光滑的石子或一个美丽的贝壳而感到高兴；但是那浩瀚的真理的海洋却还在我的面前未曾被发现呢！"

这段有名的遗言后来成了传之千古的佳话。

牛顿的遗体从肯辛敦运到伦敦，伦敦市万人空巷。无论平民还是达官贵人，都以极大的哀痛悼念这位伟人的去世。两位公爵、三位伯爵和大法官抬着牛顿的灵柩。英国的大人物们都争着扶牛顿的灵柩，并以此为荣。法国启蒙思想家伏尔泰当时正在英国访问，目睹了葬礼的盛大场面，十分感叹牛顿所获的殊荣。于是他写下那句名言："他像一个国王那样被安葬了，一个为其臣民做过大好事的国王。"

他是人类史上第一个获得国葬的自然科学家。

牛顿的遗体安葬在威斯敏斯特大教堂伟人公墓，这里是安葬英国君王和英雄的地方。在牛顿之前，有幸葬在这里的艺术家和学者，有中世纪的英国大诗人乔叟，还有牛顿的导师、三一学院院长巴罗。一个半世纪后，著名生物学家达尔文葬在牛顿墓的近旁。后来这里成了英国最杰出的科学家的安息之地。诸如麦克斯韦、开尔文勋爵、卢瑟福勋爵，以及发现电子的汤姆逊等，都安葬在此。

4年后，在教堂最显眼的地方，建起一座牛顿的纪念碑。

这是座巴洛克风格建筑，造型雄伟。碑座上有一组精美的浮雕，刻着几个青年手持牛顿的几大发明的标志：一个举着三棱镜，一个握着反射式望远镜，另一个用秤在称量太阳和行星，第四个在照看火炉，另外两人在装着新铸的钱币。牛顿的肘部放在他的几本著作上，两个青年在前面，手托画着太阳系图和收敛级数的卷轴。

石碑上刻着下面的墓志铭：

这里安葬着伊萨克·牛顿爵士。

他以超乎常人的智慧，

用他的数学火炬，

第一个证明了

行星的运动与轨迹，

彗星的轨道，海洋的潮汐。

他研究了不同光线的折射率，
由此而生的各种颜色的禀性，
这都是前人从未想象到的！
他是一位勤奋、睿智和忠实的
自然、历史和圣经的注释者。
在他的哲学中
确认了上帝的庄严，
并展示了真理的简明和单纯。
让世世代代的人
为曾经有过这样一位伟人
感到光荣而欢呼吧！

1642年12月25日生
1727年3月20日卒

英国当时著名诗人亚历山大·蒲柏写的诗句，简洁地概括了牛顿一生的伟业：

大自然和它的规律，
隐藏在黑夜里；
上帝说："让牛顿降生吧！"
于是一切都在光明之中。

这首诗刻铸在铁板上，镶嵌在牛顿降生的屋子的墙壁上。有意思的是，这首诗的汉译文，至少有六七个不同版本。

碑铭的原文为：

Nature Nature`s laws lay hid in night,

God Said "let Newton be" and all was light.

牛顿的塑像

牛顿的遗产

牛顿留给后世的遗产，是难以估量的。他的巨著《自然哲学的数学原理》早已成为全世界共同的科学与文化财富。

《自然哲学的数学原理》是自然科学史的一座丰碑，也是人类千百年来智慧的结晶。它纠正了亚里士多德天空、地面服从两个不同规律的传统偏见，揭示出无论天上诸星运行，还是地上潮汐涨落，都遵循同样的一个规律，在物理学上第一次建立了统一的理论。

300多年来，《自然哲学的数学原理》在促进人类科学技术的发展和社会变革方面产生了巨大的影响。牛顿的伟大发现，几乎在每一个现代化的产物中都看到它的作用：从汽车、火箭、人造卫星到摩天大楼、彩色电视，乃至机器人和儿童玩具。可以说它改变了整个世界的面貌。

1987年9月，在北京科学会堂举行的纪念牛顿《自然哲学的数学原理》出版300周年纪念会上，中国科协名誉主席周培源曾对《自然哲学的数学原理》一书，做了十分精辟的评价：

> 《自然哲学的数学原理》一书是人类的自然科学的奠基性巨著，是自然科学史上最重要的著作之一。该著作把地面上物体的运动和太阳系内行星的运动统一在相同的物理定律中，从而完成了人类文明史上第一次自然科学的大综合。它不仅标志了十六、十七世纪科学革命的顶点，也是人类文明、进步的划时代标志。它不仅总结和发展了牛顿之前物理学的几乎全部重要成果，而且也是后来所有科学著作和科学方法的楷模。《自然哲学的数学原理》一书对三百年来自然科学和自然哲学的发展产生了极其深远

的影响。

在牛顿去世的时候，《自然哲学的数学原理》一书已经在欧洲大陆广泛传播。但是牛顿的引力理论取得决定性胜利，是在哈雷彗星的预言1759 年得到验证之时。

哈雷根据牛顿的引力理论，对 1682 年观测到的彗星进行了长时间的研究，确信它和 1531 年及 1607 年出现的彗星是同一颗彗星，周期约为 76 年，并预言它将在 1759 年重新飞临地球。

1759 年 3 月，全世界翘首以待的这颗彗星果然出现了！3 月 12 日经过近日点，时间比预

纪念牛顿《自然哲学的数学原理》出版三百周年文集

告的早了不到一个月。哈雷的科学预见得到证实，牛顿的万有引力定律从此得到普遍承认。可惜牛顿和哈雷这时均已谢世。哈雷死于 1742 年，终年 86 岁。为了纪念这位伟人，人们把他预言的彗星命名为"哈雷彗星"。

还有一件天文学上辉煌的大事件，同样精彩地证明了牛顿万有引力定律的正确。这就是 1846 年海王星的发现。

在牛顿时代，天文学家发现的太阳系行星只有 6 颗：水星、金星、地球、火星、木星和土星。1781 年德国人赫歇耳发现了第 7 颗行星，这就是比土星更远的蓝色的天王星。在随后的年代里，天文学家奇怪地发现，天王星轨迹的观测资料同理论计算总有误差。天王星的这种"越轨行为"，使从哥白尼到牛顿建立起来的天体力学面临着严峻的考验。

如果哥白尼—牛顿学说解释不了天王星的运动，牛顿的万有引力定律怎么是

宇宙间的普遍规律呢？

1845－1846 年间，英国的亚当斯和法国的勒威烈两个年轻人，几乎在同时各自独立地计算出，在天王星位置的附近，应该有另外一颗行星存在，正是它的引力作用使天王星"偏离"了轨道。

1846 年 9 月 23 日晚，柏林天文台的天文学家加勒，把望远镜瞄准勒威烈预测指定的位置，奇迹般地发现了要寻找的那颗行星！它位于离勒威烈预言的位置只差 8 分的地方。也许因为它呈现出朦胧的蓝色，这颗新行星被命名为海王星。

整个世界都轰动了。哥白尼学说和牛顿理论取得了彻底胜利！

一个小插曲是，亚当斯预测的新行星位置完全一样，但是格林尼治天文台的观察家粗心大意，让新星两次从眼皮底下溜走了。这一次英法的科学角逐，让法国人得了头彩。

有趣的是，牛顿的《自然哲学的数学原理》一书问世后，最早也是在法国找到知音，并产生深远影响的。在《自然哲学的数学原理》出版好多年后，牛顿的母校剑桥大学讲授的还是笛卡尔的旋涡理论。家门口的人反而保守。法国启蒙思想家伏尔泰为宣传牛顿的自然哲学，不遗余力，功劳颇大。法兰西还有一位数学物理大师拉普拉斯，在他所著的《天体力学》一书中，把经典力学推进到更加完善的境界。

拉普拉斯盛赞道："《自然哲学的数学原理》将成为一座永垂不朽的深邃智慧的纪念碑，它向我们揭示了最伟大的宇宙定律，这部著作是高于人类一切其他思想产物之上的杰作，这个简单而普遍的定律的发现，因为它囊括对象之巨大和多样性，给予人类智慧以光荣。"

　　牛顿开创的伟大事业，100多年后由他的两位英国同胞、伟大的物理学家法拉第和麦克斯韦发扬光大。法拉第发现了电磁感应现象，并提出了"场"的概念，取代了牛顿的"超距作用"；牛顿两个世纪后的校友麦克斯韦在法拉第工作的基础上，创立了电磁理论，导致了19世纪物理学的一场革命。可以认为，这是牛顿引力理论的一次大飞跃。

　　又过了100年，爱因斯坦接过了人类智慧的火炬。

　　1905年，26岁的爱因斯坦提出了相对论，从更广泛的范围和更高一个境界上对运动做了描述。爱因斯坦提出了时间、空间与物质三者之间的带革命性的崭新观念。牛顿引力理论成了爱因斯坦相对论在低速时的一个特例。

　　从引力理论到爱因斯坦相对论，物理学中的一系列发明创造影响了人类文明的发展和整个世界的面貌。

　　1917年，爱因斯坦又提出了广义相对论。科学家们重新思考宇宙无限的问题。宇宙空间也许并不像牛顿描绘的那样是无限的，而很可能是有限无边的。

　　人类对真理的追求和探索是永远没有止境的。

　　1987年《自然哲学的数学原理》出版300年之际，中国科学界举行了盛典纪念。时任中国科学院院长卢嘉锡的题词，是对牛顿这位巨人最好的缅怀：

　　自然哲学，《自然哲学的数学原理》乃奠基石留下深远影响；
　　经典力学，牛顿是开路人立了不朽功勋。

爱因斯坦
ALBERT EINSTEIN

一只盲目的甲虫在地球表面爬行时

它并不知道它所走的路线是弯曲的

而我有幸意识到了这一点

$E\text{=}MC^2$

是奇迹，天才，抑或是上帝的宠爱呢……

一个前额饱满、脸色红润的青年，从一本厚厚的经典著作上抬起目光，痴痴地凝视着窗外。

"啊，牛顿的力学殿堂多么宏伟呀！"

发出这一感叹的年轻人，是正在苏黎世联邦工业大学求学的爱因斯坦。他为牛顿经典力学的宏伟壮观而赞叹，同时又为一个新的问题而困惑着。

的确，牛顿力学是物理学最辉煌的成就。这位巨人总结的三大运动定律和万有引力定律，精确而圆满地概括出宇宙万物的运动，从未出现过差错。两百年来，牛顿力学一直处于不可动摇的地位。按照牛顿的理论，时间和空间是绝对的，它们彼此间没有联系，和物质运动也没有关系，只有"力"才是改变物体运动的原因。这些柱石构成了一座宏伟的经典物理学大厦。两百年来，它一直为人所敬仰，并且被认为是完美无缺的。

但是，现在遇见了问题，这就是电磁波。

英国物理学家麦克斯韦于1865年创立的电磁理论，预见了电磁波的存在。麦克斯韦猜测，传播电磁波的，是一种叫"以太"的媒介，它像牛顿所设想的那样弥漫在整个空间，能渗入物体内部，并能将运动从一部分传递到另一部分。1888年，德国青年物理学家赫兹用精巧的实验证实了电磁波的存在。这个实验轰动一时，电磁理论获得了巨大成功。

但是神秘的"以太"这东西，却一直没有发现。它究竟存不存在，成了难解之谜。物理学家们陷入了巨大的困惑中。

年轻的爱因斯坦怀疑，"以太"这无影无踪的神奇玩意儿根本就不存在。他敏感地意识到，"以太"已经无可救药，物理学正面临一场大革命。牛顿的经典力学已经衰老。现在应该产生新的物理学了！

敢作敢为的爱因斯坦向旧的传统观念发起了挑战。

1905年，爱因斯坦在德国《物理学杂志》上连续发表了三篇论文。这三篇论文，发表提出了"光的量子学""布朗运动统计率"和"相对论"。按其成就而言，每一篇都可以得诺贝尔奖。因为它们在物理学的三个未知领域取得了突破性的成就。

直到今天，有的科学史家还理解不了一个26岁的青年，为什么竟能在同一时间建立如此辉煌的伟业！是奇迹，天才，抑或是上帝的宠爱呢……在科学史上，只有牛顿的才能可以与之相比。

爱因斯坦的第三篇论文，名为《论动体的电动力学》。在这篇九千多字的论文中，他创立了相对论——爱因斯坦提出了两条基本原理：相对论原理和光速不变原理；并首次提出了时间、空间与物质三者之间的崭新观念，开创了物理学的新纪元。

1915年，爱因斯坦完成了一生中最伟大的发现"广义相对论"。它取代了牛顿万有引力理论，改变了整个人类对宇宙的认识。爱因斯坦用"弯曲空间"代替了牛顿的"重力"，让宇宙的真面目显露出来。科学史家称他"将牛顿物理学整个翻了过来"。

爱因斯坦因此成被公认为20世纪最伟大的物理学家。正是他将经典物理学从矛盾中拯救出来，并且完成了由牛顿、法拉第和麦克斯韦开创的伟业。他的英名和业绩与天地共存、与日月争辉。

让我们重温一下他充满传奇色彩的生命之旅……

一只笨鸟

爱因斯坦的父亲海尔曼 · 爱因斯坦

在德国南部巴伐利亚州，有个叫乌尔姆的小镇，蓝色的多瑙河静静地从这里流过。这个小镇风光旖旎，农产丰富。镇上有一座600年前建造的哥特式大教堂，据说是全德国最高的教堂，每当夕阳照在高耸的塔尖上时，景象十分壮观。

1879年3月14日，爱因斯坦就诞生在这个小镇的一个商人家庭里。他是上午11点半呱呱坠地的，出生的地址在乌尔姆镇火车站街B第135号。

在爱因斯坦的家族史上，从未出现过科学和文学上的杰出人物，也没有出过军事家或政治家。他的先辈过着地地道道的德国犹太商人的生活。这是一个世代沿袭、本分勤勉的商贾之家。

爱因斯坦的父亲名叫海尔曼 · 爱因斯坦，经营着一家电器修理行，他的生意做得并不得意。但海尔曼为人厚道，豁达乐观，闲暇时还喜欢读读歌德、海涅的诗歌。爱因斯坦的母亲叫葆玲，是一个典雅、贤淑的妇女，有很高的文化修养，尤其喜爱音乐。

爱因斯坦是家里第一个孩子，他的诞生给双亲带来了莫大的欢乐和希望。父亲给他取了个很好听的名字：阿尔伯特。

阿尔伯特不到一岁的时候，全家搬迁到巴伐利亚州的首府慕尼黑去了。在他的童年记忆里，乌尔姆这座古老的小镇没有留下多少印象。

慕尼黑是一座美丽的城市。城里有许多教堂和古色古香的建筑，城外绿草如茵，向远处眺望可以看见白雪覆盖的阿尔卑斯山。

海尔曼·爱因斯坦同弟弟雅各布·爱因斯坦合伙在慕尼黑办了一家电器工厂。雅各布学过工程技术，负责生产制造，海尔曼管买卖兄弟俩经营得还不错，他们的生活过得很富裕。海尔曼常常带着全家到郊外去旅游，玩得很开心。到阿尔伯特两岁时，妹妹玛雅出生了。家里增加了一个女孩，更增添了很多欢乐。但直到这时阿尔伯特还不会说话。妈妈葆玲开始担心了。

"海尔曼，这孩子怎么还不开口说话呀？"

"亲爱的，没有关系！到时候他自然会说的。"海尔曼总是这样安慰妻子。但葆玲还是不放心。

"咱们的阿尔伯特会不会是个弱智儿童呀？别的孩子这么大早就会叫'爸爸''妈妈'啦！"

"不会的！你瞧瞧，你弹琴时小阿尔伯特听得多入迷哟。"父亲对阿尔伯特充满着信心。

转眼之间，玛雅快两周岁了。小丫头欢蹦乱跳，一张小嘴总爱咿咿呀呀唱个不停。

但是阿尔伯特还是金口难开。而且，他不喜欢和其他孩子一道游戏，总爱独自一人玩，或是望着飞翔的蝴蝶出神，或是默默地数着天上的星星。

慕尼黑广场

211

保姆吃力地教他说话："阿尔伯特，叫'妈妈'！"

"莫莫！"他笨拙地学着。

"叫'爸爸'！"

"波波！"

保姆摇摇头，给他取了个绰号，叫作"笨头笨脑的小祖宗"。

做母亲的也急了：为什么阿尔伯特会这么"笨"呢？她请来了医生。医生给阿尔伯特做了全面检查后，笑着对海尔曼夫妇说："这孩子智力没有问题。说话晚一些，不是病。"

"啊，上帝，这就好啦！"慈爱的葆玲这才放下心来，她轻轻抚摸着阿尔伯特的大脑袋，疼爱地说，"真是一只笨鸟。"

海尔曼拍拍妻子的手，笑道："亲爱的，'笨鸟'也许会先飞的。"

爱因斯坦三岁时才开始说话，到四五岁时，神秘的大自然第一次叩开了他幼稚的心灵之门。

一天，阿尔伯特生病了，乖乖地躺在床上，睁大眼睛，望着墙上的风景画出神。

这时，父亲海尔曼微笑着走了进来。

"乖孩子，你瞧我给你带来一样什么礼物。"父亲从口袋里掏出一个小罗盘给他。

阿尔伯特手捧着小罗盘，可以看见玻璃下面的磁针在微微颤动着，觉得很稀奇。

"这叫罗盘，是中国人发明的。"

"啊，罗盘？"

"表是计时的，而罗盘可以用来确定方位，有了它，船在海里航行就不会迷失方向了。"

"真的吗？"阿尔伯特很惊奇。

"是的。你仔细瞧着。"

父亲拿起小罗盘，转动了几下，里面的小磁针摆动起来，可是等磁针停下来时，红色的一端仍然指着壁炉的方向。

阿尔伯特接过罗盘，用劲地晃了晃，小磁针微微抖了抖，转回来依然指着北方。阿尔伯特又把罗盘摆在左手的手心上，不管他的手怎么旋转，那磁针仿佛有一种魔力，一直都指着北方。

阿尔伯特惊讶极了。

"爸爸，磁针为什么总指向北方呢？"

"因为地球里面有一种磁力，这种磁力对磁针有吸引力，使它总是指向北方。"

"这种磁力藏在地球的什么地方呢？"

"可以说到处都有，无所不在。"

阿尔伯特惊奇地又看了一眼磁针，然后将罗

爱因斯坦母亲葆玲 · 爱因斯坦

盘小心地收起来。他躺在床上，不再说话了。一双漂亮的褐色大眼睛若有所思地望着墙壁，眸子里闪烁着亮晶晶的光芒。真有一种看不见、摸不着的神奇力量，在支配着这个世界呢！这多么神秘啊！阿尔伯特默不作声地想着。在他童稚的心里，第一次感觉到，这世界的背后一定深深藏着一种规律，万物都遵循着这伟大的力量一分不差地运动着。

阿尔伯特闭上眼睛，一心一意地想着。究竟想些什么，他自己也不明白。他觉得自己突然长大了许多，在宇宙深处遥远的地方，仿佛有一种神秘的力量在向他召唤，唤起了他探寻宇宙奥秘的念头——这神奇的好奇心，就像一把火炬，引导他后来登上了伟大的科学殿堂。

6 岁的时候，阿尔伯特进了小学。

慕尼黑当时有天主教会办的学校，也有犹太教会办的学校。爱因斯坦父母虽然都是犹太人，但他们的宗教观念并不强。他们几乎忘记了自己是犹太人，别人也不介意同他们往来。所以阿尔伯特被送进一所天主教会办的小学。他是班上唯一的犹太小孩。

由于阿尔伯特不爱说话，又不合群，他一到学校，同学们就给他取了两个绰号："老实头"和"无聊伯伯"。加上保姆给他取的雅号"笨头笨脑的小祖宗"，阿尔伯特小小年纪就有了三个光荣的外号了。不过他并不在乎这些，照样沉默寡言，独来独往。当其他孩子在操场上打闹游戏时，他总是蹲在校园一角，静静地在地上画着 X、Y、Z 和一些奇怪的符号。

阿尔伯特童年时最大的乐趣，就是演算代数题了。他觉得那些抽象的符号里面，藏着无穷的奥妙。

阿尔伯特迷上数学，还得归功于叔叔雅各布。雅各布是一个充满着活力的工程师，他很喜欢"笨头笨脑"的阿尔伯特。

有一天，阿尔伯特从学校里回来，问雅各布："叔叔，什么是代数呀？"

"代数这玩意儿呀，"雅各布朝他挤挤眼，笑着说，"可以说是懒鬼的算术，凡是不知道的东西，都把它叫作 X，然后再去找找这个 X。"

雅各布叔叔生动的比喻引起阿尔伯特莫

童年时的爱因斯坦

大的兴趣。这是多么有趣的捉迷藏呀！阿尔伯特从叔叔那里学了些初步的代数知识后，就一天到晚热衷于去寻找 X、Y、Z 了。

代数题做累了，阿尔伯特就站在窗前练练小提琴。他是从六岁时学拉小提琴的。妈妈给他钢琴伴奏，妈妈的钢琴弹得很好。他拉莫扎特和舒伯特的曲子，每当优美的旋律从琴弦上倾泻下来的时候，他就会被音乐深深地陶醉了。他感觉到周围的世界，就和这音乐一样，充满着完美与和谐。小提琴成了他终身的伴侣。

晚上，爸爸还常常给阿尔伯特朗诵诗歌。歌德的《浮士德》和海涅的《北海》，引起他许多美丽的幻想。

无形之中，小阿尔伯特从三个大人那里，接受了科学、音乐和文学的熏陶。正是这三者，后来成为塑造爱因斯坦伟大人格的三根支柱。

犹太少年

爱因斯坦到上小学后，才知道自己是犹太人。

一天，阿尔伯特放学回来，急不可待地问父亲："爸爸，什么叫作犹太人啊？"

"犹太人？……我们家里的人都是犹太人呀。"

"哦，那我们还是不是德国人呢？"

"当然是哟，我们祖辈都生活在德国，讲德语，德国就是我们的祖国。不过，从血统上讲，我们是犹太人。"

"可是，我们为什么不信犹太教呢？"

"宗教只是一种信仰，"海尔曼瞅着儿子困惑的表情说，"犹太人并不一定都得信犹太教呀！"

海尔曼一家属于自由型的犹太人，比较开通。对他们来说，犹太族只是一种古老的血缘，而不是一种种族的束缚。他们并不遵守世代相传的犹太教礼法。海尔曼先生对宗教和神学，一直持着一种无所谓的态度。家里保留下来的唯一传统，就是每周星期四安息日时，要招待一位贫寒的犹太大学生吃顿午饭。

儿子和父亲却不一样。阿尔伯特心里充满着宗教感情。历史课里讲《圣经》故事，教堂里庄严的钟声、明亮的蜡烛、唱诗班优美的歌声，使他幼小的心灵里对宗教和上帝充满了崇敬之情。

"嗯，"阿尔伯特想了想，又问道："爸爸，犹太人的上帝和德国人的上帝一样不一样呀？"

"我的孩子，上帝只有一个，那就是耶稣。"

"听说耶稣是被犹太人害死的呀？"阿尔伯特脸上浮现出阴影。他曾经在街上听见有人骂"肮脏的犹太人，猪！"因此为自己身为犹太人感到一种隐约的耻辱。

"不对，孩子。"父亲摇摇头说，"将耶稣钉死在十字架上的并不是犹太人，而是罗马的官吏。出卖耶稣的虽然是一个名叫犹大的犹太人……但是耶稣也是犹太人呀。"

"哦，耶稣也是犹太人啊！"

阿尔伯特沉默了。

自从爱因斯坦知道自己是犹太人后，他的心里增加了一层复杂的感情。究竟是什么样的感情，他自己也说不清楚。也许这是一种"宿命"。从那以后，"犹太人"的印记，他一生都没有摆脱掉。

在小学的最后一年，有一次上历史课。

矮胖的历史老师走上讲台，给全班讲《圣经》的教义。

"大家知不知道，我主耶稣是怎样受难的？"他神情庄重地问。

教室里鸦雀无声。阿尔伯特屏声静气，脸色紧张起来。

历史老师大声说："上帝派耶稣到世间来拯救苦难的犹太人，他向他们传教，为他们治病……但是耶稣的门徒犹大，为了30块银币，竟将他的老师出卖了！"

老师的语调变得低沉起来，他的目光凝视着空中，喃喃地又说，"我主耶稣最后被钉在十字架上，手上淌着鲜血……"

教室里的气氛变得激动了。

"大家看，耶稣就是被这样大的钉子钉死的！"老师拿出一根很长的铁钉，举在手中，给学生们看。

老师讲这话并无意伤害阿尔伯特，但是阿尔伯特却突然觉得满脸发烧，一阵心悸，那根闪着寒光的铁钉就像钉进了自己的胸膛。因为，班上只有他是唯一的犹太人，老师的话音刚落，全班几十双视线一齐向他投来。他的内心受到莫大的震动。

"我为什么会是犹太人啊？可是，是犹太人又有何罪过？就因为祖先里出了一个犹大吗？我主耶稣也是犹太人呀……"

阿尔伯特痛苦地问着自己。

是的，犹大不应该出卖自己的老师，祖先里出了这样一个小人，是犹太民族的耻辱；但是，如果就因为这样，世界诅咒犹太人的话，那犹太人里也出了救世主耶稣，为什么不因此而对犹太民族加倍尊敬呢？这是阿尔伯特想说的话。

他不喜欢犹大，但非常崇敬耶稣。宗教在他心中激起的崇高感情，并没有因为这件事的打击而消退。他相信《圣经》里的故事，相信自己是上帝的孩子。

童年时光，就这样像梦一般地过去了。

阿尔伯特10岁那年，进了路提波德中学。他的生活，也揭开了新的一页。

路提波德中学是慕尼黑第一流的学校。当时只有慕尼黑成绩最优秀的学生或者是幸运儿，才进得了路提波德中学。

"咱们的阿尔伯特是中学生啦！"父亲高兴地说。

"是呀，你瞧他穿上校服多神气啊！"母亲也笑道。

可是，阿尔伯特穿上这蓝色制服，浑身不自在。"就像警察一样！"他在心里嘀咕着。

当时德国的中小学教育非常古板。一是老师管得太严过死，学生都成了机器；二是当时德国军国主义甚嚣尘上，学校里的气氛带有很浓的半军事化色彩，纪律严格而苛刻。对阿尔伯特来说，从小学升入中学，等于是从一座"小兵营"，进入了一座"更大的一点的兵营"。难怪他不喜欢制服。

进入路提波德中学不久，阿尔伯特就向雅各布叔叔诉起苦来。他说："如果说小学的老师像陆军上士，那么，中学老师便是一群中尉了。"

在课堂上，那些"中尉阁下"装腔作势，照本宣科，把拉丁文、希腊语像稻草一样往学生的脑子里塞。谁要是敢于给老师提点意见，马上就会受到严厉的处罚。

每次上课，阿尔伯特都有一种"耶稣受难"的感觉。

看见阿尔伯特无精打采的模样，雅各布叔叔拍拍他的肩头，鼓励道："既然你不喜欢嚼那些稻草，那就自己去发掘知识的宝藏吧！"

"是呀，我可以自己学呀！"阿尔伯特心头豁然开朗。他的学习兴趣，很快扩大到课堂以外。尤其对数学和物理，他有特别浓厚的兴趣。

在一个新学年的开始，一天，雅各布叔叔在纸上画了一个直角三角形，拿给阿尔伯特看。

"阿尔伯特，你学过这个定理吗？直角三角形两条直角边的平方之和，等于斜边的平方。这是希腊哲学家毕达哥拉斯2000多年前发现的定理，很有名，在中国叫作勾股定理，你能证明吗？"

雅各布叔叔神秘地朝他笑笑。

"我？"12岁的阿尔伯特又惊讶又兴奋，"我试试看。"

阿尔伯特要把这个迷人的定理证明出来。花了整整一个星期，后来采用引垂线的方法，终于成功了。

阿尔伯特心中的快乐是难以用语言来表达的。他平生第一次体验到发现真理的乐趣。

俗话说：好事成双。没几天，又发生一件事情，深深地打动了少年爱因斯坦的心。

每个星期四安息日，爱因斯坦家里都要邀请一位贫寒的犹太学生来家吃午饭，这是他们家多年保留的习俗。

在文艺感安息日，家里来了一位从俄国来的波兰犹太青年，名叫马克斯·塔尔玖，是慕尼黑大学的医科学生。塔尔玖生性活泼、机敏，一双深凹的眼睛炯炯有神。他在餐桌上发现阿尔伯特喜欢数学，而且很爱思考，于是送了一本欧几里得的《几何原本》给他。

阿尔伯特得到这本《几何原本》，如获至宝。他把它称为"神圣的几何小书"。这是一本欧几里得的名著，书中有不少他从未学过的重要定理。阿尔伯特立刻被吸引住了。

一连好些日子，阿尔伯特捧着小册子读得如痴如醉，读完之后惊叹不已。用爱因斯坦多年以后的话来说，他当时简直像经历了一次"奇迹"。书中的定理，有的从直观上看不出来，但却可以非常明确地把它证明出来，逻辑严密无误，思路清清楚楚，让人没有半点怀疑。这种思维的力量，给他留下一种难以形容的印象。他想：世界和人的思维是多么奇妙啊！

从此以后，阿尔伯特被几何学迷住了。

过了没有多久，他学完初等数学，就开始向高等数学领域进军。

当同班同学还在课堂上愁眉苦脸地死嚼枯燥的"常量稻草"时，阿尔伯特已经兴高采烈地学会了解析几何，并且征服了微积分。

这只奇特的"笨鸟"，终于先飞起来了。

上帝在哪里

阿尔伯特不仅数学知识超过了同班同学，他的物理知识也突破了课本的界限，而且他常常提些奇怪的问题，让老师难以对付。

有一次上物理课，老师讲光沿着直线传播。全班的同学都目不转睛地听着讲课，只有阿尔伯特望着窗外出神。

窗外有棵高大的银杏树，微风轻轻掀动着树叶，在阳光下像无数片小镜子闪闪发光。透过树叶，可以望见一片深邃的蓝天，蓝天的深处飞过几只鸽子。

"阿尔伯特，不要开小差！"老师用教鞭敲着黑板，喝道。

阿尔伯特转过脸，默默地望着黑板。

"你不听讲，究竟在想些什么？"老师责问他。

阿尔伯特很认真地回答说："我在想，如果我以光速这么快飞向宇宙，我会这么样？"

他的话使得全班哄堂大笑。

老师气得把夹鼻眼镜摘下来，往桌上一扔："你会怎么样？你会摔得粉身碎骨。"

讲台下又是一阵哄笑。

阿尔伯特却没有笑，脸上现出若有所思的样子。阿尔伯特心想：是啊，世界充满着奥秘，人们还无法认识它。如何去打开那神秘的宇宙之门，也许。正是我未来的使命……

又一个安息日来了。这是阿尔伯特最愉快的时刻，因为每次塔尔玖来，都会给他带来一些新鲜有趣的话题。塔尔玖比阿尔伯特大 11 岁，一贫如洗，他唯一的财富，就是头脑里丰富的知识。他曾笑着对阿尔伯特说："知识的金锅谁也偷不走。"

阿尔伯特很喜欢他。

"小伙子，听雅各布叔叔说，你被老师批评了？"

"是的，老师下课后警告我，不准当着同学的面再提怪问题。"

"有意思，一定是你让老师下不了台了，究竟是什么怪问题呀？"

"我不是故意的。"阿尔伯特讲起课堂上的事。

塔尔玖听完后，说道："这个问题很有想象力呀……对了，你读过伯恩斯坦的《自然科学通俗读本》吗？"

"没有。"

"那就请海尔曼先生给你买一套吧。书中不仅有光学知识，还有其他丰富的内容。"

阿尔伯特得到父亲的支持，高高兴兴地买回了《自然科学通俗读本》。

这套科普书印得很精致，共有六卷，实际是一部自然科学的百科全书。内容包括了天文、地理、生物、化学、物理等各门学科，从地球的诞生、天体的运行，到地下的矿藏、人类的起源……应有尽有，书中还配有大量精美的插图，让人爱不释手。

阿尔伯特聚精会神地读完《自然科学通俗读本》，一个全新的世界展现在他的面前。

"这就是我们居住的地球的真面目啊！"他感到惊奇极了。

可是上帝在哪里呢？阿尔

少年时代的爱因斯坦

伯特困惑了。

《圣经》里说：上帝第一天创造了天和地，第四天创造了日月星辰，第五天创造了人……但是在这本辉煌的《自然科学通俗读本》里，除了地球的真实面目和大自然遵循的规律外，竟然找不到半点上帝的影子！这位中学生的宗教信念动摇了。

没有多久，阿尔伯特又读到一本毕希纳的《力和物质》，也是塔尔玖推荐的。这是一本和《自然科学通俗读本》同样出色的科普读物，在当时影响很大。书的作者是一个无神论者。

这两本书，给爱因斯坦打下了牢固的科学根基，并对爱因斯坦世界观的形成，产生了重大的影响。

读完《力和物质》后，阿尔伯特完全明白了，《圣经》里的故事有很多原来是传说的。这个发现使他大为震惊。这件事在他心里烙下了深深的印记。从此以后，他不再相信宗教权威了。

此时，在阿尔伯特的心目中，取而代之的是一个新的"上帝"——那就是神秘的自然和宇宙的规律。他觉得这是一个巨大的世界，它离开人类而独立存在，在我们面前就像一个伟大而永恒的谜。对这个世界的憧憬和沉思，鼓舞着许多他所尊敬和钦佩的古今人物，不惜献出自己的全部智慧和热忱，去探寻它的真谛。这是一桩庄严而神圣的事业，也是一种崇高的幸福。人在对真理的追求中，可以从世俗的欲望和追逐的桎梏中解放出来，获得内心的自由和安宁。

慕尼黑，再见

1894 年秋天，海尔曼·爱因斯坦兄弟合开的电器工厂遇到了麻烦。由于产品销路不好，工厂被迫倒闭。为了谋求生计，另寻发展，爱因斯坦全家搬迁到意大利的米兰。

意大利是阿尔伯特向往的地方，那里是达·芬奇、伽利略和米开朗琪罗的故乡，一个科学和艺术的国度，邻近大海，到处都有明媚的阳光和自由的空气。

可是妈妈却对他说："阿尔伯特，你快毕业了，你必须留在慕尼黑读完中学。如果没有毕业证书，在米兰是进不了大学的。"

阿尔伯特一百个不情愿，但是没有办法。他只好一个人留了下来，住在一间出租的小房间里。

为了那张中学文凭，阿尔伯特必须在路提波德中学里，继续咀嚼那些"发霉的稻草"。学校教育学生们为了分数死记硬背，以求将来升官发财，效忠皇室。老师在课堂上板着面孔，严厉专横，讲的内容枯燥乏味。这一切对阿尔伯特来说，都是格格不入的。再加上他性情孤僻，不好交往，同学们不喜欢他。老师对他也抱着很深的成见，认为他"智力迟钝，不守纪律，心不在焉，想入非非。"有一次开家长座谈会，海尔曼·爱因斯坦问学校的训导主任，阿尔伯特将来干什么职业比较合适。这位训导主任竟直截了当地回答："干什么都一样。你的儿子将是一事无成的。"在这样令人窒息的环境里学习，阿尔伯特感到很压抑。他觉得越压抑，就产生越强烈的反抗心理。在这位 15 岁少年看来，路提波德这座"兵营"完全是专制和黑暗的化身。

阿尔伯特常常站在斗室里，打开窗户，向南方眺望。他深深地想念着远在意大利的亲人们。

6个月过去了，阿尔伯特再也忍受不了这种寂寞和痛苦。他想出一个计策，去找医生。

"大夫，请给我开张诊断书吧。"

"怎么啦？年轻人。我看你不像有病吧。"医生放下听诊器，诧异地问。

"不，我是有病的，一定是神经衰弱。"阿尔伯特装出一脸的痛苦说。

"神经衰弱？"医生狡黠地一笑，说，"你倒替医生诊断起来了。"

"是的，我肯定得了神经衰弱……所以我要退学，回意大利父母那里去。"

"哈哈，我明白了！这种病不叫神经衰弱，我年轻时也得过，叫作数学恐惧症。所以你要退学……"

"不，我最喜欢数学了。但是我不喜欢这里的学校，老师也不喜欢我……再待下去，我真的会得病了。"

阿尔伯特眼泪汪汪地说出了真情。

"噢，原来是这样。"

医生被他的真诚打动了，对他同情起来。

"好吧，我替你开张证明。去意大利找妈妈去吧！"

阿尔伯特·爱因斯坦

诊断结果：该生患有严重神经衰弱，不堪继续学业。建议改变气候环境，返父母处静养。

特此证明。

阿尔伯特拿到诊断书，道了声谢，撒腿就往外跑。

阿尔伯特把诊断书和退学申请交给了校方。

爱因斯坦当年读书的学校

　　为了解除上大学的后顾之忧，他又去找到数学老师，恳求帮助。数学老师念在阿尔伯特是全班数学尖子的份上，给他出具了一个证明。证明上写道："阿尔伯特·爱因斯坦的数学知识，已经达到大学程度。"这样一来，阿尔伯特心里踏实了。但他还有一点不放心，就是学校能让他退学吗？

　　3天以后，训导主任把他叫去了。

　　"听说你想退学，是真的吗？"

　　"是的。"

　　阿尔伯特心想：校方恐怕要提出一些为难的理由吧？可是万万没有料到训导主任说出这样一番话来：

　　"这很好。由你自己提出退学申请，这样学校省去了很多麻烦。"

　　"你是说，我犯了什么过错吗？"阿尔伯特感到受了侮辱。

　　"过错嘛还说不上。不过，你在班上，会影响大家对老师的尊敬。"主任冷冷地说。

　　阿尔伯特无话可说了。他挺着胸膛，头也不回地走出了路提波德中学。

初试啼声

火车穿过阿尔卑斯山的隧道，一路南下。

爱因斯坦打开车窗，贪婪地望着窗外。这就是可爱的意大利啊！天这么高，田野这么宽阔，阳光这么灿烂！一种鸟儿出笼的感觉油然而生。火车风驰电掣。爱因斯坦想着就要同亲人团聚，不禁心旷神怡。他把脑袋探出窗外，尽情地呼吸着自由的空气。

米兰用温馨的微笑迎接了爱因斯坦。与家人团聚，阿尔伯特十分惬意。父母也没有责备他。但是，学业暂时无法继续，因为米兰的德语中学只收 13 岁以下的转学生，报考大学的季节又未到，爱因斯坦暂时不能上学。父亲建议他好好利用这段时间，增长些见识。

爱因斯坦回到米兰不久，就开始思考一个在脑海里徘徊已久的问题：光和以太。根据牛顿经典物理学理论，光在以太中传播。但是以太这个东西，无所不在，却又无踪无影，究竟它是什么呢？爱因斯坦花了几周时间，写成一篇论文，题目为《关于磁场中以太的研究》。

在论文中，他对以太理论提出了天真的怀疑，建议用实验进行验证。对一个 16 岁的少年说来，这的确是惊人之举。虽然论文的内容还有点幼稚，但它无形中却触及到经典物理学最脆弱的部位。这是爱因斯坦的第一篇论文，他初试锋芒，就选准了探索的方向。

这证明了他无疑是个天才！

探索世界是有趣的，但是以太毕竟不能当饭吃。无忧无虑的 6 个月过去了。由于工厂经营不景气，父亲要爱因斯坦慎重考虑自己的未来。

"阿尔伯特，你已经不是孩子了，应该考虑自己的前途了……"

雅各布叔叔也说："对，你数学、物理好，将来做一个电器工程师吧！"

爱因斯坦沉思起来。他的志趣是科学。但无论搞科学研究也好，学工程也好，都必须进大学。可是想进大学，需要有中学毕业文凭。怎么办呢？

这时，他想起了数学老师给他出的证明。

"对了，我要去读苏黎世联邦工业大学。"

瑞士的这所联邦工业大学，是中欧的一所名牌大学，拥有很多知名教授，而且可以招收同等学历的学生。因此爱因斯坦选中了这所学校。全家都很支持他的计划。

于是，16 岁的爱因斯坦怀着雄心，登上了开往苏黎世的火车。

"布里丹的驴子"

苏黎世是瑞士北部的一座美丽的城市。老城的房屋建在起伏的山峦上，在狭窄的小街两旁，坐落着许多古色古香的楼房。但走在新区宽阔笔直的大道上，四处可见高大的现代建筑，使人感觉到一种时代的气息。城外东南隅，是微波荡漾的苏黎世湖，湖面上扬着白帆，景色宜人。

爱因斯坦无心欣赏市容，一下火车，他就提着皮箱，找到了苏黎世联邦工业大学。

"有中学毕业证书吗？"报名处的人问他。

爱因斯坦愣了一下。

"毕业证书？……我没有呀……"但他马上反应过来，说：

"但是我有老师的推荐信。"

报名处的人接过证书，瞥了一眼，冷冷地说："这个不管用，你必须参加入学考试。"

爱因斯坦只好进了考场。苏黎世联邦工业大学是瑞士唯一的国立大学，入学考试很严。考试下来，阿尔伯特·爱因斯坦竟然名落孙山。他的数学成绩很好，物理也不错，但语文考得一塌糊涂，动物学和植物学也不及格。

爱因斯坦的知识，大部分是靠自学得来的而且存在偏科的毛病。语文、动植物学都是需要记忆的学科，他平时花的工夫不多，自然不会考好。这时，爱因斯坦才痛感到，自己在慕尼黑接受的教育是残缺不全的。

爱因斯坦提着皮箱，垂头丧气地打算离开苏黎世。

正在这时，联邦工业大学有两位善于识别真才的人，向他伸出了援手。他们是著名的物理学家韦伯教授和大学校长赫尔岑。

爱因斯坦走出校门，被一个年轻人叫住了。那人通知爱因斯坦说，韦伯教授让转告他，如果他愿意留在苏黎世，可以破格去旁听韦伯教授的物理课。爱因斯坦心头涌上一层暖意。

"请代我谢谢韦伯教授！"他说。

爱因斯坦随青年来到校长办公室。校长已在那里等他，眼睛里含着慈爱的目光。

"爱因斯坦同学，我看过你的考卷。你的数学成绩不错，教授们也说，这样的天分埋没了，很可惜……"

"我从小就喜欢数学……"爱因斯坦望着校长，眼前升起一线希望。

"可是，你的语言学和动植物学基础较差。这几门功课，光靠自学不易掌握。我给你介绍一所州立中学，你去那里再读一年怎么样？"

"去州立中学？在什么地方呀？"一听到中学，爱因斯坦就泄气了，他想到了路提波德中学那座兵营。

美丽的苏黎世

"在阿劳镇，是一流的学校。如果你同意去的话，一年以后我准许你免试进联邦工业大学。"校长勉励道。

爱因斯坦接受了校长的建议。再去咀嚼一年"发霉的稻草"，可换个免试进苏黎世工业大学，也值。

阿劳镇距苏黎世很近，只有50千米。爱因斯坦进入了阿劳州立中学，才发现这所学校和他想象的大不一样。这是一所自由的校园，环境优美，设备齐全，更重要的是校风非常民主。老师们和蔼可亲，从不以权威自居。他们反对强制性教育，主张学生自己负责，鼓励学生们让智力自由地发展，老师的责任就是启发和诱导。

来到阿劳，爱因斯坦才体会到学校生活的乐趣。阿劳中学成了他人生的中转站。

爱因斯坦寄居在温德勒教授的家里，开始了愉快的学习生活。学校里有各种各样的实验室，还有藏书丰富的图书馆。温德勒在阿劳中学教希腊文和拉丁文，一家人对爱因斯坦很照顾。使这个从米兰来的少年学子感到家庭的温暖。

爱因斯坦的学业进步很快。除了必修的语言学和动植物学外，他喜爱的物理学和数学也有很大长进。那个一直萦绕在他脑海里的问题，这时更强烈了。他常常独自一人在山谷散步，湖边徘徊，心中默想着那个只有他一个人知道的谜：假如一个人以光速跟着光波跑，他将看见什么呢？

这是一个神奇的谜。谜底是什么，爱因斯坦不知道。当时世界上的物理学家们也不知道。爱因斯坦正朝着一个伟大的目标前进……

1年以后，爱因斯坦修完了全部课程，拿到中学毕业文凭。他的毕业证书至今还保存着，代数和几何成绩最好，是6分，物理5分，化学和自然史也是5分，地理、工程制图4分，最差的法语3分。同年，爱因斯坦免试进入苏黎世联邦工业大学。

这一年的春天，爱因斯坦得到父亲的同意，放弃了德国国籍。他放弃德国国籍的根本原因，可能与他厌恶和痛恨德国军国主义教育制度有关。他很爱瑞士，希望成为瑞士的公民。但瑞士国籍要到21岁才能申请，爱因斯坦只有17岁，他成了一名没有国籍的大学生。

爱因斯坦进了联邦大学师范系，主修数学和物理学。这两门学科是他从小就热爱的。照父亲的意愿，是希望爱因斯坦学工程的，但他最终还是尊重了儿子自己的选择。

这位17岁的新大学生，个头敦实，脸色红润，目光里充满着自信。但他仍然同以前一样，不修边幅，鞋帮上粘着泥浆，一身衣服肥大得像只面口袋。

"爱因斯坦同学，欢迎你成为我的学生。"韦伯教授捻着胡须，笑眯眯地打量着他。

"谢谢韦伯先生！"爱因斯坦点头行礼，心中很兴奋。韦伯是联邦工业大学物理系的创办人，学问深厚。能成为他的学生，不能不说是一种幸运。

杰出的数学家明可夫斯基

"这位是明可夫斯基教授，他将教你们数学课。"韦伯教授指着旁边一位气度不凡的青年教师，向爱因斯坦介绍。

"哦，您就是明可夫斯基教授？"爱因斯坦惊奇地睁大了眼睛。明可夫斯基是一位有独创精神的数学教授，名气很大，爱因斯坦早闻其名，但没想到他竟然这么年轻。

"是的，"明可夫斯基微微一笑，问道，"喜欢数学吗？"

"喜欢。"爱因斯坦回答。

"只有傻瓜和懒汉才不喜欢数学。"明可夫斯基朗声说道，逗得大家都笑了。

紧张的大学生活开始了。就像许多一年级新生一样，爱因斯坦为好奇心所驱使，选修的课程五花八门，什么都有，但又什么都不精。这种情景，用他自己的话说，就像是一头"布里丹的驴子"，当时不能决定究竟该吃哪一捆干草。所谓"布里丹的驴子"，是人们讽刺 14 世纪法国唯名论哲学家布里丹的比喻，意指一头驴子站在两堆同样大小的干草之间，犹豫不决该先吃那堆干草，最后只好饿死。

不过没有多久，这头不安分的"驴子"就选定了自己爱吃的"草料"。他一头扎进了韦伯教授的物理实验室，整天迷恋于探寻物理学的奥秘。联邦工业大学每学期只有两次考试，其余时间学生可以自由支配。爱因斯坦充分享用了这种自由。他"刷掉了"很多课程，而专心致力于物理学学习，连高等数学也放松了。渐渐地，明可夫斯基教授发现，爱因斯坦的座位常常空着。

"爱因斯坦这个学生，最近一直没有来听课。"他惋惜地对同事说。

"是啊，这个学生成绩一直很好，数学上很有些天赋。这是怎么搞的……"

"我想，他不至于是个懒汉吧……"明可夫斯基说。

爱因斯坦的确不是懒汉。他学习很勤奋。他唯一觉得的是时间不够用。除了听课和在实验室里潜心研究外，其余时间，他躲在自己的小房间里，大量阅读麦克斯韦、基尔霍夫、亥姆霍兹、赫兹这些理论大师的著作。其中最使他着迷的，是麦克斯韦的电磁理论。英国物理学家麦克斯韦是电磁波的预见者，自牛顿以来最伟大的物理学家。他创立的电磁理论是一个宏大的体系，像艺术品一样精致、完美，包罗万象。爱因斯坦越走进这座理论王国，越感觉到他正在学的物理学基础里，存在着许多让人困惑的疑点。

"我一定要解决它们！"他暗想。

为此，他连心爱的数学都放弃了。

"喂，爱因斯坦，下午有明可夫斯基主持的讲座，你一定得参加呀！"他要好的朋友、同班同学格罗斯曼劝他。

"算了，你去吧。我没有时间。"

"你在中学时，不是被公认为数学尖子吗？怎么现在对数学没有兴趣了？"

"纯粹数学的分支太多，太细，每一个分支都可能消耗人的短暂的一生……"

"可是，不懂数学的物理学家永远是跛脚的呀！"

"也许是这样，不过，作为工具的数学基础，我自信学的够了。"

"真拿你没有办法，怪人！"格罗斯曼耸耸肩，独自听课去了。

"格罗斯曼，等一下。"爱因斯坦叫住了他。

"什么事？"

在联邦工业大学的爱因斯坦

爱因斯坦与好友合影，左一为格罗斯曼

"能把你记的地质学笔记借给我看看吗？马上要考试了。"爱因斯坦狡黠地眨眨眼。

"乖乖！你连海姆教授那样有名的课都没去听呀？"

"他的确讲得好，但我没有时间呀！你的笔记记得那么出色，我用不着去听课也可以应付考试了。"

每一次考试，格罗斯曼的笔记都成了爱因斯坦的救命锚。爱因斯坦不惜牺牲了其他课程，倾注全力钻研物理学。他知道自己不是一个循规蹈矩的好学生，所以自嘲为"离经叛道的怪人"。

也许正是这种离经叛道的精神，才使他日后动摇经典物理学大厦的基础，彻底地改造了经典物理学的体系。

怀疑牛顿神殿

爱因斯坦的目光从一本厚厚的经典著作上抬起，痴痴地凝视着窗外。

"啊，牛顿的力学殿堂多么宏伟呀！"

的确，牛顿力学是物理学最辉煌的成就。这位巨人总结的三大运动定律和万有引力定律，精确而圆满地概括出宇宙万物的运动，从未出现过差错。两百年来，牛顿力学一直处于不可动摇的地位，并成为科学研究的准则。按照牛顿的理论，时间和空间是绝对的，它们彼此间没有联系，和物质运动也没有关系，只有"力"才是改变物体运动的原因。

麦克斯韦

这些柱石构成了一座宏伟的经典物理学大厦。两百年来，它一直为人所敬仰，并且被认为是完美无缺的。

但是，现在遇见了问题，这就是电磁波。

英国杰出的物理学家麦克斯韦于 1865 年创立的电磁理论，预见了电磁波的存在。他的推测是这样的：如果能使带电物体震动，那么，电荷周围的电磁场就能像波一样传播开去。水波靠水传递，声波靠空气传播。那么电磁波呢？麦克斯韦猜测，传播电磁波的，是一种叫"以太"的媒介，它像牛顿所设想的那样弥漫在整个空间，能渗入物体内部，并能将运动从一部分传递到另一部分。1888 年，在麦克斯韦去世后九年，31 岁的德国科学家赫兹做了一个轰动一时的实验，证实了电磁波的存在。电磁理论获得了巨大成功。但是，"以太"这种神秘的东西，却一直没有发现。它究竟存不存在，成了一个难解之谜。物理学家们陷入了巨大的困惑中。

按照经典力学理论，如果"以太"存在，它将是一种十分离奇的物质。一方面它无所不在，物体可以在其中运动而不受阻碍；另一方面它又必须具有无限刚性，否则电磁波就无法在"以太"中做横向传播。实际上，除非是幽灵，这无影无踪的神奇之物，是不可能存在的。

爱因斯坦的怀疑加深了。

"老兄，你认为'以太'这东西究竟有没有？"有一天，在咖啡馆谈天时，爱因斯坦问格罗斯曼。

"说不准，这个问题，物理学界至今没有定论。"格罗斯曼沉思道。

"我怀疑'以太'根本就不存在。"

爱因斯坦用勺子搅着咖啡说。

"假如'以太'真的不存在，那问题就严重了。"和他同桌的另一位朋友贝索提醒道："因为根据牛顿力学，'以太'是绝对静止的，地球相对于'以太'做绝对运动，如果'以太'没有，那'绝对运动'就不存在了。"

爱因斯坦扬起脸来，两眼闪着亮光说："是的，不只'绝对运动'，连绝对空间、绝对时间这一切都要被否定了。"

"这样一来，牛顿物理学的大厦不就要倒了吗？"格罗斯曼惊讶地说。

爱因斯坦端起咖啡杯子，一饮而尽，说道："我认为，'以太'已经无可救药。物理学正面临着一场大革命。牛顿的经典物理学已经衰老。现在应该产生新的物理学了。"

"新的物理学？那将是什么样呢？"格罗斯曼凑近脑袋，兴奋地问他。

"我也不知道。我只知道现在需要有新的理论诞生……"爱因斯坦思索道。

"伙计们，把牛顿的绝对时空从他的神山上拉下来吧！"贝索举起手中的杯子，欢呼道。

就这样，20 岁的爱因斯坦，向 200 岁的牛顿经典力学提出了挑战。他除了深入细致地攻读了麦克斯韦、赫兹、基尔霍夫、亥姆霍兹的著作外，还认真研究了洛伦兹、马赫的著作。这些人物，都是处在现代物理学前沿的科学家。尤其是马赫的著作，首先是《力学》一书，对他产生了深刻的影响。这本书是贝索推荐给他读的。马赫是第一个对牛顿力学公开提出批判的学者。他那坚不可摧的怀疑态度和独立精神，大大鼓舞了青年爱因斯坦的斗志。

爱因斯坦四年的大学生活，是很清苦的。由于父亲的生意屡遭失败，爱因斯坦只能靠几个舅舅接济生活。他常替低年级学生补课弥补生活费。不过，那些学生富裕的很少，他得到的补贴并不多。

他的肚子常常是空的，头脑却越来越充实起来。而且，四年的学习生活，还使他找到了未来的妻子——这是他同班的同学、一位匈牙利姑娘米列娃。

1900 年 8 月，毕业的日子到了。爱因斯坦在联邦工业大学以优异成绩通过了国家考试。这位旧世界的叛逆者，就要崭露头角了。在他的前面，已经升起新世纪的曙光。

专利局的黑马

　　通往真理的路是崎岖不平的。爱因斯坦大学毕业，首先面临的是寻找工作。他本人希望能留在联邦工业大学做助教，这是继续深造的一条最理想的途径。遗憾的是，他的这一愿望没有实现。他的朋友贝索、格罗斯曼，还有亚德勒，以及几个成绩不及他的同学都留下了，唯独没有他。

　　"这究竟是怎么回事呢？"失望之际，他去向留校的格罗斯曼讨教。

　　"你总爱走自己的路，做自己的梦。一般的教授都不喜欢独立意识太强的人做助手。"格罗斯曼说。

　　"原来我是'不合时宜'的人！"

　　"别泄气，阿尔伯特，你去找找韦伯教授，也许他能帮助你。"格罗斯曼给他出主意。

　　爱因斯坦见到了韦伯教授，说出了自己的处境。

　　"你愿意做中学教员吗？"韦伯教授问他。

　　"我很愿意。"

　　"那好，我给你写几封给中学的荐职信。"

　　爱因斯坦拿着这些荐职信，满怀希望地到几所中学去联系。能够做一名中学物理老师，他也满意了。他必须首先找到一个栖身之处。自己已经大学毕业，不可能再靠舅父接济过日子。意想不到的是，他四处奔波，都碰了壁，没有一所中学决定录用他。向来很温暖的苏黎世城，忽然变得冷淡起来。这是为什么啊？

　　6个月过去了。为了寻找工作，爱因斯坦饿着肚子，在苏黎世的大街上徘徊，最终仍然一无所获。他度过了青年时代最寒冷的一个冬季。

春天悄悄来了。树枝上吐出了点点新绿。

爱因斯坦怀着希望，给莱比锡著名物理化学家奥斯特瓦尔德一封言辞恳切的求职信。他在信中诉说了自己的窘境，并附上自己刚发表的一篇科技文章，请求奥斯特瓦尔德考虑，能否接受他做一名助手。正是千里马常有，伯乐不常有。信寄出去后，如石沉大海。爱因斯坦的期待又一次落空。贫病交加的海尔曼先生不忍心看到儿子遭受打击，瞒着爱因斯坦，给奥斯特瓦尔德写了封信，请求这位显赫的学者向一个热爱科学的青年伸出援手。信写得凄楚动人，饱含一颗慈父之心。最终他们收到那位物理化学家的回信没有，已不得而知。但有一个事实是肯定的：爱因斯坦的处境并没有改变。

山穷水尽的爱因斯坦一天在报上读到一条广告：苏黎世附近的温特都尔技校，需要招聘一位代课老师。他立即赶去温特都尔。也是天无绝人之路。这次爱因斯坦竟被录用了。有这样一次临时的就业机会，对他来说也是幸运的了。爱因斯坦第一次走上讲台，心里充满着兴奋和激动。结果讲课获得成功。他以和蔼的态度和渊博的学识，得到学生们的欢迎。可是，好景不长。几个月后，正式老师到任。爱因斯坦又一次失业了。

随后，爱因斯坦在沙夫豪森镇找到一份家庭教师的工作，负责辅导两个少年。沙夫豪森镇位于莱茵河畔，靠近德国边境，镇上有著名的瀑布。

爱因斯坦在这里过得很愉快。他有当老师的天性，两个学生也很听他的话。不料，这种融洽的关系遭到其他老师的嫉妒，他们从中故意作梗，制造了许多麻烦。爱因斯坦气愤地找到主管人，提出两个学生的辅导由他全权负责，别的老师不能干涉。结果可想而知：他被辞退了。

逆境是一所最好的大学。爱因斯坦再度回到苏黎世，不得不继续寻找工作。这段时间也许是他一生中的最低点。他穿着破旧的外套，在冷风中匆匆奔走，受尽了权贵的白眼和学术界的冷落。他变得成熟起来。

正当爱因斯坦处在最困难的时候，有一天格罗斯曼来看他。

"阿尔伯特，你找到工作没有？"这位大学时代的老朋友问。

"没有。总是到处碰壁。"爱因斯坦苦笑道。

"如果伯尔尼有个工作，你愿不愿意去？"

"伯尔尼？我当然愿意。"爱因斯坦毫不犹豫地说。

"不过，工作不一定理想。"

"我不在乎。要知道，再没有固定职业，我只好沿街去拉小提琴了。"

"那好，这事就包在我身上了！"

格罗斯曼的父亲同伯尔尼专利局局长哈勒是朋友，老人家知道爱因斯坦的情况后，深感同情，给哈勒写了一封介绍信。

于是，爱因斯坦拿着介绍信，登上了开往瑞士首都伯尔尼的火车。

"喔，你就是爱因斯坦？"哈勒局长看过老格罗斯曼的介绍信，抬起锐利的目光打量着他。

"是的，格罗斯曼先生的儿子是我同班同学。"爱因斯坦恭敬地说。

伯尔尼专利局大楼

"你在联邦工业大学学的是工科，还是理科？"局长问。

"我专攻物理。"

爱因斯坦未领会哈勒局长问话的含义。其实专利局最欢迎工科人才，因为专利局的主要工作是审查技术发明专利，需要工程技术方面的专业知识。

哈勒局长听他回答后，脸上稍露失望的表情，不过他马上表示说："不要紧。有了理科的知识，工程方面的内容会很快学会的。但有一个问题很重要……"

爱因斯坦听到这里，心头一惊，唯恐会出什么节外生枝的事来。

"你有瑞士国籍吗？因为这里是瑞士的政府机关。"局长问道。

"是的，我有瑞士国籍。"爱因斯坦暗自庆幸，他在不久前刚刚获得瑞士公民权。

"好吧，你被录用了。"局长说。

就这样，在大学毕业两年后，爱因斯坦在伯尔尼专利局得到一份固定的工作。他再也不需要像流浪汉一样，在苏黎世的大街上徘徊了。

不久，爱因斯坦搬到伯尔尼，开始就任专利局的职务。时间是1902年初夏。

爱因斯坦的正式职务是三级技审员，年薪3600法郎。薪水虽然不算高，但已比一般中学教员优厚了。他的主要工作是检查专利申请，并写出专利证明。对他说来，这是很轻松的事，一天的工作，往往两三个钟头就完成了。余下的时间，他就潜心于搞自己的物理学研究。

当然，他的研究是偷偷进行的。因为局长规定，上班时间不准干私活。爱因斯坦一听到哈勒局长的脚步声，便匆匆把演算草稿和公式收进抽屉，装做一本正经办公的样子。专利局里的人谁也不知道，一位旷世的天才正在他们身旁铸造着科学之剑。他是一匹何等伟大的神驹啊！

爱因斯坦很乐意在专利局做一名小公务员，正是因为他胸中怀着伟大的科学目标。他把科学当作毕生事业。在他看来，科学是神圣的天职，不应该作为谋生的手段。所以，他对在专利局里的工作，颇为满意。

这一年10月，爱因斯坦的父亲不幸病故。在经历了多年生意场的拼搏和失败后，父亲终于承受不了重荷，死于心脏病。享年仅55岁。海尔曼·爱因斯坦不是一个成功的商人，却是一个好父亲。他的乐天、好学和宽厚，从小给了爱因斯坦鼓励。

在父亲弥留之际，成全了儿子最后一件事，同意爱因斯坦与女友的婚事。3个

爱因斯坦在伯尔尼专利局埋头工作

月以后，爱因斯坦同大学同学米列娃结了婚，在伯尔尼建立起小家庭。据说爱因斯坦的家里起初并不赞成这个婚姻，具体原因不明，只知道爱因斯坦的母亲不喜欢米列娃。爱因斯坦最终按自己的意愿举行了婚礼。结婚时，男女

爱因斯坦与米列娃

双方的家里都没有来人参加，证婚人是爱因斯坦的两位朋友索洛文和哈比希特。

1年以后，他们生了一个儿子。爱因斯坦给他取名为：汉斯·阿尔伯特。

伯尔尼的市民，常常可以看见青年爱因斯坦推着一辆婴儿车在街上散步。他留着蓬松的头发，与其说是学者，不如说更像一个艺术家。这位年轻父亲的脸上，总带着若有所思的神情。他偶尔停下步子，从口袋里掏出一张纸片，在上面写下几行什么。

一个伟大的理论，正在爱因斯坦的头脑中孕育。

攀登高峰

在专利局工作的岁月里，爱因斯坦在同时代科学家无法想象的条件下埋头研究，既没有导师指导，又接触不到所需要的专业书刊。在这场伟大的科学研究中，他不得不孤军奋战。

但是他也有朋友。他们常常给予他鼓励和支持。

他最要好的朋友，是贝索。这位性情温和的意大利青年，是爱因斯坦在联邦工业大学时的同学，毕业后留校任教。后来经爱因斯坦介绍，也来到专利局工作。贝索博览群书，知识面广，思想敏锐，常给爱因斯坦提供最新的研究资料。

另外，他还有两个朋友，一个是从罗马尼亚来伯尔尼学哲学的索洛文；另一个是在沙夫豪森认识的青年数学家哈比希特，随后来到伯尔尼专修大学课程。哈比希特的弟弟后来也加入了他们的行列。

这样一群才华横溢、思想解放的青年聚集在一起，无拘无束地讨论哲学、科学和人生问题。伯尔尼有座"奥林匹亚"小咖啡馆，成了他们经常聚会的地方。他们把自己的团体戏称为"奥林匹亚科学院"。奥林匹亚是希腊古代竞技之地，世界奥林匹克运动会就是由此得名的。他们在餐桌上，一边喝着咖啡，一边讨论着物理学面临的危机和革命，其意义也够得上是世界性的。

"开尔文勋爵在世纪之交的祝辞中，曾提在平静晴朗的物理学天空中，挂着两朵乌云……"索洛文说。

"不错，一朵是黑体辐射，另一朵就是以太漂流实验。"贝索的口气带着权威性。

"那老头好像预感到了物理学面临的危机……"

"大名鼎鼎的开尔文嘛，一生中有过七十多次发明。不过也是他，曾经第一

奥林匹亚科学院成员：哈比希特、索洛文、爱因斯坦

个走到电磁理论的门口又徘徊而去，错过了良机。"

"怪不得他要提醒全世界，留心那两朵奇怪的云……"哈比希特叹道。

"谁能摘下那两朵乌云，谁就会成为 20 世纪的牛顿。"贝索意味深长地说。

"普朗克、马赫、彭加勒、洛伦兹……"他们说出了一长串名字，然后又互相争执不下，谁可能是最佳人选。

"都不行。"贝索逐一评论道："马赫只是一个哲学家；普朗克声望太高，不会轻易同经典理论唱反调；洛伦兹倒是一个人物，前年刚得诺贝尔物理学奖，不过他是喝着牛顿的奶长大的，很难同祖宗决裂；那个彭加勒……"

"照你这么讲，就没有人啦！"

"有一个人可以担当这个重任。"贝索狡黠地一笑。

"谁呀？"哈比希特的弟弟睁大了眼睛。

"他就是咱们'奥林匹亚科学院'的院长——阿尔伯特·爱因斯坦。"贝索做了个介绍的姿势，引得这些"院士"们大笑起来。

爱因斯坦只是平静地一笑，说："你别拍我的马屁了。"

餐桌上又是一阵快乐的吆喝。

"好啦，下面咱们换个节目: 讨论莎士比亚的《堂·吉诃德》！"贝索大声宣布。

"什么'莎士比亚'？是塞万提斯！"索洛文笑得差点把杯子打翻。

"嘿嘿，我说走火了！是那位西班牙的塞万提斯的《堂·吉诃德》。"

"爱因斯坦，你可不要学那瘦长的堂·吉诃德。去向风车挑战哟！"一同伴谑笑道。

"那风车已经千疮百孔，只要一推就会倒塌。"贝索说。

"它不是一座风车，它是一座大山。"爱因斯坦说着，沉思起来。

是的，他是在攀登一座横跨历史的巍峨大山。道路是崎岖不平的，到处巉岩嵯峨，荆棘丛生。少年时代，他曾经站在这座山下，望着高不可及的峰顶景仰不已。

如今，将近10年的工夫，他克服了重重困难，已经越过山腰，登上山脊。那迷人的顶峰，就在云雾之外，抬头可望。

然而这最后一段距离，也是最艰难的路途。多少人登到这一高度就望而却步了。唯独爱因斯坦，在继续向上攀援。

辉煌的 1905 年

1905 年的春天来得格外早。不到 5 月,伯尔尼的紫罗兰就开了。但从这时起,爱因斯坦不常和朋友们聚会了。

贝索知道,他正在做最后冲刺。这时,每迈出一步都要付出极大的努力。一位传记作家说过,有些科学家能够翻过科学上崇山峻岭的一般障碍,可是一到达山巅,就不能想象云雾以外的情景了。很多人功亏一篑就是这个道理。

一个晴朗的早晨,在专利局走廊上,爱因斯坦悄悄塞给贝索一张纸条。贝索回到办公室,小心地拆开条子,见上面写着:"成功在即,晚上来寒舍一晤。"

"这家伙,终于要登上顶峰啦!"贝索从心里为朋友感到高兴。

爱因斯坦住在克拉姆胡同的一套便宜的公寓里。屋里陈设很简单。桌子上堆满书籍和凌乱的演算纸,墙上挂着几幅人物蚀刻画——其中有法拉第、麦克斯韦,还有牛顿,都是爱因斯坦崇敬的大师。

贝索晚上兴冲冲地赶到他的"寒舍",发现爱因斯坦正垂头丧气地坐在长椅上,桌子上摊着一堆废稿纸。

"唉,没想到结果全错了!我刚检查出来……"

"问题出在哪里?"贝索关切地问。

"计算方法不对,我现在才感到自己的数学本领不够用。"

"那你打算怎么办呢?"

"只好推倒重来。我决不功亏一篑……"爱因斯坦说着,目光投向墙上的蚀刻画。

贝索也把目光投向墙壁。那镜框里,披着长发的牛顿,正微笑着俯视他俩,一双眯缝的眼睛闪着巨人的慧黠。

追随前人是容易的，要超越就难了，更何况要超越的是一位跨越几个世纪的巨匠。

爱因斯坦把运算过程推倒重来，经过一番艰难的推导，几个星期以后，得出新的结论。再一验算，又错了。

他坠入了云里雾中。眼看山巅就在前方，一眨眼就成了泡影。失望、焦虑、痛苦，他都经历了，但他从不灰心。他的脑子里常常会闪过一道曙光，直觉告诉他，他已经走到真理的门口，只要再迈过一步，他就成功了。

一个又一个不眠之夜过去了。爱因斯坦桌上的演算稿，从一叠积成一摞，再积成一座小山；又从一座小山减成一摞，再变成整整齐齐的一叠。

这一天早晨，爱因斯坦喜形于色地向贝索透露："老兄，我终于发现了！"

他的眼里布满血丝，脸上露出疲惫之色，但一双眼睛闪着胜利的亮光。

"真的吗？那太好了！是什么发现？"

贝索看见爱因斯坦兴奋的表情，就猜到一定是物理学上的重大发现。

爱因斯坦激动地说："一个新的世界！"

"你真行呀，把牛顿的殿堂推翻了？"

"差不多。"

"怎么推翻的？快告诉我。"

"现在还不成，等我把论文全部写后再说。"

"嘿，嘿！你的确是一匹举世无双的黑马……"

1个月后，爱因斯坦写成了《论动体的电动力学》。在这之前，他还完成了另外三篇重要论文。爱因斯坦把四篇论文都寄到莱比锡去了。

莱比锡的《物理学年鉴》杂志在同一年里接连发表了这四篇论文。四篇论文中，有一篇为爱因斯坦给苏黎世大学的博士论文，题为《分子大小的新测定法》。另

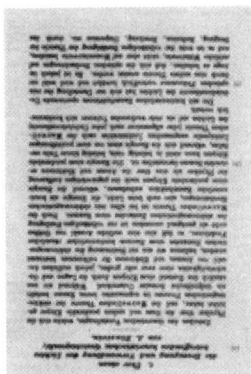

《光的产生和转化的一个启发
性的观点》

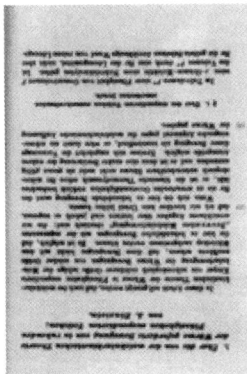

《热的分子运动论所要求的静
液体中悬浮粒子的运动》

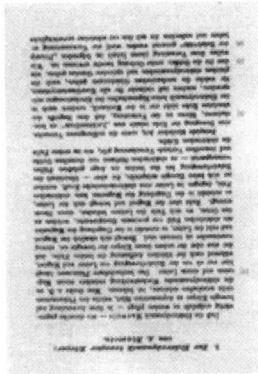

《论动体的电动力学》

外三篇涉及物理学的三个领域，每一篇都是带有革命性的。

一个默默无闻的小人物，同一年内，在物理学的三个领域做出重大发现，真是科学史上的奇迹。学术界也不得不刮目相看了。这一切，发生在 1905 年。

这一年，爱因斯坦年方 26 岁。

他的发现，导致了物理学的大革命，具有划时代的意义。

爱因斯坦发表在《物理学年鉴》上的这三篇杰出的论文，按其成就而言，每一篇都可以得诺贝尔物理学奖。因为这三篇论文，在物理学的三个未知领域都获得了突破性的成就。

直到今天，有的科学史家还理解不了一个 26 岁的业余研究者，为什么竟能在同一时间建立如此辉煌的伟业！是奇迹，天才，抑或是上帝的宠爱呢……在科学史上，只有牛顿才能够与之媲美。1665 年秋天，英国流行瘟疫，剑桥大学被迫关闭，23 岁的牛顿回到农村老家，在伍尔斯索普乡间呆了 18 个月。就在这段时间，他发现了二项式定律，建立了微积分，发现了光的组成，并开始探索万有引力问题。

爱因斯坦的第一篇论文，题目为《光的产生和转化的一个启发性的观点》，完成于 1905 年 3 月 17 日，发表在《物理学年鉴》4 辑第 17 卷 132–148 页。他在论文中大胆提出了光量子假设。是对普朗克量子论的重大发展。

普朗克是德国柏林大学的著名教授，一位治学严谨的物理学家。1900 年年末，为了解释黑体辐射之谜，他提出了著名的量子论假设。根据这个理论，黑体受热时（例如加热变红的铁块）辐射出的能量（例如发光），与光的频率成正比，并且永远是以不连续的形式发出的。

普朗克的量子论是一个崭新的思想，开尔文勋爵预告的两朵乌云中的一朵，即将迎来风暴。

但在量子论发表后五年间，并没有引起物理学家们的注意，也没有人对它进行评价。谁也不相信普朗克的假设，连普朗克自己也有些怀疑。因为这个假设，和现在的全部物理学观念都是冲突的。在这场物理学的大革命中，实际上普朗克第一个举起了大旗，动摇了牛顿经典物理学的基础。

普朗克在发表量子论时，已经是世界一流学者，他自己不会想到，在瑞士伯尔尼的专利局里，有一位无名的青年正热心地研究自己的理论。

爱因斯坦把普朗克的量子假设向前发展了一步，提出了光量子说。他认为电磁波的能量是以一份一份的光量子传播的，在人类认识自然界的历史上第一次揭示出辐射的波动性和粒子性的对立统一。爱因斯坦用这个理论，完满地解释了德国科学家赫兹 17 年前发现的光电效应。

1888 年，赫兹在进行电磁波实验时，发现紫外光能促使火花放电。后来的研究者进一步发现，光照射金属时，能从金属中释放出电子来。这就是光电效应。而且实验表明，微弱的紫光能从金属表面释放出电子，很强的红光却不能释放出电子。这个现象用波动说解释不通，要用爱因斯坦的光量子理论却很容易解释。因为紫光的频率是红光的两倍，根据普朗克公式，紫光的光量子能量也等于红光的光量子能量的两倍，自然比红光容易打出电子来。

爱因斯坦的第二篇论文，题目为《热的分子运动论所要求的静液体中悬浮粒子的运动》，是关于布朗运动的研究。论文完成于 1905 年 5 月 1 日，发表在《物理学年鉴》4 辑第 17 卷 549–560 页。

布朗是英国的一位植物学家。1827 年夏天，他用显微镜观察在水面的花粉，意外地发现花粉微粒不停地在跳动，而水面却平静如镜。花粉微粒这种紊乱而奇特的运动，使布朗感到很奇怪。起初，他错误地以为花粉里有生命活力，是自身能动。后来，他深入地研究下去，发现煤粉、玻璃粉、金属粉等这些无生命物质的微粒，也存在类似现象。布朗才意识地问题不简单，但他解释不了究竟是什么原因。不久，他在两篇论文中公布了这一重大发现。后来人们把这种现象叫作"布朗运动"。

30 年后，包括麦克斯韦在内的一些物理学家解释了布朗运动产生的原因。他们认为，这种无规则的运动是水分子对悬浮微粒不断撞击的结果。布朗运动的发现，证明了物质是由分子和原子组成的。

但是，唱反调的学者也大有人在。因为他们根本就否定原子和分子的存在。其中最有名的反对者，有马赫和奥斯特瓦尔德，后者就是爱因斯坦曾写信向他求助的那位教授。

这也难怪。当时原子论还只是一种假说，而麦克斯韦等人对布朗运动的解释，也仅限于定性的描述。

爱因斯坦解决布朗运动理论的关键，是采用了定量分析。他用一种统计力学的方法，解释出布朗运动的规律，并且提出了根据对布朗运动的观察可计算出分子大小的公式。令人称奇的是，由于伯尔尼专利局的条件限制，爱因斯坦无法做实验，手头资料也不多，他的结论纯粹是推导出来的。

3 年以后，法国物理学家佩林，用精细的实验出色地证明了爱因斯坦的公式（现在这一公式被称作"爱因斯坦的布朗运动定律"）。原子论取得了决定性的胜利。

在事实目前，马赫折服了。傲慢的奥斯特瓦尔德，也在日记里写道：终于"信服原子论"了。那位幸运的佩林，后来因为这一工作获得 1926 年的诺贝尔物理学奖。

爱因斯坦的第 3 篇论文，就是名垂青史的《论动体的电动力学》。这篇论文总共 30 页，完稿时间是 1905 年 6 月，发表在《物理学年鉴》4 辑第 17 卷 891–921 页。这是爱因斯坦一生中最伟大的发现。在这篇 9000 字的论文中，他建立了相对论，开创了物理学的新纪元。

这一科学发现，更深深地触动了经典物理学的大厦。它提出了一个全新的时空观，最终改变了人类对世界的看法。正如一位物理学家说的：自从古希腊时代以来，任何一种物理学理论，都不曾像触动空间和时间习惯观念的新理论那样鼓舞和激动了思想界。

这篇论文没有引证任何文献，完全是爱因斯坦独创的成果。作者在论文结尾怀着友好感情写道："感谢著者的好友和同事贝索的热忱帮助。"

那个课堂上幻想以光速飞向宇宙的孩子，那个离经叛道、经常对世界提出疑问的少年，经过 10 年的孜孜追求，终于登上了近代物理学的高峰！

相对论

　　这个对比是很有意思的：同是科学史上划时代的著作，牛顿的《自然哲学的数学原理》是一部鸿篇巨制，一座经典物理学的宏伟大厦；爱因斯坦的《论动体的电动力学》却只是一篇朴素的短文，而且连底稿都没有留下来。

　　而爱因斯坦这几千字的论文，却从根基上动摇了牛顿的辉煌殿堂，第一次提出时间、空间与物质这三者之间的崭新观念。

　　牛顿力学大厦的基石是绝对时间和绝对空间。牛顿认为：时间和空间是客观存在的、绝对的，彼此没有关联，同物质运动和外界任何事物没有关系。在牛顿的体系里，万物都遵循"三大运动定律"和"万有引力定律"，有条不紊地、规规矩矩地运动着。

　　爱因斯坦在论文里指出：宇宙里不存在一成不变的绝对时间，也没有绝对空间。时间流逝的快慢和空间距离的大小，和物质的运动有着密切的关系。在物体以接近光速的高速运动时，时间会变慢，长度会缩短。爱因斯坦提出的这个新的时空观，改变了人类对世界的看法，导致了相对论的诞生。

　　爱因斯坦建立相对论，是从两个基本原理出发的：一是相对性原理；二是光速不变原理。

　　首先，爱因斯坦抛弃了多年来困扰着物理学家们的"以太说"。在他的论文第二段中，有一句名言："'光以太'的引入将被证明是多余的，因为按照这里所要阐述的见解，并不需要有一个'绝对静止的空间'。"

　　爱因斯坦告诉我们：一个人坐在一列停着的火车上，当另一列火车从窗外驶过时，到底是哪一列火车在运动，坐在车厢里的人猛然间是难于判断的。这就是说，无论是哪一个观察者，要进行测量，首先得有个参考系——比如他乘坐的车子、地球或星系。宇宙里既然没有绝对静止的"以太"，也就没有任何能供观测者确定自己位置和运动的固定标杆。一切事物和运动都具有相对性。而不管怎样进行测量，光速总归是不变的。

爱因斯坦的观念，引出一个十分有趣的结果。

举例来说：假如你带着一只表，站在河岸上。河里有一艘船以极快的速度，顺流而下。在那艘船上，有人相隔一分钟，放出两个信号弹。当船经过你面前时，放出第一个信号弹，您立即按下秒表。而当你看到第二个信号弹时，再按停秒表，表上的时间一定比一分钟还多一点。

这是为什么呢？道理其实很简单：因为船也在动。在放那两个信号弹的时候，假如船停着不动，那么，间隔的时间，不论从船上或岸上看来，都是同样准确的一分钟，但由于船也在动，在河岸上测得的时间，便比在船上测得的要长一些了。换句话说，时间也是相对的。运动速度越快，时钟就越慢。而且，一切物体会沿着它的运动方向，相对缩短。

这就是相对论里著名的"钟慢尺缩"结论。

爱因斯坦当年在课堂上那天才的奇想，终于在相对论里找到了答案。

"如果我以光速这么快飞向宇宙，我会怎么样？"

同班的同学们将会看见：他手上的表变慢了，人变扁了——如果他是朝着飞行方向的话。这不是在讲笑话，而是千真万确的事实。因为这"老实头"相对于地球在做运动，地球上的人确确实实看到他的表变慢了，身体变薄了。这就是相对论里的钟慢尺缩现象。在日常生活中，为什么我们看不见钟慢尺缩呢？这是因为我们接触的都是低速运动，钟慢尺缩现象微乎其微。最快的喷气式飞机的速度（每秒300米），与光速（每秒30万千米）相比，也是微不足道的。

说来有趣。爱因斯坦的同学们还会看见：正快乐地飞向宇宙的"老实头"成了重量级的"老铁头"。这是为什么呢？因为根据相对论的另一个重要结论，物体的质量会随着运动速度而改变。速度越快，质量增加也越大。当速度达到光速的 90% 时，质量会增加的原来的两倍多。当光速达到光速时，质量将变得无穷大。

爱因斯坦相对论的第三个重要结论，是著名的爱因斯坦方程：$E=mc^2$ 这个公式是爱因斯坦在随后的另一篇论文里发表的。论文同样很简洁，只有三页。公式的含义是：一切物质都含有与质量（m）乘以光速（c）平方相等的能量（E）。

这个数字是惊人的。

因为光速是一个很大的数。根据这个公式计算，1000 克物体所含有的能量，就相当于 3500 万吨炸药爆炸时所产生的能量！起初，大多数科学家们都不相信这个结论。直到 40 年后，根据这一理论研制成功的原子弹，在日本广岛上空爆炸时，全世界才恍然大悟。

就这样，爱因斯坦将宇宙的面貌，完全改观了。相对论的发表，使他从科学界默默无闻的一个小人物，一跃而成为自牛顿和麦克斯韦之后，世界上最伟大的物理学家。

在这场科学革命的前夜，至少有五个人错过了机会。他们不约而同地走到相对论的门口，但迟疑着，没有进去。

这五个人是：迈克尔逊、莫雷、洛伦兹、菲茨杰拉德和彭加勒。

迈克尔逊　　　　　　　莫雷　　　　　　　洛伦兹

迈克尔逊是美国籍波兰物理学家，1852 年生于波兰，后举家迁到美国，曾就读于美国安拉波利斯海军学院。从 1878 年起，迈克尔逊致力于光的实验研究，成绩卓著，1882 年他曾经测出当时最精确的光速。为了验证以太的存在，1887 年迈克尔逊和他的助手莫雷设计了一个物理学史上最精巧的试验。

他们的设想是这样的：如果空间充满以太，那么，朝地球运动的方向投射出去的光，速度必然会减慢，就像逆水而行的船一样。他们设计了一个干涉仪，它能将一束光分成两部分，在同一时间一路射向地球运动的方向，另一路射向另一个方向，再由外面的两面镜子分别把这两路光反射回来，到中心后重新汇合。如果宇宙中真的有以太存在，两束光在汇合时必然会产生相位差，形成干涉条纹。

但是试验结果表明：这两束光不存在相位差！这个结果大出科学家们的预料，因为它从反面说明了以太并不存在，这对于经典物理学的"以太说"，无疑是一个致命的打击。

迈克尔逊对自己的试验结果也很感意外。他和莫雷改换地点和条件，反复做了多次试验，结果仍然一样。

这就是著名的迈克尔逊以太漂流试验，也称"迈克尔逊——莫雷试验"。它使物理学家们目瞪口呆，惊叹不已。他们意识到经典物理学出现了危机。这就是开尔文勋爵在世纪之交的祝辞中提到的"另一朵乌云"。

实际上，迈克尔逊的以太漂流试验宣判了以太的死刑。他只要再往前跨出一步，就可以叩响相对论的门了。可惜他没有。传统观念的影响实在是太强大了！

为了挽救以太说，有两位大物理学家不约而同地在寻找解药。他们就是：荷兰莱顿大学的洛伦兹教授和爱尔兰学者菲茨杰拉德。

洛伦兹和菲茨杰拉德可说是"英雄所见略同"，两人找到的"药方"完全一样。他们认为，在以太中运动的物体在运动方向上缩短了，运动速度越接近光速，收缩得越多。按照他们的见解，迈克尔逊干涉仪沿着地球运动方向的一臂的缩短，恰好补偿了光沿两臂不同的速度所造成的相位差。这样一来，迈克尔逊以太漂流试验就得到了解释，而以太依然是存在的。

洛伦兹和菲茨杰拉德不愧是两位高级泥水匠，经典力学大厦的裂缝被堵住了。至于运动物体怎么会缩短，他们却解释不了。他们也没有意识到这个假设中包含着一个辉煌的新思想。这个思想后来导致了爱因斯坦的相对论。

当时有一首打油诗讽刺这种解释：

洛氏菲氏两剑客，

精神抖擞来舞剑。

舞的速度真叫快，

按照两君收缩论，

长剑缩得像圆片。

聪明的读者一定发现了，这和爱因斯坦相对论里的"钟慢尺缩"多么相似。

他们无须再向前迈步，已经站在相对论的门口了。遗憾的是，他们的眼睛是长在后脑勺上的，只知道往后看，死抱着往日的旧理论不放。因而错过了发现相对论的机会。

与相对论失之交臂的，还有一位法国物理学家彭加勒。在爱因斯坦发表相对论的前一年，他就提出过相对论原理。科学史家至今还感到困惑，为什么彭加勒后来竟会调头而去。想必也是因为最终未能跳出经典物理学的框框。

这些先行者们，虽然没有登上顶峰，但他们无愧是相对论的先驱者。爱因斯坦正是站在他们的肩膀上，才摘取了相对论的桂冠。

意味深长的是，在最初的日子里，相对论并没有多少人理解。

知音难觅

第一个认识到相对论价值的人，是普朗克。

普朗克是《物理学年鉴》杂志的编委，该刊发表爱因斯坦关于光量子那篇论文时，阿·爱因斯坦这个名字就引起了他的注意。

同样一个阿·爱因斯坦，出手不凡，竟一连发表了三篇论文！普朗克仔细地读了《论动体的电动力学》，这位目光犀利、头顶微秃的学者立即看出相对论具有划时代的意义。普朗克给爱因斯坦去了一封热情洋溢的信，称赞他的伟大发现。爱因斯坦收到这封信后的高兴心情，是可以想见的。普朗克是当时德国最有影响的物理学家、柏林科学院院士，又是量子论的创始人，能有这样一位支持者，爱因斯坦受到莫大的鼓励。

爱因斯坦的论文发表不久，普朗克在柏林大学的物理讨论会上，向为数不多的听众介绍了相对论。时间是 1905 年秋天。这是物理学史上有关相对论的第一个报告。普朗克在台上讲得很兴奋，

但台下听众却大眼瞪小眼，听懂者很少。连普朗克最得意的学生劳厄，也觉得相对论太深奥了。

任何和传统观念大相径庭的新理论，在刚刚诞生时，都不可能立即被人们接受。难怪一位法国科学家好几年后还在说：世界上包括爱因斯坦在内，只有 12 个人懂相对论。

天上飘起了雪花。1905 年的最后几天悄悄逝去。爱因斯坦仍然默默无闻地在专利局里工作。知道他的人不多。

1906 年 3 月，在柏林举行的物理学会上，普朗克宣读了根据相对论写成的论

文——《相对性原理和基本力学方程》，直
到这时，相对论才受到学术界的注目。

真理是没有国界的。巴黎的朗之万教
授、德国的维恩教授，都热心地研究起相对
论来。另一位名叫威特科夫斯基的教授读了
爱因斯坦的论文后，大声赞叹地对他的学生
说："一个新的哥白尼已经诞生了！你要读
读爱因斯坦的论文。"

爱因斯坦在苏黎世的数学老师明可夫斯
基，这时已经到哥廷根大学任教。他读完相
对论的论文后，非常惊讶，不禁叹道："啊，
爱因斯坦！就是那个经常旷课的学生呀！"

普朗克

明可夫斯基为自己的"懒汉"学生惊叹，更为相对论惊叹。这位杰出的数学
家慧眼独具，一下就看出相对论开创了物理学的新纪元。不过，学生的数学功力
还欠一点火候，老师决定亲自出马，助他一臂之力。

明可夫斯基的数学才能是超群的，加上他对相对论思想理解透彻、深刻，第
二年他写出一篇出色的论文，给相对论赋予了更简明、更完美的数学形式。在这
篇论文中，还指明了通往广义相对论的道路，对相对论的发展起到重要作用。爱
因斯坦能遇到这样一位老师，应该说是他的幸运。

1908 年夏天，在科隆举行德国自然科学家与医生协会第 80 届年会。明可夫
斯基在会上做了一次极为生动的讲演，使听众们为之轰动。讲演的题目为"空间
与时间"。人们普遍认为，正是这次讲演使相对论名闻天下。

明可夫斯基用炯炯有神的目光环视着会场说："先生们！我打算向诸位介绍
的时间和空间的观点，来自实验物理学的土壤，这就是它们的力量所在。这些观

念是带有革命性的。从今以后，空间本身和时间本身都已成为阴影，只有两者的结合才保持独立的存在……"

讲演获得极大的成功。明可夫斯基的这段话，成为人们争相传诵的名言。

不幸的是，讲演结束后不到4个月，明可夫斯基就病逝了。他只活了44岁。临死时，这位天才的数学家不无遗憾地说："在相对论还未取得胜利的时候死掉，真太可惜了！"

高山流水，知音难觅。更多的人对相对论持着怀疑和观望态度。

耐人寻味的是，相对论的几位开路人对相对论也持着保留态度。也许他们和经典物理学的渊源和感情太深了，总舍不得抛弃。与传统观念决裂是一个痛苦的过程。

洛仑兹在10年后才接受相对论。

彭加勒不久后对相对论原理产生动摇，而且在谈及相对论的文章和演讲中，绝口不提爱因斯坦的名字。直到他去世之前，也即1911年，才承认："在我认识的人当中，爱因斯坦是最富有独创精神的人之一。

最"顽固"的要算迈克尔逊了，26年后他才见到爱因斯坦，这位老先生对爱因斯坦说，他的实验竟然对诞生相对论这样一个"怪物"起了作用，他真感到有点遗憾。

拼命反对相对论的自然也大有人在。德国物理学家勒纳德至死都维护"以太"说，甚至宣称发现了"亲以太"。他是爱因斯坦发表相对论那年的诺贝尔物理学奖得主，最后却成了旧理论的殉道者。还有一位叫阿普拉汉的物理学家，是普朗克的学生，也竭尽全力要为"绝对的"以太恢复名誉。此人成了牛顿经典物理学最后一位看门人。

不管愿意不愿意，也不管承认不承认，新的理论终究要代替旧的理论，这是任何人也阻挡不住的。

从"鞋匠"到教授

爱因斯坦的名字渐渐传播开来。

凡是读过他的论文的人，都对论文作者产生了兴趣。

"爱因斯坦究竟是什么样的人呀？"

"他住在哪里？他是哪一所大学的教授呢？"

当他们打听到爱因斯坦并不是大学教授，而只不过是瑞士专利局的一位公务员时，不禁惊愕不已。最感到困惑的是瑞士的几所大学。

"这样有成就的新进学者，为什么没有请到大学里来任教呢？"

问这些话的人里面，也许就有人，5年前曾拒绝过这位"新进学者"。

但是，爱因斯坦并不想做教授。他对专利局的工作感到很满足，这里有充足的时间，又有选择研究课题的充分自由。在爱因斯坦的眼中，名誉和地位并不算一回事，只要生活有保障，能埋头搞研究，也就别无他求了。

"话虽这么说，你总不能永远在专利局呀！为了完成你的相对论，还是应该去做大学教授，进入学术界才好。"

朋友们这么劝他。爱因斯坦觉得有道理。

当时，苏黎世联邦工业大学有一个编外物理教授的空缺，却有两个有力的候选人。

一个候选人是爱因斯坦，另一个恰好是爱因斯坦大学时代的朋友亚德勒。但是爱因斯坦不知道。

亚德勒是一个金发青年，智慧超群，他的父亲是维也纳的著名政治家。亚德勒毕业后一直留在苏黎世联邦工业大学任讲师。

州立大学教授的任命，是由州政府教育署主持的。由于亚德勒父亲的背景，

伯尔尼专利局时期的爱因斯坦

加之他的条件很优越，于是，当局决定由亚德勒接任理论物理学教授。

当亚德勒获知和自己竞争这一职位的，竟是爱因斯坦时，便急忙赶到教育署，满脸通红地对负责人说：

"你们完全能聘请爱因斯坦来执教，而你们却不这样做，偏要任命我当教授，真是岂有此理。他是极为难得的大学者，老实说，作为一个物理学家，我连替他拿皮包的资格都没有哩！"

就这样，教育署改变了教授的任命。爱因斯坦后来知道这件事后，对自己的好朋友非常感激。

1909 年秋天，爱因斯坦辞别了伯尔尼专利局，回到苏黎世母校，就任理论物理学教授。这一年他 30 岁。从此，各国学术界都向他敞开了大门。

爱因斯坦对苏黎世怀着一种故乡般的感情，因为他的学术思想是在这里形成的，苏黎世是相对论的摇篮。

"我们终于回来了！"夫人米列娃也显得很高兴。

凭爱因斯坦的学识和平易近人，很快就受到学生们的欢迎。他也很喜欢那些纯朴的学生。

爱因斯坦每次走上讲台，总是先脱下帽子和大衣，挂在衣架上，然后亲切地问道："各位有什么问题没有？"如果有人提出疑问，他总是说："这个问题很好。"

待把问题解答之后，他才开始讲课。据说他从来不带讲义上教室，总是一边想着，一边写出复杂的计算来。

不过，当了教授，爱因斯坦的生活并不见得宽裕。他担任的是编外教授，年薪并不比专利局多多少，而教授的开销却比小职员大。为了补贴家用，米列娃只好腾出房间，租给学生。夫妇俩时有口角发生。

爱因斯坦曾对朋友苦笑说："我的相对论里，空间的每一点上，都放着一只时钟。但是在我家里，连一只时钟都买不起。"

爱因斯坦在苏黎世联邦工业大学任教了三个学期。除了讲课以外，他潜心于引力问题的思考。

1911年春天，布拉格大学寄来聘书，邀请爱因斯坦去该校做正教授，爱因斯坦接受了。

那里薪金较高，条件也好。爱因斯坦这时已经有两个孩子，为了一家的生活，他不得不考虑待遇问题。布拉格大学对爱因斯坦有吸引力，还有一个原因，就是他景仰的马赫曾任该校第一任校长。

布拉格如今是捷克斯洛伐克首都，可那时还被奥地利统治着。这是一个美丽的都市，300年前伟大的天文学家开普勒在这里生活过，到处都是名胜古迹。宽阔的伏尔塔瓦河静静地从市区流过，广场上聚集着成群的鸽子，天空在飘扬着教堂悠扬的钟声。

爱因斯坦漫步在布拉格街头，既领略到中世纪古城的风光，又强烈地感觉到种族仇恨的阴影，这使他很惊讶。居住在这座城市的捷克人和德国人，彼此充满着仇恨。很多德籍犹太人，也参加了对捷克人的歧视。然而在德国人圈子内部，犹太人却又遭到排斥，这是很可悲的事。

有时候，爱因斯坦独自穿过市区，散步到犹太人公墓。伫立在那些刻着希伯来文、古老斑驳的墓石前，一股民族的感情便会涌上心头。他又记起在小学教室里的那种情景。"对，我也是犹太人，我永远不会玷辱自己的民族！"他对自己说。

爱因斯坦在布拉格大学就职演说那天，自然科学院的讲堂挤得水泄不通，学生们都想一睹相对论发现者的风采。爱因斯坦讲演的简洁明快，以及他特有的幽默和非学究式的风格，令听众为之倾倒。

在布拉格大学，除了授课以外，爱因斯坦还结识了很多朋友，他和师生们的关系也很密切。据一个当年听过他课的哲学家回忆：年轻的爱因斯坦教授能同提出有趣问题的大学生在街上来回漫步数小时，讨论问题，有时甚至下起蒙蒙细雨，打湿衣服，也没有觉察到。这段时间，爱因斯坦对引力的思考日渐深入。他隐隐觉得自己仿佛已经接触到问题的核心，但还差一点火候。

这是一个比"以太之谜"更难解的谜：引力是怎样产生的？它和时间—空间有关系吗？望着桥下波光粼粼的伏尔塔瓦河流水，爱因斯坦深感：大自然的奥秘，一定能用一组巧妙的数学方程予以描述……

1911 年秋天，爱因斯坦应邀参加了布鲁塞尔举行的第一次索尔维会议。这是一次群星灿烂的科学聚会。应邀出席的二十多人，都是举世闻名的大物理学家。他们之中有：法国的居里夫人、朗之万、彭加勒、佩林，英国的卢瑟福、金斯，荷兰的洛仑兹、昂内斯，德国的普朗克、能斯特。会议主席是世界物理学的元老、荷兰的洛仑兹博士。爱因斯坦和哈森涅尔教授，代表奥地利物理学界参加会议。

这是一次具有历史意义的、令人难忘的巨人之会。各国物理学的精英们欢聚一堂，就物理学的重大问题交换意见。会议讨论的主题为"辐射理论和量子"。

第一个做报告的是洛仑兹。他用德语、法语和英语三种语言轮流讲演，讲得极为精彩。题目为"用经典的方法讨论辐射问题"。爱因斯坦望着他深邃的目光和飘逸的银须，感到深深的敬仰。后来他与洛仑兹建立了终生的友谊。

最后一个做报告的是爱因斯坦，他的题目是有关重力的理论。与会的同行不断为他鼓掌。爱因斯坦是巨人中最年轻的巨人。他的理论和风度在会上大放异彩。

"真是不同凡响的人物。"居里夫人小声地对旁边的普朗克说。

普朗克戴着眼镜，留着威严的仁丹胡，头已经微秃，一双眼睛闪着亮光。他有一种明显的感觉，这位年仅 32 岁的爱因斯坦，正站在事业的巅峰上。

"是的，如果爱因斯坦的理论能被证明是正确的话，他将是 20 世纪的哥白尼。"普朗克颔首道。

听见这话，居里夫人和彭加勒联名给苏黎世联邦工业大学写了一封推荐信，信中写道：

在我们认识的人当中，爱因斯坦是最具有创造才能的人。他虽然还很年轻，但已经在现代第一流的学者群中，脱颖而出了。尤其值得佩服的，是他有一种才能，

1911年历史性的索尔维会议，右二为爱因斯坦，后排左二为普朗克，前排用手托脸者为居里夫人

能从新颖的概念中，引导出各种结论。关于物理学上的问题，他能不为陈旧的观念所拘束，看透一切新的现象，而这些都是日后必定会被证实的。

他的真实价值，此后必能更加发挥。因而，聘请他任职的大学，将会声誉日隆。

与此同时，荷兰的莱顿大学、柏林的帝国学院，还有美国的哥伦比亚大学，都纷纷发出邀请，希望爱因斯坦去讲学。米列娃喜欢苏黎世，爱因斯坦很怀念那里，苏黎世是他的第二故乡。促成这一选择的，还有一个因素，爱因斯坦觉得那里的氛围和条件，有助于他解决引力问题。

1912年秋天，爱因斯坦回到苏黎世，在母校就任正教授，主持一个新设的数学物理讲座，聘期十年。

这时，他的好朋友格罗斯曼已经是苏黎世联邦工业大学教授。在这位患难之交的辅佐下，爱因斯坦将登上现代物理学的第二座高峰。

引力之谜

布拉格的岁月，对爱因斯坦来说，是值得纪念的。在这座充满着幻想和矛盾的城市里，他对引力的研究获得了第一个可喜的成果。他的事业由此进入了辉煌的第二个高峰期。

爱因斯坦1905年发表的相对论，附有一个条件，那就是：两个相对运动的体系是匀速的，因此，它被称作"狭义相对论"。

那么，在有加速度的世界里，情况会怎么样呢？不要那个附加条件的"广义相对论"能够成立吗？这是爱因斯坦几年间一直在苦苦思考的问题。他是一个不知满足的登山者，盼望着征服云天之外的另一座更高的山峰。但是山腰上迷雾缭绕，路在哪里呢？

爱因斯坦到布拉格大学任教后，有件意外的事启发了他。有一天，一个在高楼屋顶上装修的工人不小心摔了下来。所幸的是，他摔在一块很厚的草坪上，居然奇迹般地没有受伤。爱因斯坦同这个工人交谈时，工人告诉他，在自己摔下来时有一种失重的奇怪感觉。

"失重？"爱因斯坦顿时有所领悟。

"是的，就像重力突然消失了。"

爱因斯坦褐色的眼睛里露出了亮光，沉思片刻后，他像孩子似的高兴地叫起来："对啦，我找到关键啦！"

这是一种顿悟，或叫灵感。就像传说牛顿看见苹果落地，联想到万有引力一样，是长时间思考的结果。

爱因斯坦从工人的谈话中得到启发，经过一番论证和研究，发现了一个重要原理——这就是广义相对论的第一个原理。

爱因斯坦是这样假设的：一个人拿着手帕站在电梯里，电梯的钢索突然断了，于是这个人和电梯一同以自由落体速度坠下来。这时，他丢下手帕。于是，在电梯外面的人看来，电梯、人、手帕一齐向下降落，降落的速度和重量没有关系，所以，都以同样的速度降落。

但是，在电梯里面的人，却感觉到了自己是飘忽不定的，手帕也不会掉在地上，只停在他放手那个位置。这和他在毫无重力作用的太空中的感觉一样。

再假设在电梯顶上系上钢索，用和重力加速度同样的力量往上拉。那么，电梯外面的人会说："电梯上升了。"但在电梯里面的人却一定说："我在电梯里，稳稳地站着，取出手帕丢下，它就会落在地上。"他并没有发觉电梯开动了，满以为是自己的身体恢复了重量，就像重新站在地球上一样，丢下手帕也会落在地上。

这说明，电梯里的人分不清电梯是在做加速度运动，还是静止在引力场中。换句话说，两者是等效的！这就是爱因斯坦广义相对论的基石——著名的等效原理。

在攀登的路上，爱因斯坦迈出了决定性的一步。这时，一道霞光在前面升起，令他喜出望外。

爱因斯坦进一步假设：假定快速上升的电梯侧面有个小洞，让一束光从这里水平射进来，会怎么样呢？

这个问题非常绝妙。

爱因斯坦断言：根据光的传导法则，这束光将以不变的速度射向对面的墙上，由于在光束照到对面墙上之前，电梯会稍微升高，所以光束照到对面墙上稍低于小洞高度的地方。这就意味着：光线向下发生了弯曲！

从牛顿开始，人们一直认为光线是直线传播的。但是爱因斯坦现在公然宣布：光线和掷皮球一样，都会因为重力的作用，而向下弯曲。

这是一个惊人而富有浪漫色彩的结论。

1911 年，爱因斯坦在论文《关于引力对光线传播的影响》中公布了这一理论。论文完成于这一年 6 月，发表在《物理学年鉴》4 辑第 35 卷，679–694 页。

在这篇论文中，爱因斯坦提出了一个大胆的预言：星星发出的光线经过太阳旁边时，会因为太阳的引力，而发生弯曲。他甚至计算出，光线弯曲的角度是 0.83 秒。

论文发表后，在学术界，几乎引起一场小小的地震。

"真是天方夜谭，光线也会拐弯？"

"八成是爱因斯坦大脑袋里哪条神经短路了。"

爱因斯坦听见这些流言蜚语，只是淡淡一笑。他想起意大利诗人但丁的一句话：

"走自己的路，让别人去说吧！"

柏林的邀请

爱因斯坦儿时最喜欢的是数学，但命运好像在捉弄他似的，爱因斯坦长大后在创立无与伦比的相对论时，感到最头疼的就是数学。他很后悔在联邦工业大学时，没有认真听明可夫斯基的数学课。他懂得了一个物理学家没有足够的数学知识，就无法准确恰当地描述大自然的规律。可惜的是，这位天才的老师已经英年早逝。爱因斯坦只好向师兄弟求助了。

友情是生活中的一盏明灯。忠实的格罗斯曼又一次向他伸出了援助之手。爱因斯坦回到苏黎世联邦工业大学后，格罗斯曼告诉他，要解决相对论深层次的问题，可使用一种新的数学工具——黎曼几何学和张量解析。

格罗斯曼所说的黎曼几何学的确是一种新武器，它与传统的欧几里得几何迥然不同。欧式几何的定理只适合于平面：两点间最短距离是直线，三角形三个内角之和等于180°。而黎曼几何是一种球面几何，在黎曼的新空间里，两点间最短距离不是直线，而是弧线，三角形内角之和大于180°。换句话说，在黎曼的世界里，时空是弯曲的。这正是爱因斯坦一直在寻找那个时空的奥秘！按照这种新的解释，宇宙空间因为引力场的存在发生弯曲，而光线总是沿着最短路线传播的，所以它经过太阳边缘时，会变成弧线（因为曲面上弧线最短）。而张量分析，又称绝对微分学，是现代数学的一个重要分支。

黎曼

爱因斯坦在格罗斯曼的帮助下，经过艰苦学习，终于找到了解释引力之谜的钥匙。

正当爱因斯坦的研究工作向纵深发展时，柏林向他发出了诱人的邀请。

1913 年一个晴朗的夏日，普朗克和能斯特这两位德国物理学界的台柱，专程从柏林来到苏黎世，拜访年轻的爱因斯坦。

"我们正在筹建一个威廉皇家物理研究所，很希望你能协助。"普朗克和颜悦色地说明来意。

"不知道我能帮些什么忙？"爱因斯坦问。

"我们想请你主持物理研究所的工作。"普朗克充满爱意地说。

"啊！是叫我做所长？"爱因斯坦感到很意外，这个职位一般的学者是得不到的。

"这可是世界上第一流的物理研究所哟！"能斯特替普朗克帮着腔。

"是的，我知道……可是……"爱因斯坦有些迟疑。

普朗克和能斯特交换了一下眼色，接着抛出了事先谋划好的网罗计划。

这位物理学泰斗，推了推眼镜框，说道："除此以外，还准备请你兼任柏林大学教授，以及普鲁士科学院院士。"

普朗克的话充满着诚意。

科学院院士是科学界的最高荣誉，还没有人在 34 岁时就获此殊荣的。爱因斯坦知道，这一切都是普朗克的全力举荐。他很感动，但也有些犹豫。

"担任这么重要的职务，对我说来，恐怕太年轻了些……"

"哪里的话！在柏林老头有的是，我们会给您做作后盾的。"能斯特大声地说。

"那么，到柏林大学，需要讲课吗？"

"不，这只是个名义。如果你愿意，讲几堂课也可以；如果你不愿意，就不必上课。"

米列娃和两个儿子合影

这是再理想不过的职位了。时间充裕，待遇优厚，研究不受任何束缚，而且柏林是欧洲的学术中心，可以和许多当代著名学者经常交换意见，互相研究。爱因斯坦心动了。但他还有最后一个顾虑，那就是德国是一个军国主义的大本营。少年时代慕尼黑的阴影他总也抹不掉。

"谢谢两位的厚爱。我很愿意到柏林和大家一起共事，但不知道，能不能保留我的瑞士国籍……"

这真是一个意外的条件。它很可能被认为是对东道主引以为豪的"神圣的德国"的侮辱。但出乎意料的，这个条件也顺利地被接受了。

于是，1914 年春天到来的时候，爱因斯坦以瑞士籍犹太人的身份，搬到柏林。

米列娃没有随爱因斯坦迁往柏林。他们的婚姻出现了裂痕。事实上双方都没有过错，主要是性格不合。做伟人的妻子是很难的。米列娃牺牲了自己的事业，做一个家庭主妇，感到很委屈。她需要丈夫的体贴、关怀。而爱因斯坦自己还是一个需要照顾的"大孩子",除了醉心于科学和小提琴,他可以忘掉世界上的一切。他们生活得并不融洽。而且,米列娃也不愿意离开苏黎世。于是,经过一番商量,米列娃带着两个孩子留下,同他分居了。

爱因斯坦独身一人来到柏林。柏林是一座现代化的都市、欧洲的学术中心,他有不少朋友在这里。爱因斯坦常在宽阔的菩提树下大街上散步。他穿着一件臃肿的旧外套,双手插在裤袋里,看上去就像一个悠闲的艺术家。实际上,这个时候他的思想如天马行空,在宇宙中驰骋。

广义相对论的第一篇论文发表后,在学术界引起两种迥然不同的反应。爱因斯坦一面继续完善这个理论,一面期待着天文学家用实验验证自己的预言。但要观测星光经过太阳边缘是否发生弯曲,必须在日全食时才有可能。1914年夏天将有一次日全食出现,这是非常难得的机会。爱因斯坦翘首以待,盼着这个日子的到来。

可是,1914年夏天,世界大战爆发了。

战争的导火线,是奥皇太子斐迪南大公6月28日在萨拉热窝被刺身亡。实际上,德国和奥地利一直都在穷兵黩武,酝酿发动侵略战争。7月28日奥地利向塞尔维亚宣战。7月30日,不甘心自己利益受染指的俄国宣布总动员。8月1日德国对俄宣战,几天里,法国、英国也相继参战。战火燃遍整个欧洲。

这个时候,有一支由德国天文学家组成的考察队,正在前往俄国克里米亚半岛途中。他们是去那里进行预计中的日全食观测的。领队是爱因斯坦的朋友、年轻的天文学家弗罗因德里希。考察队此行的一个主要目的,是检验爱因斯坦光线弯曲的预言。不幸的是,考察队在俄国境内被当作战俘抓起来了。几个星期后,他们同几名俄国军官交换而获释,但测量仪器被全部扣留。这次人们期待已久的日全食观测就此中途夭折。

整个德国沉浸在一片战争的狂热中。柏林成了这漩涡的中心。菩提大道上战鼓咚咚，军旗飘扬。报纸上竞相登出德军攻入比利时的捷报。许多平时不问政治、清高淡泊的教授学者，也纷纷加入"保卫祖国"的大合唱。一些名流起草了一份"告文明世界书"，向全世界声明：德国并未发动侵略战争。有 93 名德国著名的科学家、艺术家和学者在上面签名，其中包括伦琴、能斯特和国家观念极强的普朗克。宣言起草人想请爱因斯坦也签名。但爱因斯坦断然拒绝了，他公开宣称自己是和平主义者，反对所有的战争。这个态度使爱因斯坦陷入尴尬的境地，幸亏有普朗克替他解围，说新来的爱因斯坦教授持有中立国瑞士的国籍，不要太为难他。不过，爱因斯坦并不怕受到非难和迫害，他说话从来直言不讳。

战火在向四下蔓延。爱因斯坦怀着沉重的心情，在信中给朋友写道：

"欧洲正处在疯狂中，已经开始了一些令人难以想象的事情。在这种时候，人们感到自己是多么可悲的一种动物啊！我平心静气地进行宁静的研究和思考，但我感到的却是遗憾和厌恶……"

一颗高尚的心灵在叹息，一颗冷静的头脑却没有停止代表人类最高智慧的思考。爱因斯坦竭力避开战争的喧嚣，躲在家里埋头于研究工作。

这一时期，柏林的生活一天天艰难起来。食品匮缺，物价飞涨，有时连买面包都要排通宵长队。幸好爱因斯坦在柏林有个富裕的亲戚，就是艾尔莎表姐的娘家。艾尔莎同爱因斯坦是青梅竹马的伙伴，这时带着两个女儿，寡居在家。多亏这一家的照顾，爱因斯坦才度过了战时的困窘。

洛仑兹教授听说柏林很苦，几次邀请爱因斯坦到荷兰莱顿大学任教。爱因斯坦婉谢了老教授。因为他答应过普朗克，除非在柏林待不下去了，自己决不背弃朋友们的友情。他是在报普朗克的知遇之恩，同时，也是因为不愿放弃在柏林的研究工作。

1915 年金秋，在战争的硝烟中，爱因斯坦完成了"广义相对论"。

广义相对论

　　广义相对论是爱因斯坦一生中最伟大的发现。

　　爱因斯坦曾经对他的学生说："要是我没有发现狭义相对论，也会有别人发现的，问题已经成熟了。但是我认为，广义相对论的情况不是这样。"这话不假。广义相对论里包含着极为深刻的思想，它是哲学、物理学和数学的完美结合。从1905 – 1915 年，爱因斯坦经过整整十年的酝酿，才完成了这一理论。

　　难怪著名科学家波恩把广义相对论称为"人类思维最伟大的成就。"

　　爱因斯坦自己也抑制不住完成广义相对论的狂喜。1915 年 11 月，他在给一位德国同行索末菲的回信中写道：

　　　"上个月是我一生经历中最激动而又最艰苦的时期之一，当然也是收获最大的时期之一。写信的事一直被抛到脑后去了。"

　　索末菲是慕尼黑大学教授，他先前给爱因斯坦写了几封信，都没有收到回音。爱因斯坦 9 月去苏黎世探望两个孩子后，顺道到日内瓦拜访法国著名作家罗曼·罗兰。这是一次十分愉快的会晤。从日内瓦返回柏林后，爱因斯坦即全身心投入广义相对论的最后完成工作，无暇他顾，因而推迟了给索末菲的回信。爱因斯坦在这封回信里做了解释。

　　从这封回信看，广义相对论的最后完成时间，是在 1915 年 10 月。这是爱因斯坦关于广义相对论研究的全面总结。

　　论文的最后完稿，是在 1916 年 3 月。后发表在当年的《物理学年鉴》第 4 辑

第 49 卷上，题目为《广义相对论的基础》。其中数学部分是爱因斯坦与好友格罗斯曼合作的。这是一次辉煌的合作。在格罗斯曼有力的支撑下，爱因斯坦登上了近代物理学的顶峰。

爱因斯坦把广义相对论看作是他的新理论大厦的"第二层"。物理学家们起初看见这一层大厦时，都惊奇得目瞪口呆，以为是童话里的海市蜃楼。到后来题目看真切了，才确信这是全部自然科学史上最完美、最精湛的创造。因为它取代了牛顿的万有引力理论，改变了整个人类对宇宙的认识。

根据广义相对论中的引力理论和运动方程，爱因斯坦提出了三个著名的预言。

第一个预言，是用广义相对论解释水星"近日点"的移动。天文观测发现，水星椭圆轨道上最靠近太阳的近日点，100 年来比牛顿万有引力定律的计算值多移动了 43 秒。科学家们提出了各种假设，都解释不了这个异常现象。有人甚至猜测，这是因为有颗尚未发现的行星干扰所引起的，这个假想的星被称为"火神星"。可是，几十年过去了，谁也没有找到这颗叫"火神星"的行星。

爱因斯坦的广义相对论解开了这个谜。原来火神星并不存在，根据爱因斯坦的引力理论计算，水星近日点每 100 年有 43 秒的剩余移动，与天文测量结果完全一致！

第二个预言，是在太阳引力的作用下光线会发生弯曲。爱因斯坦在 1911 年的论文中，就提出了这个结论。当时他计算出偏转角为 0.8 秒，在爱因斯坦以前，任何一个物理学家都没有这样大胆地假设过，甚至连做梦也没有想到过光线会弯曲的。

但是爱因斯坦向全世界这样宣布了。这一次他还修正了 1911 年论文中计算的失误，指出光线的偏转角应是 1.74 秒。

这太神了！关注相对论的人都把目光投向下一次日全蚀，等待着真理的裁决。

第三个预言，是光谱线在引力场中会向红端移动，这一现象又称为"引力红移"。根据广义相对论，引力场会使时钟变慢，这意味着在原子中电子的振荡频率会变低，因而辐射出的光的频率也随之变低，导致光谱线向较长的红端移动。

十年以后，美国天文学家亚当斯在天狼伴星的光谱中，果然观测到这种引力红移现象，观测结果和理论预言相吻合。这已是后话。

广义相对论确实太神奇了。和爱因斯坦同时代的物理学家一开始都不理解。有一位英国天文学家爱丁顿爵士，是广义相对论最积极的支持者。据说有一次新闻记者采访他，问道："是不是世界上真的只有三个人搞懂了广义相对论？"爱丁顿听后，没有吭声。谈话停顿了好一阵。这位记者有点不安了，小心地问了声："教授，有什么事不对吗？"爱丁顿说："不，没什么。我刚才是在想，第三个人是谁呢？"

……

就连索末菲教授也给爱因斯坦来信说，他对爱因斯坦的预言感到"有点不可置信"。

1916年春爱因斯坦在一张明信片上答复道："朋友，一旦你研究了广义相对论，你就会相信它的。因此我不说一句袒护它的话。"

这时候，爱因斯坦很想见见洛仑兹，同这位他最敬重的物理学大师讨论一下自己的新理论。当时洛仑兹名义上已退休，实际上仍在莱顿大学紧张地从事研究。爱因斯坦乘上了去莱顿的火车。

他们的会见充满着温暖的情趣。

在舒适而简单的书房里，洛仑兹让爱因斯坦坐在专为贵客准备的安乐椅上，然后默默递给爱因斯坦一支雪茄。爱因斯坦无拘无束地同他交谈起来。

"教授，我很想知道，您读了《广义相对论的基础》这篇文章，感觉怎样？"

"我相信是天才的思想，但是表述比较深奥。因此，一般人不易读懂……"

洛仑兹平静地谈着意见，看得出他仔细揣摩过了论文。

爱因斯坦吸着雪茄，不时地点头。

洛仑兹在办公室

洛仑兹继续说道："很显然，在推导过程中，你的引力场方程遇到了很大困难……"

爱因斯坦从心里佩服洛仑兹的洞察力，竟然忘记了手中的雪茄，端正地坐着聆听。

"你能不能够把推导做些简化，让表达方式更简洁易懂些呢？"洛仑兹用手指敲了敲写字台。

爱因斯坦俯视着洛仑兹随手写下数学公式的纸条，沉思起来。雪茄熄了，他也没有察觉。

洛仑兹微笑着瞅着爱因斯坦，他坐在写字台后的神情，就像一个父亲瞅着自己最宠爱的儿子一样。

过了好一会儿，爱因斯坦突然快活地站起来："我找到办法了！"

于是他们会心地笑起来。两位不同代的巨人的思想完全相通了。

轰动全球

1918 年 11 月，德国宣布投降，历时四年的第一次世界大战结束了。威廉二世仓皇出逃。爱因斯坦为德国军国主义的失败而兴奋满怀，他写信告诉在瑞士的母亲说："现在我才感到自己在柏林真正的心情舒畅……"

战争的阴霾终于过去了。当硝烟渐渐散开时，全世界的目光都投向了爱因斯坦。

爱因斯坦完成广义相对论时，大战正酣，他的预言几乎被炮火声所淹没，只有少数学者注意到他的理论。而反应最热烈的却是交战的对方——英国的科学家们。

1917 年 3 月，战事还在进行时，英国皇家天文学会就宣布：1919 年 5 月 29日，将有一次日全食发生，地区在大西洋两岸一带。在爱丁顿爵士的热心倡导下，英国开始积极准备对这次日食进行观测。爱丁顿被任命为考察队长。当时，德国的潜艇正封锁着英吉利海峡，英军士兵每天在前线都有阵亡。要花这么大的代价，去验证一个敌对国科学家的理论，在英伦三岛颇引起一些非议。但爱丁顿是世界有名的天文学家，他相信科学是没有国界的，它应该属于全世界；而且爱因斯坦本人是反对这场战争的，他是朋友，不是敌人。考察队准备分成两支远征队，一支前往巴西北部的索布拉尔，另一支将由爱丁顿亲自率领赴非洲几内亚湾的普林西比岛。这两地都位于日全食带上。

世界大战一结束，考察队立即做好出发前的准备。1919 年 3 月，两支远征队带着许多精密仪器，乘船离开了英国。

爱丁顿率领的考察队，在 4 月 24 日提前到达普林西比岛。他们立即架设望远镜，做好观测的准备，然后等着那伟大时刻的来临。

"但愿那一天是晴天。哪怕就是在日食时晴几分钟也好啊……"他们都担心着天气的好坏。

到了 5 月 29 日那天，很不巧是阴天，这对观测十分不利。

日全食开始时，透过云层勉强可见由日晕环绕的黑色日轮，就像平时在无星之夜，隔着云层隐约看见月亮那样。

"真糟！"爱丁顿叹了一口气。但此刻别无选择，只能按原计划进行拍摄。

只听见咔嚓咔嚓的按钮声，一个助手迅速而准确地换着底片，他们间隔一定时间，屏声静气地拍下一张又一张照片……

爱丁顿

当时，他们全部注意力都集中在暗匣上了。天上的景象蔚为壮观，黑太阳的亮圈外，喷着一团惊人的日珥。这一切爱丁顿都顾不得看了，他只觉得大地笼罩在一片神秘的寂静中。

在 302 秒的日全食时间里，他们一共拍下 16 张照片。老天有眼！在日全食快结束时，云层渐渐散开，天幕上露出了闪烁的星星。因此，最后有两张照片把五颗星星拍得很清楚。

"我终于拍下了星光！"照片冲洗出来，爱丁顿抑制不住内心的激动。

他终于握住了裁决相对论的利剑。

结果会是牛顿正确，还是爱因斯坦正确呢？

爱丁顿从伦敦带来一张没有日全食的同一星空照片。就在普林西比岛上，他把日食底片同对比底片精确地重叠在一起，固定在测微仪器乳白色照明玻板上。

他定睛看去，呈现在眼前的，是一幅激动人心的图像：日食底片上的恒星确实发生了位移！经过反复测量，位移的角度为 1.61 秒——这正好与爱因斯坦的理论吻合。后来获知，索布拉尔队测出的结果是 1.98 秒。两者平均为 1.79 秒，这与爱因斯坦预言的 1.74 秒相当一致。

爱丁顿欣喜若狂。星光真的弯曲了。爱因斯坦的广义相对论得到了证实！

但是这个观测结果事关重大，考察队没有马上公布。洛仑兹老先生获知这一信息后，第一个把它告诉给爱因斯坦。他从莱顿给爱因斯坦拍去一封电报："顷悉爱丁顿发现在太阳边缘星光位移。"道贺之情溢于言表。

爱因斯坦得到这个消息很高兴，但并不特别激动，因为在他看来这是意料之中的结果。当天，爱因斯坦在给母亲的明信片中写道："今日接到喜讯。洛仑兹来电称，英国考察队实际证实了星光在太阳附近发生偏转……"

1919 年 11 月 6 日，英国皇家天文学会和皇家学会在伦敦联合举办了观测结果报告会。由于事件的划时代意义，会议的气氛异常庄严隆重。主席是皇家学会主席、著名的汤姆逊教授。主席台的背后挂着牛顿的巨幅画像，它仿佛在提醒与会者，两百年前所做出的最伟大的科学总结将要得到修正。

会上，首先由戴森爵士代表皇家天文学会做了 5 月日食远征目的和组织的报告。接着，爱丁顿详细介绍了考察队实际的观测结果，全场为之轰动。

"很清楚，光线经过太阳边缘发生的弯曲和爱因斯坦的预言吻合，观测结果证明了：空间是弯曲的，爱因斯坦广义相对论得到支持！"

爱丁顿铿锵的语调在大厅里回荡着。

汤姆逊主席用庄重的语调做总结致辞说：

"相对论是人类思想史上最伟大的功绩之一。这并不是发现一个海上的孤岛，而是发现了一个新科学思想的新大陆……"

主席台背后，巍巍然的牛顿从画像上俯视着这个历史性的场面。

第二天，伦敦的《泰晤士报》详细报道了这次报告会的新闻，头版头条印着特大标题：

"科学的革命——牛顿的学说被推翻了——空间'被扭曲'。"

这个消息像旋风一样传遍了全世界。

鲜花与光环

由于星光在太阳边缘弯曲的新闻很快传到世界各个角落，爱因斯坦几乎在一夜间成了举世瞩目、轰动一时的人物。他的名字闪耀在各国的报章杂志上。新出的《柏林画报》，特地用他的照片做封面，上面印着标题："爱因斯坦，当代的哥白尼！"

从世界各地寄来的信件，每天成百上千地送到他的公寓来，堆成一座小山。信封上贴着花花绿绿的各国邮票，有的连地址都没有，只写着"阿尔伯特·爱因斯坦博士收"。信件的内容各式各样：有要照片的，索取签名的，请爱因斯坦给自己的儿子取名字的，还有的要求教授解释空间怎么会弯曲，时间又是怎样被拉长的。有个没有考上大学的年轻人，请爱因斯坦给介绍一份轻松的工作。一位发明家寄来"永动机"方案，问他是否有推广价值……好莱坞也从遥远的美国寄来公函，表示愿付一笔巨额酬金，请爱因斯坦允许将他的故事拍成电影。

一向喜欢留在宁静公寓里独自思索的学者，忽然成为新闻记者、摄影师和一些好凑热闹的追星族的包围对象。来访者络绎不绝。他们从一大早就云集在寓所前，等着他的接见。哈伯兰大街五号被挤得水泄不通。

"全世界都发疯了。"爱因斯坦嘟囔道。他无法对付这种场面，只好由艾尔莎出面挡驾，艾尔莎这时已是爱因斯坦夫人。

这一年春天，爱因斯坦与米列娃办了离婚手续。他们分居五年，彼此都觉得这是妥善的解决办法。也有传记作家说，离婚的双方中爱因斯坦是主动的，当时米列娃正在病中。离婚手续是贝索帮助安排的。办完离婚手续后，爱因斯坦同艾尔莎结了婚。爱因斯坦母亲很喜欢艾尔莎。艾尔莎温存能干，从小就熟悉阿尔伯特的脾气，他们建立起和谐温暖的家庭生活。

如今，艾尔莎成了丈夫的保护神。她彬彬有礼地挡住了大部分访客，耐心解释爱因斯坦需要时间，需要宁静。尽管如此，仍有来访者冲破防线，直接去麻烦可敬的科学家。

那些号称"无冕之王"的记者，更是穷追不舍。每当艾尔莎从街上回来，他们就会从电梯旁闪出来，围住夫人。

"请问，做一个伟人的夫人，你有什么感想？"

"爱因斯坦教授早餐吃什么东西？"

"爱因斯坦先生喜欢抽什么牌子的雪茄？"

"他晚上做梦吗？"

这些无聊的问题，常使艾尔莎难以招架。

爱因斯坦成了全世界崇拜的偶像，人们给他戴上桂冠，把他推上荣誉的顶峰。对这一切，爱因斯坦却觉得是一种负担。他一向把名看得很淡泊，对荣誉的花环和喧闹很难适应。

他在给一位朋友的信中，诉苦道："随着报刊文章浪潮而来的，是雪片般的请帖、函件和要求，把我完全淹没了，我每晚都梦见我好像在地狱中受煎熬，邮递员魔鬼般地朝我咆哮着，向我头上扔来大沓信件……"

抱怨无济于事。各种会议、仪式照样纷纷发来请柬，到处都要他点缀门面。爱因斯坦诙谐地说，他简直成了"盛着甜食的高脚盘"。为了沾伟人的光，柏林很多新生的小孩都取名为"阿尔伯特"。街上还出现了"爱因斯坦式"雪茄和"相对论牌"香烟，而且销路特别好。

不仅如此，爱因斯坦还成了柏林活生生的名胜。凡是来柏林观光的外国游客，都能以一睹爱因斯坦的风采为荣。他们之中许多人往往并不很清楚，爱因斯坦究竟是物理学家、哲学家、幻想家，还是其他什么家。他们只知道，这个伟人谈论的是宇宙的事情，而且在他之前没有任何人这样谈过。

在爱因斯坦讲课时，大厅里挤满了这些游客。其中有不少从英国和美国来的

爱因斯坦和艾尔莎

贵妇人，她们穿着贵重的裘皮大衣，手举着袖珍望远镜，像瞻仰舞台明星一样端详他。当讲课结束时，这些外国客人纷纷奔向讲台，争夺爱因斯坦用过的粉笔头，以便带回国留做纪念。

爱因斯坦获得了全世界的盛名，鲜花和赞扬纷至沓来，但他能够在荣誉中始终保持清醒的头脑和哲人的淡泊。在同时代的科学家中，只有像居里夫人那样高尚的人，才能做到这一点。

为了答谢英国同行们的出色工作，爱因斯坦接受伦敦《泰晤士报》的约请，写了一篇介绍相对论的文章在该报发表。

在这篇文章的结尾，他谦虚地写道：

我的理论的优点，在于它的结构的完美。可是，大家不要以为牛顿那伟大的事业，将会被这些理论推翻掉。

泰晤士报上关于我的生活和为人的某些报道，全是记者先生的活泼想象。为博得读者们一笑，我在这里不巧运用一下相对论原理：今天我在德国被称为是德国的科学家，而在英国却被称为是瑞士籍犹太人；假如有一天我不受欢迎，那么事情就反过会来：对德国人来说，我将变成瑞士犹太人，而对英国人来说，我又变成了德国人了。

意想不到的是，没过多久，他的俏皮话竟变成了事实。

世界旅客

很多国家向爱因斯坦发来友好的邀请，欢迎他去访问、讲学。当时世界大战刚结束不久，战争的创伤还没有平复，欧洲是一片废墟。交战国之间的人民心里，还残留着仇恨的阴影。爱因斯坦接受了各国的邀请。他怀着一颗博大而高尚的心灵，以科学家和和平使者的双重身份，开始了世界之旅。

他的旅程的第一站，是古老而恬静的莱顿城。他拜会了洛仑兹教授，同白须飘逸的老人在常青藤下促膝长谈。在老朋友埃伦菲斯特家里，他拉小提琴，主人钢琴伴奏，他们一边演奏贝多芬的田园交响乐，一边讨论物理学问题。荷兰女王到莱顿海军学院视察，听说誉满全球的爱因斯坦教授也在莱顿，特意和他见了面。

法国巴黎是爱因斯坦旅途的第二站。他是应巴黎天文台的邀请去访问的。爱因斯坦一向不拘小节，火车还没有出站，就上演了一出小小的喜剧。

爱因斯坦乘坐的是三等车厢，随身带着小提琴和一个手提皮包，模样就像一个民间艺人。东道主为了尊贵客人的安全，特意派了两位代表到国境线上接他。这两位代表登上列车找了一圈，却见不到爱因斯坦的影子，他们怎么也没有想到举世闻名的大科学家会坐三等车厢。

他们急得像热锅上的蚂蚁，赶紧挂电话向巴黎总部报告。"爱因斯坦下落不明"的消息不胫而走，这可急坏了巴黎的警察和保安人员。正当他们忙得团团转的时候，爱因斯坦已经悠然地走下巴黎车站的月台。

"嗨，索洛文先生！"他亲热地招呼道。

索洛文是爱因斯坦在伯尔尼时的老朋友，和贝索、哈比希特同为"奥林匹亚科学院"成员。

"欢迎你的光临。……不过，车站外有点小麻烦。"索洛文压低嗓门说。

"怎么回事？"爱因斯坦微笑着问。

"一大群激进派学生聚集在那里，情绪激昂，据说他们要搞示威，想把你轰走。"

"那我只有等着挨轰了。"

"你跟着我。咱们从旁门出去。"

于是，索洛文带着他从厕所的窗口爬出来，然后从车站后门溜出去，乘上出租车直驱巴黎天文台。事后才知道，那一群学生是来欢迎爱因斯坦的，为首的是法国著名物理学家朗之万的儿子。小伙子们在车站门口冒着寒风白等了几个小时，还以为爱因斯坦真的"失踪"了呢。

爱因斯坦在巴黎会见了不少老朋友，也结识了一些新朋友。他在法兰西学院举行了公开的演说。为了防止坏人的捣乱，朗之万和前总统、数学家潘列维亲自站在会场门口，一一验证入场券。这是一次十分隆重的盛会，居里夫人也出席了。

但是法国没有忘记爱因斯坦是"德国人"，当居里夫人和朗之万联名推荐爱因斯坦为巴黎科学院名誉院士时，有 30 名褊狭的院士表示反对。爱因斯坦对院士的虚名毫不在意，他特地驱车到了巴黎郊外凭吊了大战时的战场。站在一片断壁残垣上，他沉重地对同来的索洛文和朗之万说："应该让德国的学者看看这些景象！"

第二年，也就是 1921 年年初，爱因斯坦访问了布拉格。踏上这个充满历史遗址的都市，他备觉亲切。10 年前他曾在这里的大学当教授，旧地重游，变化很大。捷克斯洛伐克在战后获得独立，布拉格成了这个新国家的首都。捷克斯洛伐克人再也不会遭受歧视了。

在布拉格，爱因斯坦住在老同事法兰克教授的家里。教授夫人生的小巧玲珑，很年轻。她对爱因斯坦简朴的行装，感到惊讶不已。

她万万没有想到，世界一流的科学家，随身只带着一把小提琴和一个小提包旅行。

"你别的行李呢？"她好奇地问。

"没有了，总共就这些。"爱因斯坦满不在乎地说。

法兰克夫人考虑的周到，她为了让爱因斯坦上讲台演讲时体面些，特地把他仅有的两条裤子选了一条，送到洗衣店里洗熨得干净笔挺。可是，演讲那天到会场一看，爱因斯坦却穿着另一条又皱又脏的裤子，毫不在乎地站在讲台上侃侃而谈。

演讲之后是晚宴。在烛光映照中，主宾们轮流站起来举杯致欢迎词。轮到爱因斯坦致答谢词时，他站起来，理了理垂在耳际的一绺头发，说道："我想，与其讲一大篇话，不如用小提琴演奏一曲，能更好地表明我此刻的心情。"说完，他演奏了一曲莫扎特的奏鸣曲，获得满场喝彩。

第二天，布拉格一家报纸登出一条花边消息："晚宴上艺惊满座：世界第一流的物理学家，也是世界第一流的小提琴家。"

爱因斯坦读了报纸，却对法兰克夫妇说：他自己认为他的小提琴演奏水平，大大超过他的物理学水平。

1921年4月的一个晴朗的早晨，爱因斯坦踏上了美国纽约港码头。他的随身行装依然是一把小提琴和一个小提包，不过这次他是带着夫人来的。同行的还有这次旅行的策划者、犹太复国运动领袖威兹曼博士。他们此行的目的，是为设立一所犹太人的希伯莱大学寻求援助。爱因斯坦深深体验到犹太民族在德国备受歧视的创痛，他愿为自己的同胞尽一份力量。

爱因斯坦刚一走下船桥，就被记者们团团围住了。镁光灯朝着他和夫人闪烁不停。爱因斯坦穿着浅灰色的风衣，左手提着小提琴，蓬松的头发在风中飘动着，一双褐色大眼睛露出温和的光芒。

"教授先生，您能不能用三句话说明什么是相对论？"一个记者抢先问道。

爱因斯坦一笑，这类问题他已经回答过上百遍了，他说道："希望诸位不要太认真，让我来做一个轻松的回答——以前大家相信，即使宇宙间一切物质都消失了，时间和空间依然存在。但根据相对论，如果物质没有了，时间和空间也会同时消失。"

"啊，是重要的哟，真妙！"

"爱因斯坦先生，据说，您曾经说过世界上只有 12 个人懂相对论。这是真的吗？"

"这是误传，我没有说过这话。我想，只要是学物理的学生，都能懂相对论。"

"请问博士，相对论为什么会轰动全球呢？"

爱因斯坦把手一摊说："这我也不明白，我正想问诸位呢……不过，假如来访的是一位拳王，一定比我更受欢迎。"

记者们都哈哈地笑起来。

"看样子，我已经通过考试这一关了。"爱因斯坦环顾左右道。

记者们并不罢休，把目标转向艾尔莎。

"请问夫人，你也懂相对论吗？"

艾尔莎率真地说："我不懂，阿尔伯特给我讲过好多次……不过，这件事并不影响我们的幸福。"

爱因斯坦刚踏上纽约，就征服了美国人民。他们乘坐的汽车开进纽约市时，沿途挤满了欢迎的群众。人们手中舞着小旗，兴高采烈地朝汽车欢呼。目睹这种场面，爱因斯坦脸上露出了纯真的笑容，他转过脸小声对艾尔莎使："美国上流社会的妇女每年都有一种流行热，今年最时髦的是相对论了。"

不仅是上流社会的淑女，就连国会山的议员们，也热衷于相对论的讨论来。美国朝野上下，刮起了一股"爱因斯坦旋风"。美国总统哈定亲自接见了他们。亏得爱因斯坦这块金字招牌，魏兹曼博士集资计划得以顺利完成，后来当上以色列国第一任总统。

爱因斯坦在美国的行程安排得连轴转。爱因斯坦在给好友贝索的信中，风趣地说："我就像一头得了奖的牛那样任人观赏，在数不清的大会小会上发表演说，做数不清的科学报告。我居然能坚持下来，真是个奇迹。"

爱因斯坦在到普林斯顿大学做了四次学术报告，该校特授予他名誉博士学位。这是他第一次到普林斯顿。这座宁静的大学城，给他留下了难忘的印象，并且从此和他结下不解之缘。

从美国返欧途中，爱因斯坦夫妇接受霍尔登爵士的邀请，顺道访问了英国。

英国是一个彬彬有礼而又高傲的国家。由于战争的伤疤还未完全愈合，英国人对德国人有成见。爱因斯坦踏上英伦三岛，心里却怀着一丝敬意，因为这里是牛顿、法拉第、麦克斯韦的故乡。

在伦敦，霍尔登爵士为爱因斯坦夫妇举行了隆重的午餐会。各界名流都来了，有大主教，皇家学会主席汤姆逊爵士，爱丁顿教授也出席了。英国首相因为要务在身未能出席，特意来函致歉。

在旅行期间，爱因斯坦还会见了英国战时首相乔治，并同大文豪萧伯纳一起喝午茶。报纸上刊出了一幅他同萧伯纳会见的漫画，画面右方印着两行对白：

"爱因斯坦先生，你是不是真正了解你创立的相对论呢？"

"嗯，也不过就像你了解你剧中人物的对话那种程度。"爱因斯坦答道。

英国人是不乏幽默感的，还有一幅漫画把相对论同追捕大盗联系起来：一个侦探手持电筒，照出一束强光，光束拐了几个大弯，最后照在一个正在撬保险柜的窃贼身上。漫画下方写道：

爱因斯坦，一点小意思！

在皇家学会举行的盛大欢迎会上，爱因斯坦用德语进行了演说。事先有人担心演说的效果，因为会场的气氛显得有些冷淡。

霍尔登爵士首先致欢迎词。他有意避免使用犹太人、德国来宾这些敏感的字眼，热情说道："我们英国人对本世纪最伟大的天才——爱因斯坦先生的到来，表示真诚的欢迎。"

爵士讲了大约十分钟，为了加深听众的印象，结束时他提高音调介绍道："……我们可以毫不夸张地说，爱因斯坦正是20世纪的牛顿。"

霍尔登爵士坐下来，礼堂里只有零落的掌声。

轮到爱因斯坦站上讲台，他向主席点头致意，然后从容不迫地演说起来。

他的声音很淳厚，温雅，富有魅力，他的态度又是那样落落大方而又真诚。全场的听众立即被他吸引住了。

"女士们，先生们！本人能有机会在巨人牛顿祖国的首都，做一次演讲，内心感到很愉快……"

他说到科学家有自己的祖国，但科学是没有国界的；牛顿虽然是英国人，但是他的伟大科学成就是属于全世界的。

这热忱的话，把听众心中的冰块融化了。

当演说进入主题时，爱因斯坦眼里露出生动的光辉，他用幽默的语言、形象的比喻分析了宇宙的结构，阐述了他的新理论，听众不知不觉地被征服了，他们忘了自己是在听德国人讲演的英国人。他们忘记了一切，只感受到讲演者灿烂夺目的天才。

演说结束时，大厅里响起热烈的掌声和长时间的欢呼。冰山融化了。相对论战胜了英国人的偏见。

逆流与论战

爱因斯坦的海外之行，为德国带来了世界性的荣誉，但当他回到德国时，却发现自己成了不受欢迎的人。

他的话应验了，事情反了过来：在英国人心目中，他是德国人；在德国人眼里，他成了"瑞士犹太人"。

就因为他有犹太血统，因为他强烈地反对军国主义，所以成了德国反动势力的眼中钉。他们采用最卑劣的手段，使用最恶毒的语言诋毁相对论和爱因斯坦个人的声誉。

在爱因斯坦出访布拉格之前，一伙德国民族主义分子和排犹分子，就专门成立了一个机构，名曰"德国自然哲学家促进会"。

该会的唯一宗旨，就是要搞臭相对论，并搞臭爱因斯坦。它的幕后操纵人是柏林的勒纳德教授，此人也是一位物理学家，但政治上反动，而且有很大的能量，在爱因斯坦发表狭义相对论那年，他曾获得诺贝尔奖，因此颇有一群追随者。

1920年夏天，反爱因斯坦同盟打着"促进会"的幌子，在柏林大张广告，宣布要在全德国范围召开二十多次声讨相对论的大会。

首次反相对论大会，于8月24日在柏林音乐厅举行，并且邀请了爱因斯坦出席。爱因斯坦接到请帖，在普朗克的得意弟子劳厄的陪同下，泰然赴会。他坐在自己的包厢里，静静听着从讲台上发出的诋毁相对论的鼓噪。

"据我们所知，发明相对论的人并不是我们日耳曼人！"

"对的，不是！他是犹太人！"场内的人跟着大叫大嚷。

听见这些叫嚣，劳厄气愤得双眉紧蹙，满脸通红。爱因斯坦却神情自若，对这一幕丑剧报以怜悯的微笑。

"全世界都在吹捧相对论，简直把它吹上了天！德国的报纸也跟着起哄，什么弯曲空间，宇宙有限，纯系小丑跳梁，一派胡言。"演说者在继续声讨。

劳厄愤怒地骂了一句："无耻之极！"

爱因斯坦忍不住哈哈大笑，并和听众一道鼓起掌来："'小丑跳梁，一派胡言'，说得太妙了。"

忽然，一个年轻的听众发现了爱因斯坦，他指着包厢大喊："他在那里，爱因斯坦！"

场内的喧闹戛然而止，几百双视线一齐射向爱因斯坦。这一刹那的静场，空气仿佛突然凝固了。他们的神情就像望见了一棵橡树，泰然地屹立在高坡上，任凭狂风翻卷，它自岿然不动。

这一出丑恶的闹剧，引起了许多正义的德国科学家的愤慨。第二天的柏林各大报上，刊出了劳厄和另外两位著名学者的声明。声明中写道：

"凡有幸和爱因斯坦接触的人都知道，在尊重他人的价值上，在为人的谦虚上，在对一切虚荣的厌恶上，从来没有人超过他……"

柏林科学界也被震动了。社会上传出爱因斯坦即将离开德国的猜测。

德国物理学会主席索末菲教授特地写信给爱因斯坦表示声援，并在信中婉劝他道："但是，您可不能离开德国！您的全部工作都扎根在德国（以及荷兰）的科学中了；哪里都没有德国这样深切理解您的工作。德国现在各方面都受到难以形容的歧视，它同样不能漠然地看您离去。"

爱因斯坦从大局出发，接受了朋友们的意见。

但是论战并没有停止。一个月之后，一年一度的"德国自然科学家和医生协会"

年会在瑙海姆温泉举行。在会上，勒纳德教授走到前台，与爱因斯坦进行了一场有关相对论的公开辩论。这是一场世界级的拳击赛，赛台四周的看客，全是德国的第一流学者。沉稳老练的普朗克教授当裁判长，他的心自然是向着爱因斯坦的。

如果说柏林音乐厅的反相对论大会是一场滑稽剧的话，这一次温泉辩论则是一场实力的较量。勒纳德是物理学界的一位重量级人物、诺贝尔物理奖获得者，他对相对论提出的每一个质疑都是一回杀手锏，出招又狠又重。不过，真理是拳头打不倒的。爱因斯坦沉着应战，巧妙出击，最后把勒纳德杀得人仰马翻，大获全胜。

爱因斯坦从英国归来，发现德国确实在变。社会动荡不安，危机四伏。大街上穿褐色衫的"突击队"队员越来越多，这是纳粹党徒的标志。希特勒正在啤酒馆里和兄弟们商量要夺取全国政权。恐怖笼罩着柏林。

经常有无辜的人遭到杀害，或者不明不白地失踪。

艾尔莎担心爱因斯坦的安全。

"阿尔伯特，不要独个儿出去呀！"

爱因斯坦只是笑一下，照常每天一个人穿过菩提大道到柏林大学讲课。他还没有意识到魔影已经悄悄张开了翅膀。

1922年6月22日，著名政治活动家、爱因斯坦的朋友拉特诺突然被暗杀了。拉特诺本人是一名工程师、德国犹太人，战时是德国实施经济计划的重要人物，战后出任社会民主党内阁的外交部长。这是纳粹党徒不能容忍的。他们吼叫道："什么？犹太人居然当外交部长！让他见上帝去吧。"

于是，拉特诺成了反犹太主义的第一个牺牲品。

有消息传出来，纳粹黑名单上的下一个目标就是爱因斯坦。

艾尔莎整天提心吊胆，为丈夫的安危捏着一把汗："亲爱的，你可千万要当心啊！"

爱因斯坦愤懑地写信告诉索洛文道："在骇人听闻地杀害了拉特诺之后，这里到处潜伏着危险。既然人们已不断地向我发出警告，我也只好暂时中止讲课，并回避在公开场合露面，但我仍在柏林。排犹主义十分猖獗。"

世界也关注着这位伟人的安危。许多国家发来请帖，邀请他去做教授或做短期访问。艾尔莎和女儿们在这种时候都竭力劝他接受邀请，以避避风险。

于是，爱因斯坦怀着一颗游子之心，开始了他的远东之行。

诺贝尔物理学奖

爱因斯坦夫妇这次是应日本邀请去访问的。日本东京改造出版社将出版《爱因斯坦论文集》，特请他们参加庆祝仪式。这是爱因斯坦的第一部文集，不是用德文，而是用日文出版，本身是意味深长的。爱因斯坦很受感动，他们在途中还将在中国做短暂停留。迷人的东方文明，一直吸引着爱因斯坦。这次能有机会亲自去看看，他感到很高兴。

"阿尔伯特，快看！"艾尔莎惊喜地叫起来。

顺着她手指的方向，在水天一色的地方，出现了一片大陆。啊，龙的故乡到了！

爱因斯坦夫妇乘坐的"北野丸号"邮轮缓缓驶入黄浦江。码头上早已等候这欢迎的人群，有德国领事馆总领事、中国学术界人士和青年学生代表，场面非常热烈，充满这一种节日的气氛。这一天是 1922 年 11 月 14 日。就在 4 天以前，瑞典皇家学会宣布把 1921 年的诺贝尔物理学奖授给爱因斯坦，当时"北野丸号"邮轮正在大海中航行。

爱因斯坦在夫人的陪同下刚刚走下邮轮，就被欢迎的人群所包围。大家争着伸出手来，祝贺他荣获诺贝尔物理学奖。一群年轻的中国学生欢呼着把他抬起来，抛向空中。

这确实是值得庆贺的时刻。爱因斯坦获诺贝尔物理学奖的确是当之无愧的。1905 年他发表的三篇论文，每一篇都够格得诺贝尔奖，1915 年他完成的广义相对论论文，应该更不在话下。

这飞来的喜讯，并没有使爱因斯坦受宠若惊。他的成就早已得到公认。没有诺贝尔奖，爱因斯坦照样是爱因斯坦；而没有爱因斯坦，诺贝尔物理学奖才将大

授予爱因斯坦的 1921 年金质诺贝尔物理学奖章

为减色。那笔丰厚的奖金，他后来全部寄给了前妻米列娃，作为她和两个孩子的赡养费。这是当初离婚时的约定。

从 1910 年起，就有人提名爱因斯坦作诺贝尔物理学奖的候选人。有意思的是，第一位提名爱因斯坦获诺贝尔奖的科学家，竟是那位当年不理会他请求帮助的奥斯特瓦尔德。奥斯特瓦尔德提名爱因斯坦的理由是他的相对论成就。诺贝尔评奖委员会经过慎重研究，认为相对论尚未得到实践验证，等以后再考虑。

这以后，爱因斯坦又获得过多次提名。其推荐的根据有的是相对论，也有提布朗运动，或是光电效应的。1919 年爱因斯坦广义相对论获得巨大成功后，授予爱因斯坦诺贝尔奖的呼声更为高涨。瑞典皇家科学院的评委会们颇费了一番神。到了 1921 年，评委们终于决定，将本年度的诺贝尔物理学奖授予相对论的发现者爱因斯坦。但在准备评选文件时，由于执笔人（也是一位诺贝尔奖获得者）的疏忽，在文章里包含了对相对论明显的误解，结果评委会讨论时引起混乱。最后作了个决定，把 1921 年的诺贝尔奖推迟到下一年颁发。这在诺贝尔奖颁奖史上是绝无仅有的。一年之后，1922 年 11 月 9 日，瑞典皇家科学院通过决定，授予爱因斯坦 1921 年度的诺贝尔物理学奖，理由是"由于他在光电效应和理论物理学方面的研究"（显然，评委会出于慎重回避了"敏感的"相对论）。同时把 1922 年的诺贝尔物理学奖授予 37 岁的丹麦科学家玻尔，以表彰其对原子结构和原子辐射研究的贡献。

爱因斯坦夫妇在上海只逗留了两日。中国人的勤劳和贫穷给他留下了深刻的印象。面黄肌瘦的老人拉着黄包车满街奔跑，车上坐的却是肥胖的白人。这种情景他在印度也遇到过，但他宁愿步行走很远的路去看热带美景，也绝不坐人力车。

他曾对朋友说："自己坐在车上让别人来拉，那简直是把人当畜生看待。"他不明白，为什么东方文明古国会这么穷？世界到处都存在着不平等。对于劳苦大众，爱因斯坦寄予了深切的同情。

"北野丸号"邮轮几天之后抵达日本。爱因斯坦访问日本之事，是英国著名哲学家罗素推荐的。1921 年罗素出访日本时，改造出版社的女社长山本幸子向他询问，谁是当今世界上最杰出的人物，以便邀请来访。罗素说了两个人的名字，一个是列宁，另一个是爱因斯坦。由于列宁正忙于革命，所以出版社决定邀请爱因斯坦。爱因斯坦夫妇到达日本后，受到日本朝野人士和天皇的礼遇。他在日本做了几次相对论的演说，并为《爱因斯坦论文集》日文第二卷写了序言。在东道主的精心安排下，爱因斯坦夫妇还出席了东京的菊花节，观看了日本能剧。接下来，游览了名古屋和京都等地名胜。日本的风情和民风，给爱因斯坦留下难忘的印象。

在回国途中，爱因斯坦夫妇顺道访问了巴勒斯坦和西班牙。所到之处，都受到隆重的欢迎。在巴勒斯坦，他参观了即将竣工的希伯莱大学。那是上次他同魏兹曼美国之行结出的硕果。在西班牙，爱因斯坦参观了皇宫，并被推选为皇家科学院院士。为了表示友好的敬意，西班牙马德里大学校长特意将名誉博士学位授予爱因斯坦夫妇。艾尔莎是一个朴素的德国主妇，她第一次被授予名誉博士学位，感到非常新奇而快活，一连高兴了好几天。在东道主举行的一次隆重的典礼席上，西班牙教育部长告诉爱因斯坦："如果教授和夫人不愿意住在德国，我们西班牙随时都准备着一栋新房子，等候你们的光临。"

除了德国，全世界都欢迎他。但是他的心仍然留在柏林，他还是决定回去。那里是他的祖国，那里有他的家园、朋友和事业。

褐色恐怖

1932 年，希特勒羽翼丰满，德国纳粹党一跃而成为国会的第一大党。柏林上空阴云密布，一场疯狂的政治风暴即将来。

这一年的秋天显得格外燥热，也格外萧瑟，枯黄的树叶仿佛被热风烤焦似的，一片褐色，空气中笼罩着一种不祥的气氛。

秋末的一天，爱因斯坦打点好行装，同艾尔莎夫人一起走出卡普特别墅。他们即将离开这里，去美国加利福尼亚州。这是一次例行的出访，应加州理工学院院长密立根院长的邀请，爱因斯坦每年冬季都要去讲学一次。但不知为什么，这一次出访，爱因斯坦心里有一种不祥的预感。

他们沿着石阶走下来。爱因斯坦回首眺望，别墅的屋顶在一片枯枝中凸现出来。

"艾尔莎，你再多看几眼你的别墅吧！"他凄然地说。

"这是为什么呀？"艾尔莎不解其意。

"也许这是你最后一次看这房子。"

"看你说的！我们又不是不回来了。"艾尔莎笑道。

"你还是再多看一眼吧！"

艾尔莎感觉到爱因斯坦的话中有一种特别的语气。他们停住了，驻足回眸。爱因斯坦的脸上霎时露出了一种惜别之情。

他们沿着石阶下来，一辆汽车已经等在门口。几分钟后，他们乘车离开了卡普特村。

爱因斯坦的预感应验了。他们和这栋湖滨别墅告别后，再也没有回来过。

爱因斯坦夫妇搭乘的邮轮横渡大西洋，再穿过巴拿马运河，抵达美国西海岸加利福尼亚。这是爱因斯坦最后一次到加州理工学院讲学，他很珍惜这段时间。除了讲授相对论外，他还同这里的同行们一起进行研究工作。不远的威尔逊山顶上，有一架巨大的天文望远镜，直径达254厘米，是世界上最大的望远镜。爱因斯坦也常去那里，同天文学家们研讨宇宙和引力场问题。

当爱因斯坦在加利福尼亚进行平静的学术研究时，德国的政局却发生着急剧的变化。

1933年1月30日，迫于纳粹和社会危机的压力，86岁的总统兴登堡元帅终于任命希特勒为总理。德国历史上揭开了最黑暗的一页。

这时候，纳粹党虽然是德国国会的第一大党，但在国会的607个议席中，只占230席。希特勒一上台，立即解散了国会，宣布于3月5日重新大选。

2月27日，临近国会大选一周之前，纳粹头目戈林策划了臭名昭著的"国会纵火案"。他派冲锋队员从暖气道潜入国会大厦纵火，然后嫁罪于德国共产党。24小时之内，纳粹在全国逮捕了共产党员和进步人士上万人。几天后，大选结果，纳粹党完全控制了国会。

紧接着，开始了对犹太人的大规模迫害。他们宣称"德国是德国人的""犹太人是腐蚀德国的蠹虫，必须给予无情打击"。爱因斯坦成了他们首先攻击的目标。希特勒上台不久就宣布相对论是"犹太邪说"。柏林的报纸也公开点名，称爱因斯坦为"犹太国际阴谋家"。这时候，爱因斯坦正在加利福尼亚。他做出的第一个反应，是通过普鲁士科学院，取消原定从加州回柏林的学术讲演。

几天后，爱因斯坦夫妇乘火车到达纽约。

在旅馆里，爱因斯坦接受了《纽约世界电讯报》记者的采访，公开声明说："德国现状既然如此，我再也不踏上德国的土地了。"

几天后，爱因斯坦和艾尔莎搭上开往欧洲的客轮。他们的目的地是比利时的海边小城安特卫普港。爱因斯坦将去那里避难。

爱因斯坦和夫人艾尔莎抵达美国加州访问

轮船在大西洋航行途中，无线电传来令人震惊的消息：爱因斯坦在卡普特的别墅被抄，他家乡乌尔姆的爱因斯坦大街也改换了名字……希特勒的魔掌终于伸向这位举世闻名的大科学家。

历史有惊人的相似之处。德国又变成一座大兵营，而且变得比威廉帝国时更疯狂。大街上插满了纳粹党的"卐"字旗，身穿褐色制服、臂戴"卐"字袖章的冲锋队员高唱着法西斯歌曲，在菩提大道阔步行进，成千上万被纳粹蛊惑的青年举着火炬游行。

3月21日，希特勒担任总理后的第一次国会，在柏林郊外波茨坦的教堂举行开幕仪式。

会场里，挂满了18世纪以来德意志帝国的各种军旗，就在这里，面带得意之色的希特勒发表了他那所谓的波茨坦宣言："本人要求撤销凡尔赛条约对德国的任何责任条款。"他并狂叫，要为统一德国、消灭国贼而努力。

两天以后，国会以441票对84票的压倒多数，通过了"授权法"。于是希特勒掌握了完全独裁的权力，国会名存实亡。从这一天开始，德意志共和国消失了，取而代之的是一个法西斯独裁国家。

对犹太人的迫害，接着升级了。所有的犹太医生被禁止开业，犹太人的法官和律师被赶出法院，犹太人商店接连遭到暴徒袭击。

作为犹太人的优秀代表，爱因斯坦成了纳粹党迫害的最大目标。他们宣布爱因斯坦犯了"知识叛逆罪"。一群纳粹冲锋队员洗劫了卡普特别墅。他们翻箱倒柜，搜遍了整栋房子，想找出爱因斯坦"谋反"的证据，结果只在厨房里找到一把切面包的小刀。他们把这把小刀当作"危险的武器"没收了，并在报纸上大肆张扬。

3月28日，爱因斯坦夫妇搭乘的客轮驶入安特卫普港，受到比利时官员和许多学者的欢迎。他们是作为比利时国王和王后的客人来比利时避难的。

到达比利时的第一件事，就是立即挂电话到柏林寓所。他们很担心亲人们的安全。接电话的是他们的女佣人。她说大女儿已逃到荷兰，二女儿同俄国丈夫也已离开柏林，到法国避难去了。他们心中的一块巨石才落了地。爱因斯坦从电话里还获知，他在银行里的存款被全部没收了，理由是这笔钱是要用来支持"共产党暴动"的。

纳粹摧毁了爱因斯坦在德国的一切，包括他为整个人类创造的精神财富。在柏林国家歌剧院的广场上，他的相对论著作被当众焚烧。同时扔进火中的，还有马克思的《资本论》、杰克·伦敦和左拉的小说和其他大量进步的文化典籍。一群戴着"卍"字臂章的狂徒围着冲天大火欢呼，火舌吞噬着人类智慧和文明的精华，留下的是一片灰烬。

爱因斯坦怀着沉重和愤慨的心情，写信通知普鲁士科学院，鉴于德国的局势变得已经令人不堪忍受，他决定辞去院士的职务。

普朗克为了缓和纳粹对犹太科学家的迫害，多方奔走。但是希特勒根本不理会。他训斥普朗克道："你以为我的神经有时会脆弱吗？不，我的神经有如钢铁。我绝不可能为这点小事，而忘掉伟大的目标。"

爱因斯坦提出辞呈时，普朗克正在赴意大利的旅途中。他闻讯后没能及时赶回柏林。于是，普鲁士科学院由一位"饭桶"法学家主持开会。能斯特博士在会上大声疾呼："我们怎么能以'不够德国化'的理由，将院士里最伟大的科学家除名呢？我们一直以达朗贝尔、伏尔泰曾经是普鲁士皇家学会会员为荣，但他们也并不是德国人，而是法国人呀！"

劳厄也挺身而出，为爱因斯坦伸张正义道："后世会怎么批评我们呢？如果要开除爱因斯坦，我们只能被称为'屈服于权力之下的懦夫'！"

尽管能斯特和劳厄一再坚持，但终因寡不敌众，在纳粹教育部的授意和压力下，科学院于4月1日发表了如下声明："普鲁士科学院获悉爱因斯坦在法国和美国参与不轨行动的新闻报道后，甚感愤慨……本院对于煽动分子爱因斯坦在外国的活动，颇感困扰。因此，对于爱因斯坦自动申请退出科学院，本院丝毫不感到遗憾。"

劳厄在20年后，感慨地写道："这个可耻的声明至今犹使任何一个德国人因羞愧而脸红。"

普朗克在罗马见到这个声明后，沉痛地写道："尽管无底的深渊在政治上把我们同爱因斯坦分开了，但是我相信，爱因斯坦的名字作为柏林科学院最光辉的名字之一受到未来历史的尊敬。"

就这样，爱因斯坦这个伟大的名字从普鲁士科学院的名单上抹掉了。他永远也没有再踏上德国的领土。

普林斯顿

爱因斯坦隐居在比利时的一个海滨避暑地，这里离奥斯坦德镇很近。他们住的别墅靠近一个很大的沙滩，附近有个小村庄。海滩上，常有小孩拾贝壳，捉螃蟹玩，还有一些穿着鲜艳泳装的女郎，躺在沙滩上日光浴。

爱因斯坦常在海滩上漫步。海风吹拂着他的灰白的长发，看上去就像一位遨游世界的先哲。他仍旧在思考着他的物理学，有时也拉拉小提琴消遣。但是艾尔莎和朋友们却越来越感觉到，爱因斯坦的安全正受到威胁。

从柏林传来消息，纳粹悬赏两万马克要爱因斯坦的脑袋。

爱因斯坦摸着自己的脖子，苦笑道："想不到我的脑袋竟值这么多钱！"

艾尔莎夫人却吓坏了。比利时离德国非常近，而且纳粹分子疯狂成性，什么坏事都可以干出来的。

"阿尔伯特，我们还是尽早到英国去吧！"夫人催促他道。

正好这时有位英国朋友邀请爱因斯坦去小住一段时间，爱因斯坦已回信道了谢，只是启程的日期还未定下来。

爱因斯坦还有几件事情要办。其中一件事涉及两位因拒绝入伍而被关进牢房的比利时青年，一位法国青年来信向爱因斯坦求助，希望他能向比利时政府说情，释放那两人。

爱因斯坦一向是一个和平主义者。他曾经说过：只要有 2% 的人拒绝服兵役，仗就打不起来，因为政府不可能把那么多人投进监狱。那两个比利时青年，就是响应他的号召拒绝服兵役的。

但是这一次爱因斯坦的思想发生了根本的改变。柏林街头的血与火教育了他。

他看到了纳粹的"褐色恐怖"正给整个欧洲，甚至全世界带来的威胁。在这种情势下，保卫祖国以抵抗德国的侵略，是每一个比利时青年的神圣职责。

于是，爱因斯坦在报上发表了给那位法国青年的公开信：

如果我是比利时人，在目前情况下，我决不会拒绝服兵役；相反，我将欣然报名去参军。我相信，这将有助于拯救欧洲的文明。

他的这个声明轰动了全世界。五年后爱因斯坦的预见不幸成为事实：希特勒发动了第二次世界大战。

为了保护爱因斯坦的安全，比利时国王派了两名警卫，形影不离地跟随在他左右。

1933年秋，爱因斯坦夫妇从比利时辗转到达英国。

在英国，受到了严密的保护。在他们的身边，随时都有保镖跟随。因为就在爱因斯坦抵英前不久，有个与他同在一张黑名单上的犹太学者被纳粹暗杀了。所以英国政府采取了谨慎措施。

爱因斯坦在英国短暂停留期间，参观了国会。他还出席了一次民间欢迎集会，当他走上讲台演说时，有一万听众起立向他致敬。

几天以后，爱因斯坦搭上了开往美国的"西部号"客轮。与他同行的，除了夫人艾尔莎外，还有助手梅厄博士和秘书杜卡斯女士。

这是一次秘密的旅程，码头上没有新闻记者的采访，也没有欢送的人群。爱因斯坦登上客轮，打趣地对夫人说："看来我应该向纳粹道谢，没有他们的通缉，我还不可能这样悠闲地离开一个地方。"

爱因斯坦就这样离别了他深深眷恋的欧洲，这一去，他再也没有回来过。

十天后，"西部号"客轮驶入纽约港。船还没有靠近码头，爱因斯坦就换乘一条小艇驶到岸边登陆。然后乘上汽车，不声不响地直驶普林斯顿。历史记下了这一天：1933 年 10 月 7 日。

爱因斯坦到达目的地后获知的第一个消息，就是纳粹已经没收他的全部财产，包括卡普特别墅和他喜欢的那艘小游艇。

普林斯顿这座宁静的大学城，因为爱因斯坦的到来大为增辉。正如一位著名的物理学家使说的那样："当代物理学之父迁到了美国，现在美国成为世界物理学的中心了。"普林斯顿从此成了科学圣地。

爱因斯坦为什么选中了普林斯顿这座小城呢？这其中有一段渊源。

美国有位教育家名叫弗莱克斯纳，他对美国的教育现状十分不满，经过多年考察，在 40 岁时，写了一本名为《论美国、英国及德国的大学教育》的专著。这本书把美国大学的缺点，批评得体无完肤，发行之后颇有些影响。

一天，弗莱克斯纳接到一个素不相识的人打来的电话："你的书给我留下了难忘的印象。假如有个好机会，你能办一所比现在更好的大学吗？"

"我想我能够……不过，这和你有什么关系呢？"

"我准备捐出几百万元来，请你办一所教育机构。"

打这个电话的人，是一位叫路易·潘巴加的富翁。他和其妹两人捐献了 500 万美元。于是，弗莱克斯纳在普林斯顿大学所在地创办了高等研究院。

普林斯顿高等研究院的宗旨，是给优秀的大学毕业生提供深造的机会，使他们在学术上能有更大的成就。另一方面，研究院将聘请各国最著名的学者来做指导教授，这些专家一面指导青年学者，一面又有充足的时间和条件进行学术研究。

为此，弗莱克斯纳问物理学家："世界上最伟大的理论物理学家是谁呢？"

他也问语言学家："世界上最卓越的语言学家是谁呢？"

他又问历史学家："世界上最好的历史学家是谁呢？"

他从历史学家和语言学家那里得到的回答都各不相同。但关于物理学方面，每一张名单上都写着相同的名字——爱因斯坦。

当时爱因斯坦正在加州理工学院讲学，于是他立即动身前往。为了保险起见，他先找加州理工学院院长密立根商量。

"像他这样著名的大学者，能请动吗？"

"不，教授挺乐意指导青年学生的。只是邀请他去的地方太多，你可先听听他的意见。"

弗莱克斯纳见到爱因斯坦，说明了来意。他们在校舍的走廊上边走边谈，爱因斯坦那高贵的气质、坦率和谦虚的态度很快把弗莱克斯纳迷住了。由于时间匆忙，这一次没有定下来。这是 1931 年秋天的事。

第二年初夏，爱因斯坦到英国牛津大学讲演。弗莱克斯纳专程赶到牛津，再一次向爱因斯坦提出邀请。他们在草坪上来回漫步，谈了好几个钟头。这时弗莱克斯纳才觉得有了希望，并且约定，在近期内他还要再去看一次爱因斯坦。

弗莱克斯纳来访那天，夏天还没有过去，但却有一点凉意。他穿得很厚，外面还有大衣。爱因斯坦却只穿一件夏季的薄绒衣，安然地坐在回廊上。

"对不起，我不脱大衣了。"客人说。

"你请便。"

"你不觉得冷吗？"客人问。

"不，我穿衣不是随气候，而是随季节。现在还是夏天呢。"主人说着笑了。

俗话说，精诚所至，金石为开。经过一番恳谈，弗莱克斯纳的诚意打动了主人。最后爱因斯坦同意接受普林斯顿高等研究院的终身教职。

事情就这样决定了。

关于年薪问题，却让弗莱克斯纳伤了一阵脑筋。

"我看一年 3000 美元就够了。"爱因斯坦说。

"啊？这怎么行！"弗莱克斯纳大感惊讶。再说这么低的薪金也与高等研究院的地位不相称。

"如果你年薪这么少，其他教授的年薪也不得不减少了。"弗莱克斯纳说。

经过一番商量，最后才说定了年薪为 1.6 万美元。

现在爱因斯坦来到普林斯顿，成了高等研究院第一名终身教授。在这里，他开始了新的生活和研究工作。

爱因斯坦在普林斯顿梅赛尔街 112 号的家

很快地，爱因斯坦就成为普林斯顿的著名人物了。住在这个宁静的大学城的居民，时常可以看到留着银白长发、满脸皱纹的学者，安详地在街上散步。

起初，爱因斯坦在高等研究院附近租了一所住宅。后来他在梅赛尔街 112 号买了一座简朴的白色木房子。房子和卡普特别墅一样，算不上豪华，但富有艺术气息。房子后面有一座花园，小径两旁长满了紫藤花。

艾尔莎夫人把这座房子尽量布置得像在柏林一样。爱因斯坦书房设在二楼，和卧室相通。沿着书房的墙壁摆着书架，墙上挂着几幅从欧洲带来的画像，有物理学三位大师牛顿、法拉第、麦克斯韦，还有一张爱因斯坦母亲和妹妹玛雅的合照。站在书房的大窗户前，可以望见花园的景色。

普林斯顿的居民常常望着白楼说："那个房子就是爱因斯坦思考的地方。"

上帝不休息

爱因斯坦终于找到了一块恬静的天地。他在普林斯顿一直生活和工作了 22 年。在冬季，他常常独自一人潜心于统一场的研究工作，疲倦了就到户外散步，或者同邻居拉拉小提琴。每年盛夏时，他总要抽出时间，到河滨租一栋避暑寓所做泛舟之游。

偶尔有客人到家里或研究院大楼拜访。

爱因斯坦的办公室在数理楼里，这是一栋红砖红顶的哥特式建筑，周围点缀着各色各样的花木，环境幽静。

有一天，青年物理学家英费尔特来访问他。英费尔特是一名波兰犹太人，爱因斯坦在德国时，曾帮助他进柏林大学学习。他这次来美国，是为了逃避纳粹迫害，专程投靠爱因斯坦的。

英费尔特敲了敲 209 号门——这里是爱因斯坦的研究室。从房里传出熟悉的声音："请进来。"

英费尔特推门进去，看见爱因斯坦就坐在那里，但比以前明显老了。他那宽阔的前额刻满深深的皱纹，散乱的头发也变白了，但他的笑容仍然带着一种智者的仁慈风度。

英费尔特心想久别相见，爱因斯坦一定会问些横渡大西洋的情形、波兰的近况、欧洲的现状等问题。不料，爱因斯坦一句寒暄话也没有。

"你会说德语吧？"爱因斯坦问。

"是的。"英费尔特点头。

"那好，"爱因斯坦拿起粉笔，走到黑板前说，"我告诉你我现在正在研究什么问题。"他用缓慢的语调，讲述了自己正着力研究的统一场论工作。

不一会儿，门又敲了几下。一位 60 开外的瘦老头走了进来。这是意大利著名数学家勒维·齐维塔教授，刚来普林斯顿讲学不久。

勒维·齐维塔看见屋里有客人，用手做了个"打扰了"的姿势，准备退出去。这时，英费尔特急忙说："我先走了，改日再来。"

爱因斯坦把他俩都留住了。"我们三人正好来讨论一下。"他兴致勃勃地说。

于是，英费尔特看见了一个绝妙的场面。

爱因斯坦不懂意大利语，勒维·齐维塔不懂德语，他俩只能改用英语交谈。爱因斯坦的英语纯系业余水平，他总共只会300个词汇，并且带着很浓的德国腔。勒维·齐维塔的英语程度更糟，不过他很善于用灵活的手势来弥补语言的不足。尽管如此，他们双方都能领会对方的意思，因为科学家还有一种独特的共同语言，那就是符号和公式。

两位学者的讨论，很像一出逗人乐的喜剧。

瘦小的勒维·齐维塔比手画脚，好像在跳舞。

爱因斯坦每讲几句就要用手提一提裤子。因为他没有用背带，裤子总往下滑。

看着两人的滑稽神态，英费尔特忍不住差点笑出声来。

但他转念一想，眼见这两人是世界上最有名的科学家，讨论的又是严肃而庄重的宇宙问题。就这样他们一直讨论到傍晚。

讨论结束后，爱因斯坦邀请英费尔特到家里去小坐。一路上，爱因斯坦谈的全是物理学方面的事。

到了梅赛尔街 112 号，英费尔特被带到楼上的书房。从窗口望去，院子里一派斑斓的秋色。

"这里的景致美极了！"爱因斯坦对他说。

这是英费尔特一天里听到的第一句与物理学无关的话。接着他们又继续讨论问题。

他们的讨论热烈，坦率，无拘无束，结果越谈越投机。到很晚时，英费尔特才起身告辞。

"明天是礼拜天，不知可不可以来打扰您？"他迟疑地问。

"礼拜天为什么不能来呢？"爱因斯坦诧异地说。

"我想您礼拜天恐怕要休息……"

爱因斯坦听罢，不禁大笑起来："上帝礼拜天也不休息呀！"

这位世界科学泰斗，就是这样达观而又孜孜不倦地继续探讨着自然的奥秘。英费尔特成了他得力的合作者和年轻的助手。在他所带的研究生中，还有一位来自中国的青年学者周培源。据周培源教授 40 年后深情地回忆道："他热情地关心我们青年人的工作，真诚地提出意见，同时也能虚心听取青年人对他的工作的意见。虽然他当时在国际科学界负有最高的声誉，但他为人谦虚、淳朴，对人和蔼可亲，并过着简朴的生活。"

1936 年的冬天来了。这一个冬季格外冷。悲哀笼罩着梅赛尔 112 号。在长时期的颠沛流离和劳累之后，艾尔莎夫人终于病倒了。病情很重。

爱因斯坦尽力地照料她，一楼全部用作病房。艾尔莎的生命在慢慢消逝。她实在太累了。

死神渐渐逼近。在弥留之际，艾尔莎还思念着祖国，思念着柏林，她握着丈夫的手，喃喃说道："阿尔伯特……我不能……再陪你了……"

这一年 12 月，夫人去世了。她的遗体静悄悄地安葬在普林斯顿近郊墓地。

夫人去世后几天，英费尔特去红楼办公室，爱因斯坦已在那里工作了。他的脸色苍白，额头上的沟壑明显地加深了，一头苍苍白发像是绕着一轮光环。这种时候，任何世俗的哀悼之词都是多余的。英费尔特走上前去，默默握住他的手，没有说一句话。

接着，两人又开始继续研究宇宙的秘密。

蘑菇云的悲剧

爱因斯坦正潜心于建立"统一场论"时，物理学世界发生了巨大变化。

1939 年元旦刚过不久，梅赛尔街 112 号来了位不速之客。

这人浓眉、阔嘴，有一张生动的橄榄球脸。他是丹麦最杰出的物理学家玻尔，比爱因斯坦小六岁，他们可以说是老熟人，也是老对手。从 20 年代末开始，为了量子力学的深层次解释问题，两人就争得冤冤不解。不过这次玻尔专程从欧洲赶到普林斯顿，不是来辩论的，而是向爱因斯坦报告一个重大信息。

"教授还记得梅特纳博士吗？"玻尔问。

"记得，我们威廉物理研究所的老小姐呀！她好吗？"

爱因斯坦眼前浮现出一位个子矮小、衣着朴素的女学者，她也是犹太人，多年从事放射性元素研究，爱因斯坦在柏林时曾称赞她的成就不在居里夫人之下。

"她现在住在斯德哥尔摩，最近发现了原子的裂变！"玻尔说。

"原子裂变？这不太可能……"这个消息使爱因斯坦很惊讶。

"这是千真万确的事。我的助手弗里施是她的侄子，在我动身前，亲自打电话告诉我的……"

梅特纳在威廉研究所同哈恩、斯特拉斯曼两位物理学家合作，从事铀的研究。当实验正进行到重要阶段时，梅特纳因为是犹太人而遭到纳粹党的迫害。1938 年秋，她在朋友的帮助下，逃亡到瑞典的斯德哥尔摩。据说希特勒听到她逃走的消息后大为震怒，因为她掌握了许多研究的秘密。

不久，哈恩和斯特拉斯曼发现，用中子轰击铀原子后产生了钡元素。哈恩对实验结果感到困惑，因为钡的原子量大约只有铀的一半，这是怎么回事呢？哈恩

爱因斯坦和玻尔

写信把这个情况告诉了在瑞典的梅特纳。聪明的梅特纳立即确信，这表明铀原子核在中子轰击下分裂成两半。更重要的是，她从实验结果中发现，每个铀核分裂的时候，质量减少了。按照爱因斯坦相对论的公式 $E=mc^2$ 计算，这意味着释放出了两亿电子伏特的能量！

这就是玻尔千里迢迢来找爱因斯坦的原因。

"如果原子裂变不断发生下去，产生连锁反应，那……"玻尔讷讷地说。

"那将有巨大的能量突然释放出来。"爱因斯坦接过他的话头，说道，"铀核将发生大爆炸，产生惊人的破坏力！"

爱因斯坦是一位理论物理学家，他对核能的实际运用，一直抱着保留态度。就在几年前他还表示过，在短时期内根本不可能，就像是"荒村雀迹少，打鸟偏摸黑"一样。

但是，玻尔带来的信息，使这位老学者陷入了沉思。$E=mc^2$ 这个公式果真具

312

有如此大的威力啊！

注意到这个问题的严重性的，不仅有玻尔，还有刚逃来美国的物理学家费米教授和西拉德。西拉德是匈牙利物理学家，犹太人，在柏林当过爱因斯坦的学生，后逃亡到美国。

西拉德（右）和爱因斯坦

费米是意大利人，他本人不是犹太人，但妻子是犹太人，因而同样遭到法西斯的迫害。他和西拉德同在哥伦比亚大学搞研究。获知玻尔带来的铀裂变消息后，两位物理学家立刻意识到裂变反应可以用于军事目的。

"假如希特勒根据这个发现，制造出有空前破坏力的原子弹，那后果将不堪设想。"费米忧心忡忡地说。

"如果让德国抢在前头，那就太可怕了！"西拉德也说。

费米教授专程去拜访美国海军部，他向海军军械部长陈述了这个利害关系，但没有引起那位迟钝的将军的重视。

不久之后，希特勒出兵侵占了捷克斯洛伐克，并且有消息传出，德国人首先采取的行动就是封锁了捷克所有铀矿的出口，这是德国知道铀的重大秘密的可靠迹象。

情势变得很紧急。怎么办呢？西拉德想到了爱因斯坦。只有像他这样德高望重的科学泰斗出来说话，才可能产生号召力。

这年 7 月，西拉德拜访了正在长岛避暑的爱因斯坦。

爱因斯坦听完他的陈述，很快明白了一切情况及其危险性，他同意出面帮忙。

于是，1939 年 8 月 2 日，爱因斯坦给美国总统罗斯福写了一封信。信是由西拉德起草的，爱因斯坦签署的名字。信中写道：

总统阁下：

我看了费米、西拉德两位教授最新的研究报告。这使我确信，在不久的将来，可以用铀元素转换成新的重要能源。鉴于目前的世界情势，本人认为政府应当重视这个问题，如有必要，应采取果断的行动。

此一新发现，有可能使我们制造出一种新型的威力极大的炸弹。这种炸弹只需一枚，用船运到港口爆炸，就可以完全摧毁整个港口连同它周围的一切设施。

我得知，德国政府已经禁止从它占领的捷克斯洛伐克运出铀了。如果注意到德国外交部国务秘书的儿子魏扎克被任命参与柏林威廉研究所的工作，该所眼下正在进行着和美国相同的研究工作，就不难理解德国何以会有此举了。

您忠实的爱因斯坦

1个月后，德军入侵波兰，第二次世界大战爆发了。又过了1个月，爱因斯坦的信才转到罗斯福的手中。

罗斯福经过慎重考虑，采纳了爱因斯坦的建议。总统立即动员全国的科学家，并拨了大量经费，投入原子弹的研制。这就是所谓的"曼哈顿计划"。

参加这一计划的科学家和要人，有萨克斯、费米、西拉德、维格纳、泰勒等。萨克斯是总统的私人顾问、一位经济学家，爱因斯坦的信就是由他转交罗斯福的。

1942年12月，费米教授终于成功地实现了铀的连锁反应。

紧接着，原子弹制造出来了。

爱因斯坦没有参加"曼哈顿计划"。他仍然一个人躲在普林斯顿的研究所里，研究着深奥的统一场理论。

1945年夏天，第二次世界大战已经接近尾声。日本军国主义仍然负隅顽抗。8月6日美国的B29轰炸机在日本广岛投下了一颗原子弹。轰隆一声巨响，天空中升起一团蘑菇云，一个巨大的火球射出比一千个太阳还强的热和光，广岛顿时成为一片焦土！

两天以后，B29轰炸机在长崎又投下第二颗原子弹。

二十多万日本平民丧失了生命。

而在三个月前，德国法西斯已经宣布无条件投降。不可一世的希特勒在柏林的一个地下室自杀身亡。

广岛悲剧发生时，爱因斯坦正在萨兰那克湖畔的一座别墅里度假。惨讯传来，他只喊了一声"唉，咳！"

那是发出肺腑深处的一声痛苦和绝望的呼叫。

爱因斯坦感到无限悲伤，从那时起，直到生命终止，他为使人类免遭一场核战争浩劫的事业，而竭尽心力。

孤独的巨人

1945 年，66 岁的爱因斯坦正式退休了。

在梅赛尔街 112 号家里，现在住着养女玛戈特、妹妹玛雅和秘书兼管家杜卡斯。玛雅是为了逃避纳粹的迫害，几年前从意大利逃来美国投奔哥哥的。她娴静、温和，声音和神态都和爱因斯坦极像。

爱因斯坦的生活，仍旧简单而朴素。年复一年，很少变化。

尽管退休了，他每天仍要到研究院办公室去几个小时。他喜欢步行着去，从来不坐汽车。从梅赛尔街到研究院，大约要走 20 分钟，风雨无阻。

普林斯顿的居民看见这位巨人时，都会从远处向他行注目礼。他穿着很随便的外套，人们觉得他的模样就像《圣经》里的先知一样，满脸刻着岁月留下的沟壑，头上飘着光环似的苍苍白发，慈爱的眼神里流露出对人类苦难的悲悯，那神情仿佛就像肩负着整个世界的重担。

他偶尔也同路边的熟人点头微笑一下，然后继续朝前，蹒跚而行，这时他更像一个性情和善的老手艺人。

一个秋日的傍晚，有个金发小姑娘背着书包，正放学回家。她一蹦一跳地走在街道旁边的林荫道上，突然看见一个滑稽有趣的人朝她走来。这人一头蓬松的白发，身上随便套着一件外套，外套很肥大。就像是为了取暖把毯子裹在身上一样。他长着一个大鼻子，一双布满鱼尾纹的眼睛，嘴唇上留着粗硬的胡子，走路时老是凝视着路面，像在想着什么。当他走着走着，突然发现了小姑娘，于是投来一个很和蔼的微笑，然后又继续向前走。这时小姑娘才发现他穿着拖鞋——居然忘了换鞋子。她惊奇极了。他仿佛是一个童话中的人物，不知怎么从书里跑了出来，

爱因斯坦晚年像

走在这小镇的街上，幽灵似的从她身边闪过。

当天吃晚饭时，小姑娘给家里人讲述了她遇到陌生人的事，她说："我看见了一个非常滑稽古怪的人。"这时，父亲放下了手中的刀叉，注视着她，说出了一句让她永远难忘的话："我的孩子，要记住，今天你看见的是世界上最伟大的人。"

随着年龄的增大，爱因斯坦的个人生活和他所选择的科学探索之路，也愈发显得孤独。

他很少和普林斯顿的公众接触，谢绝了几乎所有的社交应酬，除了和一些年轻的助手讨论问题外，同普林斯顿大学及物理学界的同行只偶尔有交往。他喜欢独自一个人在书房里，口里衔着烟斗，计算公式，写出一页页草稿。或者站在窗户前，俯视着花园里的秀丽景色，思考宇宙永恒的秘密。靠墙的书架上陈列着许多世界名著，还有各地寄来的图书，扉页上都有作者恭提的签赠词。爱因斯坦尤其喜欢读托尔斯泰的小说、泰戈尔的诗集。还喜欢朗诵甘地的自传。他的心和这些巨人是相通的：他们同有哲人的博大智慧和苦行僧超俗脱凡的品行；他们既拥有全世界，又摆脱不了一种孤独。也许伟人总是孤独的，因为他们站得太高，很少有人能和他们并肩交谈。

一位传记作家曾写道：

爱因斯坦从来不完全属于任何机构、任何国家或任何人，甚至也不完全隶属于他的家庭。他同经过精选的个人交往，感到极大的乐趣。他还和各界人士保持频繁的通信；但人们对他总有一种感觉，认为他的思想，甚至他这个人，都是属于另一个世界的……

许多科学家都惋惜爱因斯坦晚年的研究离开了物理学的主流。但是，爱因斯坦却坚信自己选定的路子没有错。

爱因斯坦晚年致力于建立"统一场论"，耗费了几十年的时间。他试图把电磁场和引力场统一起来，建立一个普遍的物理场。这是他一生追求的目标。他相信世界是简单、和谐和统一的。这是一项非常艰难的工作，遇到很多挫折，但他对这个目标一直锲而不舍。他把"统一场论"的研究，看作是相对论理论的最后完善，也是他毕生追求的科学的最高境界。

有位老朋友对他说："你的相对论理论大厦，已经很完美，何必要费那么大的劲再去加一层屋顶呢？"

绝大多数物理学家们说得更直截了当，认为爱因斯坦的研究，没有什么意义。

爱因斯坦和当时的物理学界主流学派——以玻尔为首的哥本哈根学派在学术上有深刻的分歧，并进行了科学史上持续时间最长的，讨论最深最广，影响最大的学术论战。

玻尔是一位非凡的丹麦物理学家，25岁获哥本哈根大学哲学博士学位，27岁时提出玻尔原子模型，成功地用量子力学观点解释了微观世界的物理现象，把普朗克和爱因斯坦创立的量子论推进到宇宙万物之中。在他周围聚集了一大批出类拔萃的青年物理学家。波恩、海森堡、泡利、朗道等。这是一个生机勃勃、极富创造性的物理学派，在原子物理学上有许多重大发现。

在玻尔和他的同事们看来，在微观世界中，微观粒子的运动遵循一种新的秩序，用经典力学那种简单的因果关系解释不通，必须用统计力学的方法才行。在太阳系中，地球绕太阳运转，是沿着一定轨道的。在原子中，电子绕着原子核运动，并不是沿着一定的轨道，而是像一片云雾似的：电子云密度大的地方，电子出现的几率大；电子云密度小的地方，电子出现的几率小。换句话说，微观世界的粒子运动服从统计规律。

爱因斯坦却不赞同这种观点，他说出了一句名言："上帝不是在掷骰子"。他认为微观粒子的运动，不应该像掷骰子一样碰运气，可能在这里，也可能在那里。

他嘲笑哥本哈根学派是"神秘论者""空论哲学的物理学家"，并对他们的观点给予猛烈抨击。

这是非常富有戏剧性的：爱因斯坦是量子论的奠基人之一，玻尔正是靠量子论建立了自己的原子模型，使量子论在微观世界取得了无比辉煌的胜利，而如今恰恰是爱因斯坦拒绝承认这一发展。他坚信，宇宙中的一切规律，都可以用严密美妙的数学方程，进行全面确定的描述。

玻尔对爱因斯坦是十分崇敬的，但为了捍卫自己的观点，他不得不站起来反驳。论战持续了很长时间，而且颇有点动人心弦，以至于正像玻尔的朋友们所说的，仿佛每天早晨醒来，玻尔都要从头至尾把他同爱因斯坦可能要进行的对话审查一番，以确保自己万无一失。

玻尔也有一句名言，是回敬爱因斯坦的："不要去命令上帝干什么！"

论战到最后，爱因斯坦的支持者越来越少，但他并没有改变初衷。他忠实于自己的信念，孤独地探索着，越来越远离物理学的主战场。波恩写道："我们许多人认为这是一个悲剧——因为他从此在孤独中摸索前进，而我们则失去了一位领袖和旗手。"

最后的岁月

爱因斯坦 67 岁时，写了一篇《自述》，用他自己的话说，是"类似自己的讣告那样的东西"。实际上是他的一部小传。

这篇《自述》是爱因斯坦应希耳普博士之请而写的，全文约 3 万字。在这篇《自述》中，爱因斯坦充满感情地回顾了自己一生努力探索过的事情，包括儿时的梦想，学生时代对麦克斯韦理论的入迷，以及法拉第、麦克斯韦对牛顿力学的批判和超越，又谈到了他的相对论。在批判了牛顿的观念后，爱因斯坦由衷地说道："牛顿啊，请原谅我！"

9 年后的春天，一位名叫科恩的美国科学杂志编辑访问爱因斯坦。科恩是研究科学史的，在访谈中宾主饶有兴趣地谈到牛顿和其他科学巨人。

爱因斯坦说，他永远钦佩牛顿。

科恩提起了牛顿和胡克关于引力反比平方定律的优先权之争时，爱因斯坦叹了一口气说："唉，那是虚荣。你在那么多的科学家中找到了这种虚荣。你知道，当我想起了伽利略不承认开普勒的工作时，我总是感到伤心。"

话题又扯到牛顿同莱布尼茨那场关于微积分发明权的争论。爱因斯坦对此表示震惊。

"这种激烈的争论，也许是时代的特征。"科恩说。在牛顿所处的时代，学者们为发明权争得冤冤不解是常有的事。

爱因斯坦感慨地说："不管时代的风尚如何，人总能凭着高贵的品质，超脱时代的羁绊……"

像牛顿那样伟大的心灵，都难免沾上世俗的尘埃，这是让人伤心的事。但是人非圣贤，孰能无过。这些瑕点掩盖不住牛顿伟大的光辉。

爱因斯坦发自内心地又说了一句："牛顿啊……你所发现的道路，在你那个时代，是一位伟大智者所能发现的唯一的道路。"

科恩和爱因斯坦的话题又回到"虚荣"上来。

爱因斯坦风趣地说："虚荣可以表现为许多不同的形式。别人常说我没有虚荣，其实这也是一种虚荣。您瞧，我不是感到一种特殊的自负吗？这幼稚得真像个孩子！"

说完，爱因斯坦爽朗地大笑起来。笑声像阳光一样充满着整个屋子。

望着开怀大笑的这位巨人，科恩心想："爱因斯坦就是一个大孩子啊！"

壮心不已

1949 年 3 月 14 日，爱因斯坦度过了 70 岁生日。这一天普林斯顿举行了盛大的科学报告会，向他祝贺。

爱因斯坦怀着平静的心情，静静地听着与会者的祝词。回顾平生，他对自己取得的成就并不满足。他觉得在我们之外有一个巨大的世界，它离开我们人类而独立存在，它在我们面前就像一个伟大而永恒的谜，而我们仅仅认识了它的一部分。探索真理的道路，永远没有尽头……

爱因斯坦过了 70 岁的高龄，仍然壮心不已。

这一年冬天，他终于完成了"统一场论"的论文。这篇论文发表在翌年 4 月的《科学的美国人》杂志上（182 卷第 4 期），题目为《关于广义引力论》。

然而，关于"统一场论"，爱因斯坦并没有取得突破。

他对于"统一场论"的探索，是非成败，留待后人去评说吧。重要的是他永远没有停止过自己的探索。

爱因斯坦常说："大家说我是科学家，其实，我是一个哲学家呢。"

的确，这位老科学家永远保持着一个哲人的睿智和恬淡。他曾对一位科学史家谈到："不管时代的潮流和社会的风尚怎样，人总可以凭着自己的高贵的品质，超脱时代和社会，走自己正确的道路。现在，大家都为了电冰箱、汽车、房子而奔波、追逐、竞争。这是我们这个时代的特征。但是也有不少的人，他们不追求这些物质的东西，他们追求理想和真理，得到了内心的自由和安宁。"

1952 年，以色列首任总统魏兹曼去世。以色列国上下都希望爱因斯坦出任以色列总统，但不管谁来劝说，他都平静地说："不，我当不了总统！"

在生命的最后几年，爱因斯坦不断被病魔所困扰。由于美国麦卡锡主义的兴起，他感觉到自己同美国的政治和社会也越来越疏远。1940 年爱因斯坦加入了美国国

迟暮的爱因斯坦

籍。当年他举起右手，宣誓忠于美国宪法的时候，他相信美国是一个自由、平等、博爱的国家。但后来的事实使爱因斯坦看清了，美国并不是许多人想象中的天堂。他在给比利时王后的一封信中愤慨地说："虽然以很大的代价，终于证明德国人是能够打败的，但是那些可爱的美国人却气势汹汹地取代了他们。谁能使他们恢复理性？数年前的德国祸害，如今又要重演……"

在这封信的结尾，爱因斯坦还写道："小提琴久已搁置。光阴荏苒，品味自己的拙奏，已越来越不堪入耳。我仅希望您不致遭受同样的命运。我面前尚有许多科学难题亟待解决。这项工作的吸引人的魅力必将持续到我的最后一息。"

1955 年 4 月 18 日，爱因斯坦病逝于普林斯顿医院，终年 76 岁。临终前几个月，他曾写信给一位友人说：

对于垂暮之年的人来说，死亡的降临正如一次解放，此种心情日益强烈。因为我已到日落西山之时，死亡就如陈年旧账，到时候总须还清……

根据爱因斯坦的遗嘱，他死后不用举行公开葬礼，也不建坟墓，不设纪念碑。遗体火化后，他的骨灰由亲人撒在世人不知道的地方。

这位终生追求科学真理的巨人，只把他的贡献留在人间。

他还为广大青少年朋友留下一条著名的公式：

A=X+Y+Z

如果 A 在人生中是成功，则可以用公式表示：X 代表艰苦的劳动，Y 代表正确的方法，Z 代表少说空话。

尾 声

　　1955 年春天，爱因斯坦在逝世前一个月，为纪念母校苏黎世工联邦业大学成立 100 周年，写了一篇名为《自述片段》的回忆录。在这篇只有几页的文章中，爱因斯坦谈到了他对"统一场论"的苦苦追求：

　　自从引力理论这项工作结束以来，到现在 40 年过去了。这些岁月我几乎全部用来为了从引力场论推广到一个可以构成整个物理学基础的场论而绞尽脑汁。有许多人向着同一个目标而工作着。许多充满希望的推广我后来一个个放弃了。但是最近 10 年终于找到一个在我看来是自然而又富有希望的理论。不过，我还是不能确信，我自己是否应当认为这个理论在物理学上是极有价值的，这是由于这个理论是以目前还不能克服的数学困难为基础的，而这种困难凡是应用任何非线性场论都会出现。此外，看来完全值得怀疑的是，一种场论是否能够解释物质的原子结构和辐射以及量子现象。大多数物理学家都不假思索地用一个有把握的"否"字来回答，因为他们相信，量子问题在原则上要用另一类方法来解决。问题究竟怎样，我们想起莱辛的鼓舞人心的言词：为寻求真理的努力所付出的代价，总是比不担风险地占有它要高昂得多。

　　爱因斯坦去世后，人们在他的床头找到了有关统一场论的计算。这的确是这位巨人一生孜孜追求的目标。正如他在《自述片段》中说的，有许多人向着这同一目标而工作着，为了寻找一个描述宇宙基本规律的大统一理论。

　　也许是巧合，在伽利略去世那一年的圣诞节，牛顿出生在林肯郡的一个小村庄伍尔斯索普；而在伽利略逝世 300 周年纪念日，也就是 1942 年 1 月 8 日，一个名叫斯蒂芬 · 威廉 · 霍金的婴儿在英国牛津降生。

这位奇才，后来被称为"爱因斯坦传人""20 世纪后期最伟大的天才"。他把爱因斯坦的广义相对论和玻尔的量子理论统一起来（宏观和微观的统一），就像当年牛顿把伽利略运动论和开普勒的行星三大定律统一起来一样（地面和天上的统一），在宇宙学领域获得了革命性的突破。

霍金还是牛顿担任的卢卡斯讲座数学教授三个世纪后的接班人，他在 37 岁时被委任为剑桥大学这个享有盛誉的教授职位。除了皇家学会主席、造币局局长这两个要职，牛顿当年得到的殊荣，霍金几乎都得到了，他一生共获得几十项国际性的科学奖。

1989 年，他被伊丽莎白女王封为勋爵，这是英国的国家最高荣誉。他写的一本小册子《时间简史》，虽然没有牛顿的巨著《自然哲学的数学原理》辉煌，却在全世界发行了 1000 多万册，成为 20 世纪最畅销的科学读物。

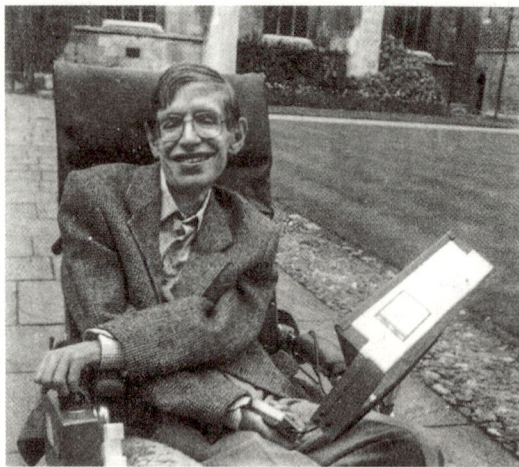

霍金在剑桥大学

但是他却不能正常行动和说话。第一次见到他的人，都会为他的形象感到惊讶，继而感到由衷的敬佩。霍金 20 岁时患了"肌萎缩性脊髓侧索硬化症"，当时他刚成为剑桥大学的一名研究生。这种病会引起肌肉萎缩，导致瘫痪，并最后丧失说话能力。霍金的几乎所有科学发现都是在轮椅上做出来的。一位作家诙谐地说，上帝派了一个折断腰的小天使来接牛顿和爱因斯坦的班，一个勇敢无畏的赤子，一个杰出的天才脑袋！

他不顾身体残疾的折磨，探索时间、空间的奥秘和宇宙的永恒之谜，在广义相对论、"大爆炸"和黑洞领域取得重大突破，并为建立大统一理论做出了继往开来的杰出贡献。

霍金从广义相对论出发，证明了在过去必定存在一个作为时间开端的奇点。这就是著名的"奇点"定理。它意味着宇宙开始于大爆炸。这个观点现在已被普遍接受。霍金还发现了黑洞并不是全黑的，它们能够发出辐射。他在运算中成功地把量子力学和广义相对论结合起来，从而获得了这个异乎寻常的结果。霍金因此被看作是最有希望地发现被称为"万有理论"的候选者。

宇宙是统一的、和谐的、永恒的。

在人类探索真理的历程中，物理学经历了多次统一。牛顿揭示了天体的运行与地面上的物体运动遵循同样的引力定律；麦克斯韦统一了电与磁，并且发现了光就是电磁波，从而建立了统一的电磁场理论；爱因斯坦建立了时空、能量和质量的统一关系，并进一步延伸到时空和引力的关系。实际上，爱因斯坦的相对论把时间和空间结合了起来，在相对论中物体是在弯曲的空间里自由下落，而不是受力的作用而下落。也就是说，在爱因斯坦的新理论中，引力场只是一种时空曲率的弯曲。爱因斯坦得出了引力场方程。方程完美，简洁，令人叹服，不过方程的解却非常复杂。

量子论和爱因斯坦广义相对论，是 20 世纪两次最伟大的物理革命。爱因斯坦晚年遇到的最大困惑，就是相对论同量子论的不协调，这也许意味着物理学面临灾难性的矛盾。许多著名的物理学家试图调和这两个理论，寻找一种"量子引力理论"，但都没有成功。

据现今已经知道的，自然界存在着四种力：行星绕太阳转的引力；使原子绕原子核转的电磁力；保持原子核完整（把质子和中子约束在核内）的强核力；支配放射性衰变的弱相互作用力。但是，能不能用相对论和量子论将这四种自然力统一起来，完成爱因斯坦和许多物理学家梦寐以求的"大统一理论"？

直到20世纪60年代末和70年代初，才由两位美国物理学家（谢尔登 · 李 · 格拉肖、史蒂文 · 温伯格）和一位叫阿卜杜斯 · 萨拉姆巴基斯坦物理学家取得重大突破。他们三人完成了电磁力和弱相互作用力的统一，这是继相对论和量子力学之后，20世纪最伟大的科学成就之一。现在距离"大统一"似乎只有一步之遥了。人们最终会发现一个包罗万象、解释大自然的理论吗？

霍金爱说，也许物理学的终结在望了。1980年他当上卢卡斯教授时的就职演讲就这样说过。但是20多年过去了，物理学并没有像人们认为的那样走向终结。在世纪交替之际，人们看到的还是物理学新世纪的曙光。

事实上，人类对自然规律的认识是没有止境的，物理学永远也不会走向终结。在这21世纪的新时代，人类面带微笑望着广袤深邃的宇宙，仍在遐想：

宇宙从何而来，又将向何处去？

宇宙有开端吗？在这开端之前发生了什么？

时间的本质是什么？它会有一个终结吗？

一个统一、和谐的世界多么美妙啊！

参考书目

[1] 李珩.实验科学创始人伽利略[M].上海科学技术出版社,1983.

[2][英国]菲奥纳.麦克唐纳.改变世界的大科学家[M].上海译文出版社,1996.

[3]汤敏,胡朝珲.影响历史的冤案[M].上海:知识出版社,1995.

[4][苏联]敦尼克.哲学史–欧洲哲学史部分[M].北京:生活.读书.新知三联书店,1972.

[5]郭奕玲,沈慧君.物理学史[M].北京:清华大学出版社,1993.

[6]傅裕寿,赵国英.献身科学的伽利略[M].贵阳:贵州人民出版社,1981.

[7]陈自悟.从哥白尼到牛顿[M].北京:科学普及出版社,1980.

[8][英国]R.B. 马库斯.外国科学家的故事–2–伽利略[M].北京:中国少年儿童出版社,1980.

[9]方励之,褚耀泉.从牛顿定律到爱因斯坦相对论[M].北京:科学出版社,1984.

[10]王炘娥.青少年科学百科全书[M].上海译文出版社,1995.

[11]白秀兰,李渤,李继.追寻古罗马[M].长春出版社,1995.

[12][日本]市场泰男.科学史上的九十九个谜[M].太原:山西人民出版社,1980.

[13][英国]德博诺.发明的故事[M].北京:生活.读书.新知三联书店,1986.

[14]杨再石,陈浩元.中学物理课本中的科学家[M].北京:中国青年出版社,1984.

[15]陈浩元.闲话经典物理学[M].北京:中国青年出版社,1982.

[16]谢希德.自然科学简明手册[M].上海文艺出版社,1996.

[17]穆方顺.一代科学伟人的光辉——访伽利略的故居[M].北京:光明日报[M],1983–08–31.

[18]彭越,陈立胜.西方哲学初步[M].广州:广东人民出版社,1996.

[19][美国]S.钱德拉塞卡.莎士比亚、牛顿和贝多芬,不同的创造模式[M].长沙:湖南科学技术出版社,1996.

图书在版编目（CIP）数据

经典物理三巨匠 / 松鹰著 . —北京：科学普及出版社，2016.6
ISBN 978–7–110–09355–9

Ⅰ .①经… Ⅱ .①松… Ⅲ .①伽利略，G.（1564～1642）– 传记 – 青少年读物②牛顿，I.（1642～1727）– 传记 – 青少年读物③爱因斯坦，A.（1879～1955）– 传记 – 青少年读物 Ⅳ .① K835.466.1–49 ② K835.616.11–49 ③ K837.126.11–49

中国版本图书馆 CIP 数据核字 (2016) 第 054148 号

策划编辑	杨虚杰
责任编辑	鞠 强　李 英
装帧设计	犀烛书局
责任校对	何士如
责任印制	徐 飞

出版发行	中国科学技术出版社
地　　址	北京市海淀区中关村南大街 16 号
邮　　编	100081
发行电话	010–62103130
传　　真	010–62179148
投稿电话	010–62103136
网　　址	http://www.cspbooks.com.cn

开　　本	720mm×1000mm 1/16
字　　数	180 千字
印　　张	21.75
版　　次	2016 年 6 月第 1 版
印　　次	2016 年 6 月第 1 次印刷
印　　刷	北京盛通印刷股份有限公司

书　　号	ISBN 978–7–110–09355–9/K・144
定　　价	68.00 元